대한제국기 경기도의 근대교육운동

김형목

· 독립기념관 한국독립운동사연구소 책임연구위원
· 중앙대학교 사학과 졸업, 동 대학원 문학석사·문학박사(한국근대사 전공)
· 한국민족운동사학회장, 한국민족운동사학회편집위원장, 동국사학회 편집위원 역임
· 현재 나혜석학회 연구이사, 육군본부 군사연구소 편집위원, 한국사학회 지역이사,
  한국교육사학회 연구이사, 한국여성사학회 편집이사, 백산학회 연구이사 등으로
  활동
· 주요 저서와 공저
  『노백린의 생애와 독립운동(공저)』, 『대한제국기 야학운동』, 『한국 근대 초등교
  육의 발전 2(공저)』, 『한국근현대인물강의(공저)』, 『최송설당의 생애와 육영사업
  (공저)』, 『교육운동-한국독립운동의 역사 35』, 『안중근과 동양평화론(공저)』, 『나
  혜석, 한국근대사를 거닐다(공저)』, 『근대의 기억, 학교에 가다(공저)』, 『100년 전
  사진으로 만나는 한국·한국인(공저)』, 『김광제, 나랏빚 청산이 독립국가 건설이다』,
  『여주독립운동사 개설』, 『나혜석, 한국문화사를 거닐다(공저)』, 『최용신, 소통으
  로 이상촌을 꿈꾸다』, 『나혜석, 나의 길을 가련다』, 『남당학과 홍주정신의 전개
  (공저)』, 『일제강점기 한국초등교육의 실태와 그 저항(공저)』, 『이것이 안산이다
  (공저)』, 『청양의 독립운동사(공저)』 등 다수

대한제국기 경기도의 근대교육운동

초판 1쇄 인쇄   2016년 12월 20일
초판 1쇄 발행   2016년 12월 28일

지 은 이   김형목

발 행 인   한정희
발 행 처   경인문화사
총 괄 이 사   김환기
편   집   김지선 나지은 박수진 문성연 유지혜
마 케 팅   김선규 하재일 유인순
출 판 번 호   406-1973-000003호
주   소   파주시 회동길 445-1 경인빌딩 B동 4층
전   화   031-955-9300 팩 스 031-955-9310
홈 페 이 지   www.kyunginp.co.kr
이 메 일   kyungin@kyunginp.co.kr

ISBN   978-89-499-4245-2   93910
값 28,000원

대한제국기 경기도의 근대교육운동

김 형 목 지음

景仁文化社

책을 내면서

　경기도는 지리적인 위치 등으로 일찍부터 근대교육운동이 전개되었다. 개항장인 인천이나 선교거점인 수원·강화·개성·화성 등지에 설립된 사립학교 등은 이를 반증한다. 근대교육은 부국강병을 위한 시무책으로 시작되는 계기를 맞았다. 정부의 의지와 달리 공교육은 부진함을 면치 못하였다. 주요 도시에 설립된 공립소학교는 사실상 개교 이후 거의 폐교 상태나 마찬가지였다.

　반면 조계지인 인천의 자국민을 위한 외국인 교육·문화활동이나 교세 확장을 위한 선교사업은 근대교육을 진전시켰다. 새로움에 대한 관심은 이질적인 문물에 대한 배타심과 호기심 어린 눈으로 바라보았다. '이중적인' 시선이 교차하는 현실로 귀결되었다. 이방인의 빈번한 왕래와 접촉은 일상사 변화와 더불어 가치관 변화로 이어졌다. 특히 러일전쟁 발발과 을사늑약에 따른 위기의식은 계몽단체 조직 활성화를 초래하는 요인이었다. 사립학교설립운동이나 야학운동으로 진전은 이와 같은 역사적인 배경과 맞물려 있었다.

　필자는 일찍부터 이곳 근대교육에 대한 관심을 갖고 연구를 진행하였다. 그동안 계몽단체인 기호흥학회 경기도 내에 설립인가된 지회 현황 등을 파악했다. 더불어 야학운동에 지대한 관심을 가지고 이를 진척시키기 위한 노력을 기울였다. 여기에 수록된 글들은 거의 20년 이전부터 연구한 성과물이다. 지금까지 연구 성과를 정리·보완하여 책으로 발간하려는 생각을 갖고 있었다. 하지만 생각과 달리 쉽지 않았다. 절대적인 능력 부족을 스스로 인정하지 않을 수 없었다.

　여기에 수록된 글은 일정한 계획에 따라 집필되지 않았다. 그런 만큼 중복되는 부분도 적지 않다. 이를 수정하지 않고 거의 당시 글을 약간 보완하는데 그쳤다. 이는 당시 학문적인 수준을 가늠할 수 있기 때문이다. 나아가 사례 연구가 지닌 지역적인 특성을 도출하는데 유용하다는 인식도 크게 작용했다. 미진한 부분은 차후 사례 연구 등을 통하여 보완하려고 한다. 목차는 크게 2부로 구성하였다.

　제1부는 대한제국기 경기지역 사립학교설립운동(2장)과 야학운동, 그리고 기호흥학회 경기도내 지회를 개괄적으로 정리하였다. 「'을사늑약' 이전 경기지방 사립학교의 성격(『중앙사론』 26)」은 초기 사립학교 설립에 의한 근대교육 실태를 규명하였다. 이는 근대교육 태동과 진전이라는 측면에서 주목해야할 부분임을 밝혔다. 교세 확장을 위한 교육 사업은 근대교육에 대한 인식 변화와 더불어 진전될 수 있는 배경이었다. 지역별로 커다란 편차를 보여준다.

　「한말 경기도 사립학교설립운동의 전개와 성격(『한국독립운동사연구』 32)」은 을사늑약 이후 사립학교설립운동이 확산되는 배경 등을 파악했다. 국망에 대한 위기의식은 이러한 변화를 초래하였다. 특히 의무교육론 확산과 더불어 이를 추진하는 중심단체는 계몽단체였다. 근대교육에 대한 지대한 관심을 지닌 지방관은 이를 사회적인 책무로서 인식·실천했다. 근대교육 시행은 곧 전통시대 '수령칠사'로 시대변화에 적용하는 결정적인 계기라고 해도 과언이 아니었다. 과거제 폐지 등에 의한 새로운 관리등용책은 향학열을 고조시켰다. 근대적인 지식은 사회적인 영향력을 발휘하는 밑거름이었다. 강화·포천·용인·개성 등지는 의무교육비에 의해 운영되었다.

　「대한제국기 경기도 야학운동의 성격(『사학논총』)」은 부족한 교육 기관을 보완하는 차원에서 전개된 야학에 주목했다. 근로청소년이나 문맹한 성인은 물론 무산아동 구제를 위한 일환이었다. 야학은 야학운동으로 진전되면서 새로운 '대안교육'이나 마찬가지였다. 야학을 통한 근대교육 수혜는 부국강병을 위한 시무책으로서 주목을 받는 계기였다. 비록 규모나 교육시설은 미비하였으나 향학열은 상당히 증폭되었다. 개성·강화도·화성·수원 등지에서는 연합운동회를 개최하여 상무정신을 고취시켰다. 야학생들도 여기에 동참하는 등 외부 세계와 소통으로 화합을 도모할 수 있었다.

「기호흥학회 경기도 지회 현황과 성격(『중앙사론』 12·13)은 기호지역 교육진흥과 식산흥업을 기치로 기호흥학회는 조직되었다. 임원진은 계몽운동과 근대교육 확산을 위하여 지회설립에 박차를 가하였다. 경기도에 설립인가된 7개소 지회는 대부분 지역명망가와 계몽론자 등이 중심 세력이었다. 각 지회는 자아각성을 위한 강연회를 개최하는 등 사립학교 설립에 의한 근대교육 보급에 노력을 기울였다.

제2부는 지역별 사례 연구에 주목했다. 「대한제국기 강화지역의 사립학교설립운동(『한국독립운동사연구』 24)」은 선교사업과 지역민 각성에 의하여 근대교육이 시작되었다. 잠두의숙이나 계명의숙은 대표적인 경우였다. 특히 강화진위대장으로 부임한 이동휘는 망명가 등과 육영학원(이후 보창학교)을 설립하였다. 그는 진위대장을 사임하고 의무교육회를 조직하는 등 주민들 의지를 결집시켰다. 강화도를 56개 학구로 나누어 의무교육을 실시하는데 남다른 노력을 기울였다. 의무교육비는 생활 정도에 따라 부과되는 등 사회적인 존재성을 각성시켰다. 관내에 설립된 보창학교지교는 50여 개교에 달할 정도였다. 학생들은 이동휘 인솔하에 서울에서 개최된 운동회에 참여함으로 전국적인 관심사를 받았다. 고종은 교명과 이들에게 하사금을 내려주는 등 자긍심을 일깨웠다. 연합운동회에는 인천·김포·개성 등지의 80여 개교 학생과 주민 등 1만여 명이나 운집하였다. 병식체조는 군사훈련을 방불할 만큼

상무정신을 일깨우는 요인이었다. 의병진의 교육운동에 대한 후원은 당시 변화하는 상황을 상징적으로 보여준다. 이러한 분위기는 서북지역으로 확산되면서 이동휘는 대한제국기를 대표하는 교육가로서 명성을 얻었다. 보창학교의 교명을 지닌 사립학교가 각지에 우후죽순처럼 운영되었다.

「대한제국기 화성지역 계몽운동의 성격(『동국사학』 45)」은 당시 남양지역 계몽운동에 주목했다. 일찍이 선교거점으로 무관학교가 설립되었다. 수로 교통이 편리하여 외부 세계와 교류가 활발하였다. 이곳은 대한자강회 지회가 설립인가되는 등 사회변화에 적극적으로 부응하는 분위기였다. 선교사업에 부응하는 한편 국채보상운동에 지회원들은 앞장섰다. 여성들도 의성회를 조직하는 등 여성에 대한 사회적인 인식 변화를 이끌었다. 일부 인사는 기호흥학회 수원지회에 가담함으로 교류에 의한 유대 강화에 노력하였다. 장학사 등을 통하여 장학기금을 마련할 정도로 변화를 주도했다. 여성교육이 일찍부터 시행될 수 있었던 배경도 이러한 현실인식 심화로 가능할 수 있었다.

「한말 수원지역 계몽운동과 운영주체(『한국민족운동사연구』 53)」는 수원 종로교회와 지역명망가들의 인식변화에서 찾아진다. 삼일여학교는 선교사업 일환으로 시작되었으나 이하영·김제구·나기정·나중석·임면수 등에 의하여 삼일남학교 설립으로 귀결되었다. 이들은 국채보상운동을 주도하는 한편 각종 계몽단체를 조직·활동했다. 삼일여학교 교사 이사라와 김메례는 여학생 등에게 사회적인 존재성을 각성시켰다. 이 여학교는 대한제국기를 대표하는 교육기관으로 발전을 거듭할 수 있었다. 신여성 나혜석과 박충애 등은 이러한 분위기 속에서 성장하는 계기였다. 김종한·맹보순 등 관료나 유생들도 명륜학교를 설립하는 등 시대변화에 적극적으로 부응하고 있었다. 남녀 학교를 망라한 연합운동회는 주민들에게 시세변화를 일깨우는 교육현장이었다. 이처럼 경기도 근대교육운동은 상호 교류에 의하여 상당한 영향을 미쳤다.

　이 책 발간을 계기로 경기지역 근대교육 전반에 관한 특성을 밝혀보려는 시발점이 되기를 바란다. 항상 학문적인 부족함을 일깨워주고 조언을 아끼지 않는 은사님과 선배·동학 등에게 감사를 드린다. 시장성이 거의 없는 책을 발간하는데 도움을 준 한정희 사장과 편집진에게 고마움을 표한다. 특히 바쁜 와중에도 교정에 많은 시간을 '허비한' 김은지 연구원에게 고마움을 전하고자 한다. 앞으로도 계속 부탁을 드리고 싶다. 연구를 핑계로 나태한 필자를 아껴준 가족과 친지 등에게 고마운 마음을 전하다. 새해에는 소망하는 바를 성취하시고 건강하시기를 기원한다.

2016년 12월
흑성산 자락에서

차 례

제1부 경기도 근대교육 개관

제1장 '을사늑약' 이전 경기지방 사립학교의 성격

1. 머리말

경기도는 수도 관문에 위치한 지리적인 특성상 일찍부터 근대문물을 수용할 수 있었다. 사립학교 설립에 의한 근대교육 보급은 이러한 사실을 잘 보여준다. '학교 탄생'은 근대사회를 상징하는 요인 중 하나라고 해도 과언이 아니다. 새로운 가치관·사회질서·인간관계 등은 이를 매개로 급속한 변화를 초래하였다. 지적인 능력 배양은 물론 자아 각성에 의한 사회변동을 추동한 산실은 바로 학교였다.[1] '배움터'로서 학교는 지식 전달 차원을 넘어 지역사회 여론수렴장이자 사회적인 존재를 인식하는 생활공간이었다.

근대교육은 민족운동사나 근대교육사 차원에서 상당한 성과를 거두었다. 반면 지방자치화에 부응하는 지방사나 지역사 연구는 아직 '걸음마' 단계에서 크게 벗어나지 못하고 있다. 객관적인 현황조차도 제대로 천착하지 못한 채로 '과도한' 의미만을 부여하는 경우가 적지 않다. 사립학교 설립자나 설립이념에 대한 지나친 평가는 이를 반증한다. 우리 사회에 만연한 '학교설립자=육영사업가=지도층'이라는 '포장된' 인식은 이와 관련하여 의미하는 바가 크다.[2] 이 글은 경기지방 근대교육운동의 올바른 이

---

1) 이지애, 「개화기 '배움터'의 변화와 '자아찾기'로의 일상성」, 『근대의 첫 경험-개화기 일상 문화를 중심으로-』, 이화여대출판부, 2006, 157쪽.

2) 사립학교 설립자에 대한 육영사업가나 교육가로서 '일방적인' 평가는 이러한 실상을 적나라하게 보여준다. '사학운영=위대한 교육자'로서 이미지는 이와 무관하지

해를 위한 시론적인 차원에서 사립학교에 주목했다.

먼저 사립학교에 의한 근대교육이 시행된 배경을 살펴보았다. 과거제·신분제 폐지에 의한 균등한 교육기회는 학령아동으로 하여금 향학열을 고취시키는 요인이었다. 그런데 절대적으로 부족한 공교육기관은 이러한 분위기에 전혀 부응할 수 없었다. 1890년대 중반 이후 선교사업 진전과 더불어 도내 사립학교 설립은 가시적인 성과를 드러내었다. 특히 근로청소년이나 학령아동을 위한 야학 출현은 이러한 역사적인 산물이었다.[3] 이는 현실인식 심화와 함께 사회변동을 추동하는 요인 중 하나였다. 부당한 대우에 대한 저항이나 생존권 옹호를 위한 '몸부림'은 당시 상황을 잘 보여준다.

이어 사립학교 설립현황, 주요 설립·운영주체 등에 주목하였다. 사립학교 분포도는 상당한 지역적인 편차와 편중성을 보여준다. 인천·강화·개성·수원 등 개항장이나 선교사업이 활발한 지역은 일찍부터 근대교육을 실시하였다. 인천 永化女學堂·영화남학당, 강화도 普昌學校·중성학교, 개성 培義學校·韓英書院·호수돈여학교, 수원 三一女學堂·삼일남학당, 남양 普興學校 등은 현지를 '대표'하는 교육기관이었다. 이동휘는 주민 부담에 의한 '의무교육'을 실시하는 등 대한제국기를 대표하는 교육가였다.[4] 강화도에만 보창학교지교는 50여 개교 이상이나 설립·운영되었다.

않다. 물론 이동휘·안창호·김홍량·김구·이하영 등은 교육구국운동 일환으로 육영사업에 투신하였다. 반면 자신의 영달과 친일행위를 은폐하는 수단으로 설립한 경우도 적지 않다. 대한제국기 일진회가 세운 100여 개교에 달하는 '일어학교'는 설립이념과 너무나 괴리되었다. 우리 사회에 만연한 '사학재단비리'는 이와 같은 역사적인 연원과 무관하지 않다면 지나친 표현일까.

3) 김형목, 「1898~1905년 야학의 근대교육사상 의의」, 『한국민족운동사연구』 48, 한국민족운동사학회, 2006, 53~54쪽.

4) 『大韓每日申報』 1908년 12월 20일 잡보 「教育大家」 ; 국사편찬위원회, 『한국독립운동사』 2, 1968, 623쪽.

부설로 국문야학과 노동야학을 운영하는 등 근대교육 보급을 사회적인
책무로서 실천하였다.

교과목은 초등교육과 중등교육 과정을 '절충한' 형식으로 편성되었다.
물론 초기에는 과도기적 현상으로 신·구 학문을 절충하는 경우도 적지
않았다.5) 이는 교사 확보와 피교육생 구성 등 지역적인 여건을 감안한 방
안에서 비롯되었다. 부분적이나마 자율성을 견지한 이러한 운영은 '획일
화·규격화된' 오늘날 교육현장에 시사하는 바가 크다. 설립·운영주체는
선교사·전현직관료·자산가·학생 등 다양한 계층이 참여하였다. 일진회를
비롯한 동아개진교육회와 일본인 등도 학교 설립에 동참하기를 마다하지
않았다.6) 궁극적인 목적은 문명사회 건설을 '위장한' 친일세력 양성과
'침입통로'를 확보하기 위함이었다.

마지막으로 근대교육사상 의미도 살펴보았다. 다양한 인사들 참여·활
동은 곧 설립이념이나 목적 등 차별성을 내포한다. 전도사·목사·교인 등
은 敎勢 확장을 위한 선교사업 일환이었다. 영화여학교·보흥학교·삼일학
교·호수돈여학교·박문학교 등은 대표적인 경우이다. 물론 기독교 토착화
와 더불어 점차 이러한 성격에서 탈피할 수 있었다. 근대교육은 깅고한
인습을 타파하는 등 근대사회 도래를 추동하는 밑거름이나 다름없었다.7)
반면 일어학교는 친일세력 양성과 무관하지 않았다. 그런 만큼 설립·운영
자나 설립이념 등에 '집착한' 성격 규정은 반드시 재고를 요하는 요인임
에 틀림없다.

---

5) 김형목, 「일제강점기 초기 개량서당의 기능과 성격」, 『사학연구 78, 한국사학회,
   2005.
6) 윤건차(심성보외 역), 『한국근대교육의 사상과 운동』, 청사, 1987, 376~379쪽.
7) 『황성신문』 1906년 10월 13일 기서 「國內之現設學校에 宜以精神的敎育으로 爲
   基本 北山下 李奎濚」.

2. 인식변화와 교육열 고조

1) 사회변동과 인식변화

불평등조약에 기원한 개항장을 중심으로 설치된 조계지는 외세침략의 '최전선'이었다. 외국인들은 각 방면에 대한 침탈을 자행하는 가운데 독점적인 지위를 누렸다. 조계는 개항장에서 자국 상인의 通常居住와 치외법권을 인정받는 '특수한' 지역이었다.8) 조계지 거주 외국인들은 불법적인 토지 매입에 적극적인 관심을 보였다. 항구적인 침탈기반은 항만정비·철도부설·금융기관 설치·통신망 구축 등으로 이어졌다.9)

특히 일제는 자국민 보호책으로 자치기구인 學校組合이나 民團 등을 조직·운영하였다. 조계지에 거주하는 외국인들은 한국인을 '미개인·야만인'으로 인식하는 등 우월감을 스스럼없이 드러내었다. 자신들은 미개한 사회에 생명의 복음을 전달하는 근대문물 '시혜자'로서 인식하였다.10) 복음을 전파한다는 선교사조차도 이러한 인식에서 크게 벗어나지 않았다. 제국주의 시각에서 서술한 각종 저작물은 이를 그대로 보여준다. 한국인은 자신들이 깨우치고 인도해야할 '무지몽매한' 대상일 뿐이었다.

이러한 가운데 인천·수원·개성 등지의 일본인 유입은 급격하게 증가하였다. 1883년 개항 당시 인천항 거주 일본인은 불과 75호 382명에 불과했다.11) 1895년 한국인은 1,146가구에 4,728명이었다. 반면 일본인은 709가

---

8) 『미일신문』 1898년 5월 2일 잡보 ; 『황성신문』 1899년 5월 2일 잡보 「哀此韓民」, 1900년 4월 7일 논설 「京仁間韓人景況」, 12월 4일 잡보 「居留專管과 捕鯨」.

9) 인천부, 『인천부사』 상, 1933, 697~699쪽 ; 이희환, 「근대 초기 '새인천'의 형성과정 연구-연구과제를 중심으로 한 시론-」, 『인천학연구』 창간호, 인천학연구원, 2002, 9~14쪽.

10) 최성연, 『인천향토사료 : 개항과 양관역정』, 경기문화사, 1955, 79~83쪽.

11) 靑山好惠, 『仁川事情』, 조선신보사, 1892(인천광역시 역사사료관, 『역주 인천사

구에 4,148명으로 인구수에서 비슷한 수준이었다. 19세기 말부터 20세기 초반 인천항 거주자의 국적별 분포는 <표 1>과 같다.

〈표 1〉 1897~1905년 인천항 인구현황[12]

연도	한국인		일본인		청국인		기타		합계	
	가구수	인구	가구수	인구	가구수	인구	가구수	인구	가구수	인구
1897	2,360	8,943	792	3,949	157	1,331	24	57	3,333	14,280
1898	1,823	7,349	673	4,301	212	1,781	30	65	3,042	13,496
1899	1,736	6,980	985	4,218	222	1,736	28	67	2,971	13,001
1900	2,274	9,893	990	4,215	228	2,274	29	63	3,521	16,445
1901	2,296	11,158	1,064	4,628	239	1,640	31	72	3,630	17,499
1902	2,267	9,803	1,221	5,136	207	965	33	75	3,718	15,979
1903	2,452	9,450	1,340	6,433	228	1,160	41	109	4,061	17,152
1904	2,250	9,039	1,772	9,403	237	1,062	38	91	4,298	19,595
1905	3,479	10,866	2,853	12,711	311	2,665	33	88	6,676	26,330

<표 1>에 나타난 바처럼, 한국인은 1901년 11,158명으로 최고치를 기록하였다. 이후 감소하다가 1905년 1만 명을 초과할 정도였다. 1897년 청국인은 157가구에 1,331명으로 일본인의 약 1/3에 불과하였다. 청국인과 일본인 비율은 시간이 흐를수록 상당한 격차를 보였다. 이는 일제의 한국에서 영향력 확대와 무관하지 않았다.

일본인 대다수는 일확천금을 꿈꾸면서 한국으로 이주한 사람들이었다.[13] 이들은 수단과 방법을 가리지 않는 '망나니' 같은 존재였다. 요식업이나 고리대금업·전당포업에 다수 종사한 사실은 이들의 실체와 저의를 쉽게 엿볼 수 있다. 고리대금을 통한 토지매입과 미곡확보는 궁극적으로

정』, 2004, 18~19쪽).
12) 인천부, 『인천부사』 상, 6~8쪽.
13) 윤소영, 「러일전쟁 전후 일본인의 조선여행기록물에 보이는 조선인식」, 『한국민족운동사연구』 51, 한국민족운동사학회, 2007, 51~53쪽.

한국 내 '통치거점'을 마련하려는 의도와 무관하지 않았다. 이는 농민들의 토지로부터 일탈을 급격하게 가중시켰다. 춘궁기 농민들은 호구지책을 위해 일본인 고리대를 사용할 수밖에 없었다. 빈곤의 악순환은 '주기적'일 만큼 자연스럽게 이루어졌다. 개항장을 중심으로 형성된 '일용잡급직' 부두노동자층 형성에 의한 빈민촌인 토막촌은 이러한 역사적인 사실을 생생하게 보여준다.

급격한 변화 속에서 도내 최초 계몽단체로서 독립협회 지회이자 자매단체인 博文協會가 조직되었다.[14) 1898년 6월 9일 조직 직후 회원은 100여 명에 달하였다. 궁극적인 목적은 토론회·강연회 개최와 근대교육 보급 등을 통한 문명사회 건설이었다.[15) 특히 회관 내에 각종 신문·서적을 두루 완비하는 등 회원들의 지식배양과 정보제공 등도 주요한 사업활동 중 하나였다. 단체활동과 준법정신 강조는 새로운 사회질서에 부응하는 행동규범 중 하나로 제시되었다. 신문·학술지 등은 이에 관한 내용을 빈번하게 게재하거나 연설회·토론회의 주요한 주제였다. 회원 증가와 더불어 조직 정비 등을 통한 장기적인 활동계획도 수립되었다.

> …(상략)… 공부ㅎㄴ 사롬으로 말ㅎ거드면 여러 가지 학문 중에 ㅎ가지 목적과 몇해 동안 엇더케 공부홀 힝위와 졸업흔 후에 무슴 리익이 잇슴을 몬져 싱각흔 후에 공부를 시쟉ㅎ되 몬져 궁리흔 바와 갓치 근실히 ㅎ면 필연 직죠가 유여홀 것이오 만일 중도에 폐ㅎ고 다른 공부를 시쟉ㅎ면 다만 전공 가석쑨 아니라 년세가 만하가고 총긔가 줄어가니 ㅎ가지 공부도 졸업지 못홀 것이며 …(중략)… 오늘늘 설립ㅎㄴ 우리 박문협회도 쏘흔 그러ㅎ야 쵸졀은 신문 보고 연설홀 목젹이오 즁졀은 날마다 와서 신문을 보고 들으며 쥬일마다 모혀 연설ㅎㄴ 힝위오 죵졀은 지식을 널녀 사람이 되여 남

---

14) 『믜일신문』 1898년 6월 25일 잡보.
15) 『독립신문』 1898년 7월 4일 잡보 「박문협회 회원의 연설」.

의게 슈모와 압데를 밧지 말고. …(하략)…16)

근대학문 보급은 개인적인 지식이나 능력 배양에만 머물지 않았다. 사회적인 존재로서 '사회적인 책무' 실행은 궁극적인 의도였다. 이는 주체적인 삶을 영위할 때, '진정한' 인격체로서 거듭날 수 있다는 논리로 이어졌다.

건강한 삶을 영위하기 위한 위생문제도 주요한 쟁점으로 논의되었다. 회원들은 토론회를 거쳐 단발을 단행하는 등 상호간 의견을 조율하였다.17) 강연회·토론회 등은 회원들에게 시세변화를 절감시키는 현장이었다. 상호간 의견을 존중하는 '토론문화'는 이러한 가운데 사회적인 영향력을 발휘하였다. 官治補助的인 鄕會·洞會·民會 등의 성격 변화는 이와 맞물려 진행되었다. 토론회의 근대교육사상 위상은 이러한 역사적인 배경에서 말미암았다.18)

기독교인 복정채는 충군애국과 자주독립에 대한 강력한 의지를 밝혔다.19) 용동 김기범도 이러한 논리에 입각한 의견을 『독립신문』에 투고하였다. 「경축가」는 당시 이와 같은 인식을 그대로 보여준다.20) 자주적인 독립국가 건설과 문명사회 건설은 초미의 관심사로서 부각되었다. 상봉루의 기생 9명은 독립협회에 보조금을 의연하는 등 사회운동에 동참하고 나섰다. 냉대와 멸시를 받는 벙어리조차도 의연금 모집에 동참하는 상황

---

16) 『독립신문』 1898년 7월 4일과 6일 잡보 「박문회원 연설」.
17) 『독립신문』 1898년 7월 25일 잡보 「회원 위싱」.
18) 김형목, 「사립흥화학교(1898~1911)의 근대교육사상 위치」, 『백산학보』 58, 백산학회, 1998, 299쪽.
19) 『독립신문』 1896년 5월 19일 잡보 「인천 제물포 뎐경딕 익국가」, 1898년 3월 29일 잡보.
20) 『독립신문』 1896년 9월 17일 잡보 「인천항 용동 예수교 교당에서」.

이었다.21) 인천주민의 독립협회에 대한 지대한 관심과 후원은 여기에서
엿볼 수 있다.

한편 수원지역 진보회·일진회는 일찍부터 문명개화를 기치로 주민을
규합하였다. 집회할 때에는 150여 명이나 운집하는 등 상당한 세력을 형
성하고 있었다.22) 일진회원은 불법행위를 일삼는 등 주민들로부터 상당
한 반감을 불러 일으켰다. 지세 감면을 구실로 농민들을 현혹시키는 등
각종 작폐도 일삼았다.23) 천도교 수원교구 설립은 일진회와 단절을 위한
조치 중 하나였다. 특히 교리강습소는 주민들에게 시세변화를 일깨우는
데 이바지하였다.24) 단순한 교리 강습 차원을 넘어 문명사회로 지향은 민
지계발로 이어졌다.

'절대자'라는 제한적인 의미를 지닌 만민평등도 신분제 질곡에서 신음
하던 민중에게 위안이자 안식처나 다름없었다.25) 교회는 여성들에게 외
부 세계와 접촉할 수 있는 유일한 통로나 마찬가지였다. 1900년 전후 전
래된 감리교는 가치관과 현실인식을 크게 변화시켰다. 이는 종교적인 차
원을 벗어나 일상사 변모라는 작은 부분에서 시작되었다. 수원 종로교회
는 경기 남부지역은 물론 충청지역을 포함하는 사실상 선교 거점이나 마
찬가지였다.26)

---

21) 『독립신문』 1896년 7월 27일 잡보, 1898년 4월 23일 잡보 ; 『황성신문』 1898년
    10월 17일 잡보 「啞聾何傷」.
22) 이인섭, 『元韓國一進會歷史』, 문명사, 1911, 58쪽 ; 『황성신문』 1904년 11월 29일
    잡보 「進明公函」, 12월 2일 잡보 「進明上京」, 12월 12일 잡보 「水原大會」 ; 『大
    韓每日申報』 1904년 12월 13일 잡보 「슈원군공보」.
23) 『만세보』 1906년 8월 15일 잡보 「一土三稅」 ; 『황성신문』 1906년 4월 7일 잡보
    「賊供自服」.
24) 천도교월보사, 「수원군종리원연혁」, 『천도교월보』 191, 29쪽.
25) 김형목, 「대한제국기 인천지역 근대교육운동 주체와 성격」, 『인천학연구』 3, 인천
    학연구원, 2004, 73쪽.

1901년 일본인 이주 이래 수원에 집단적인 거주지도 형성되었다. 일본인회의 학교조합으로 발전 등은 일본인 유입을 가속화시키는 유인책이었다.[27] 러일전쟁 이후 급속한 일본인 증가는 이를 반증한다. 수원은 이들에게 '제2 고향'으로 인식되는 명승지였다. 한국으로 이주 확대와 관광자원 개발 붐은 이러한 가운데 진척되었다.[28] 일본인을 위한 소학교·유치원 등을 비롯한 각종 시설물 설치도 식민지배 성과물인 동시에 수탈 기반 시설 중 하나였다.

식민지 기반 조성을 위한 조세 기관이나 행정관서 확대는 주민들에게 경제적인 부담을 가중시켰다. 농촌경제 빈궁화는 지방관이나 지주의 자의적인 수탈에 의하여 더욱 가속화되었다. 멕시코이민 모집은 생존권마저 위협받는 현실을 잘 보여준다.[29] 이들은 금의환향을 꿈꾸면서 떠났지만 영원히 돌아오지 못하는 국제적인 '미아 신세'로 전락하고 말았다. 빈번한 소유권·경작권 관련 소송과 절도범 증가 등은 각박한 생활과 무관하지 않다.[30] 만성적인 굶주림은 현실에 대한 비관과 비판으로 중첩될 수밖에 없었다.

시세 변화와 더불어 민중 스스로 자신의 권리를 찾으려는 노력도 있었다. 수원관찰사에 대한 비방은 이러한 현실인식 심화와 무관하지 않았다.

---

26) 수원종로교회,『수원종로교회사 1899~1950』, 기독교 대한감리회 수원종로교회, 2000, 44~59쪽.

27)『매일신보』1911년 5월 13일 잡보「人口五千以上의 都會地」; 酒井政之助,『發展せる水原』, 일한인쇄주식회사, 1914, 8~9쪽.

28) 조선공론사,「口繪寫眞, 朝鮮의 名勝 水原隨柳寺」,『朝鮮公論』2, 1913.

29)『황성신문』1904년 12월 17·20·22·24·28일, 1905년 1월 9·13일 광고「農夫募集廣告」.

30)『황성신문』1907년 5월 2일 잡보「無土徵稅」와「窮蔀民情」;『大韓每日申報』1907년 5월 5일 잡보「殘春茶話」, 1908년 12월 22일 잡보「朴犯被捉」;『만세보』1906년 11월 17일 잡보「李氏僞造沓券」.

관찰사의 직무태만에 대하여 주민들은 수수방관하지 않고 여론에 호소하는 등 적극적인 입장이었다.[31] 변화에 부응한 인천인들은 자신의 권리를 되찾기 위한 활동을 전개했다.[32] 인천·부평 등 5개 군 주민들은 경인철도 부설로 편입되는 토지에 대한 정당한 가격 지불을 요구하였다. 이들은 직접 서울로 상경하여 자신들의 요구를 관철시켰다.[33] 집단적인 저항은 스스로 생존권을 옹호하기 위한 방책이었다.

인천 곽일도 民權을 강조하기 위한 통문을 발송하는 등 관원들의 불법행위를 성토하였다.[34] 이는 집단적인 행동으로 나타나지 않았지만, 민중 스스로 존재가치를 인식한 점에서 의미하는 바가 크다. 특히 사회적인 존재로서 역할은 공동체적 삶을 유지하는 밑거름이었다.[35] 지방관의 稅金 濫捧에 대한 주민들 반응도 점차 저항적으로 변화되었다. 李敬天 등은 이서층의 염전세 濫捧에 대해 농부로 실상을 호소하는 등 자구책을 강구하고 나섰다.[36] 인식변화는 사회변동과 더불어 새로운 사회질서 수립을 위한 활동으로 이어졌다.

2) 공교육 부진과 교육열 고조

경기지방에 설립된 최초 공립소학교는 강화·수원·개성·인천부 등이었다. 이는 근대교육 추진을 담당한 학부령 제5호에 따라 이루어졌다. 학부는 한성부를 비롯한 5개소에 공립소학교 위치와 설립 계획 등을 결정하였다. 계획과 달리 강화부소학교는 1899년에야 겨우 교육시설을 부분적

---

31) 『독립신문』 1896년 10월 27일 잡보.
32) 『독립신문』 1896년 9월 5일 잡보 ; 『제국신문』 1900년 5월 17일 잡보.
33) 『황성신문』 1900년 7월 19일 잡보 「鐵道犯入家金」, 12월 25일 잡보 「庫竭不償價」.
34) 『독립신문』 1896년 6월 27일 잡보, 10월 6일 잡보.
35) 『황성신문』 1899년 2월 8일 잡보 「散穀活人」.
36) 『황성신문』 1900년 9월 5일 잡보 「仁川民訴」.

이나마 마련할 수 있었다.

초기 교과과정·교육방법·교육내용 등은 전통교육기관인 의숙·사숙에서 크게 벗어나지 않았다.[37] 강화공립소학교는 설립 이후 10년간 교육내용 등에서 크게 진전되지 않았다. 「보통학교령」·「사립학교령」 등 통감부에 의한 식민교육정책은 공교육에 대한 불신감을 더욱 조장하였다. 정부의 의지 부족, 부적격한 교사진, 주민들 무관심, 미비한 교육시설 등은 주요한 요인이었다.[38]

관·공립학교에 대한 담당기관의 관리도 제대로 이루어지지 않았다. 교장을 겸임한 지방관은 이임된 지 몇 개월이 지나서야 해임하는 등 많은 문제점을 드러내었다.[39] 운영비 부족도 공립소학교에 의한 근대교육 진전을 가로막았다. 학부는 궁내부에 조회하여 경기도 관내 院土 수입을 각 공립소학교 재정으로 충당할 수 있도록 협조를 요청하였다.[40] 이러한 요청은 각 부서간 비협조로 말미암아 제대로 지켜지지 않았다. 또한 학교 운영비조차도 제대로 확보되지 않은 채, '허술한' 교육만이 시행될 뿐이었다. 심지어 교사들 월급마저도 기간 내에 지급되지 않았다.

교사들 자질도 주요한 요인 중 하나였다. 경기관찰부소학교 교원 金奎元은 산술에 대한 기초적인 지식조차 전무하였다. 가장 기본적인 『동몽선습』마저 제대로 가르치기에 역부족이었다. 학생들은 교사 교체를 청원하는 등 집단적인 반발을 주저하지 않았다.[41] 일부 유생들도 근대교육에

---

37) 김형목, 「일제강점 초기 개량서당의 기능과 성격」, 『사학연구』 78, 한국사학회, 2005, 234쪽.

38) 『大韓每日申報』 1906년 11월 9일 잡보 「沁校復興」.

39) 『독립신문』 1899년 11월 29일 잡보 「인천지교쟝」 ; 古川昭(이성옥 역), 『구한말 근대학교의 형성』, 경인문화사, 2006, 62~63쪽.

40) 『황성신문』 1900년 1월 6일 잡보 「勿干校費」 ; 『제국신문』 1901년 6월 14일 잡보 「校院相持」.

41) 박남훈, 「1896~1905년 경기도의 사립학교 현황과 성격」, 『덕봉오환일교수정년기념

매우 부정적인 입장이었다. 더욱이 학생 증가에 비례하는 교육시설 확충도 거의 이루어지지 않았다. 수원 관찰부공립소학교는 70여 명에 달할 정도로 크게 교세 발전을 가져왔다. 협소한 교육시설로 생도가 각지로 흩어지는 등 폐교할 상황에 직면하였다. 교사 교체를 둘러싼 갈등은 근대교육 자체를 포기하는 지경으로까지 내몰았다. '근대교육 무용론'과 같은 불신감 확산은 결국 근대교육 전반에 대한 부정적인 영향력을 미쳤다.[42]

한편 죽산군수는 한글로 관내 주민들의 자제교육을 강조하였다.[43] 그는 한문공부에 많은 시간을 허비하지 말고 한글교육에 집중할 것을 요구하고 나섰다. 유지들 호응은 주민들에게 한글을 통한 자국문화에 대한 애착심을 고취시키는 계기였다. 연천군수는 근대교육 보급·확산에 앞장섰다. 집무시간 이후 그는 각 촌락을 다니면서 자제들의 공립소학교 입학을 권유하였다.[44] 성적우수자에 대한 시상품 의연은 학생들로 하여금 향학열을 고취시키는 요인이었다.

진위군수 申錫賢은 부임 이래 빈민을 구제하는 등 남다른 관심을 표명하였다. 의연금 갹출을 위한 솔선수범은 학교재정에 크게 도움이 되었다. 주민들도 점차 근대교육의 중요성·필요성을 인식하는 가운데 이에 동참하기에 이르렀다.[45] 지방관의 노력에도 관·공립학교에 의한 근대교육은 부진을 면치 못하였다. 사립학교에 의한 근대교육 시행은 이러한 상황 속에서 확산을 거듭할 수 있었다.

사회제도 개선과 시세변화는 근대교육에 대한 관심 고조로 이어졌다.

사학논총』, 논총간행위원회, 2006, 495쪽.
42) 김형목, 「한말 수원지역 계몽운동과 운영주체」, 『한국민족운동사연구』 53, 한국민족운동사학회, 2007, 21~22쪽.
43) 『독립신문』 1897년 10월 30일 잡보.
44) 『독립신문』 1899년 5월 7일 잡보.
45) 『황성신문』 1903년 4월 30일 잡보 「請褒振倅」.

개인 능력에 따른 인재등용은 이러한 분위기를 확산시키는 요인이었다. 근대적인 지식과 행정실무 능력은 사회적인 지위를 보장하는 유효한 수단 중 하나였다. 특히 어학은 새로운 경제구조에 부응하여 위력을 발휘할 수 있었다. 교과과정도 이러한 방향으로 개편되는 등 사회적인 주목을 받았다. 이른바 영어만능주의·일어만능주의로 표현되는 '어학만능주의'는 교육계 전반에 확산되어 나갔다.46) 일어학교나 개신교계 사립학교 발전은 이와 같은 분위기 속에서 이루어졌다.

3. 사립학교 현황과 운영주체

1) 사립학교 현황

도내 최초 근대 사립학교는 1892년 1월 30일 인천 內里敎會 내에 설립한 永化女學堂이다.47) 설립자는 존스 목사 부인으로 그녀는 이곳에 도착한 직후 이를 설립하였다. 초기에는 응모자조차도 전혀 없는 등 냉담할 뿐이었다. 1900년 내농 예배당으로 이전한 이후부터 교세 확장과 더불어 학생은 7명으로 증가하는 등 근대교육에 대한 인식은 점차 변화되는 계기를 맞았다.48) 교수방법은 철저한 암기식 위주로 전날 배운 내용을 다음 날 교사 질문에 대답하는 방식이었다. 1주일 동안 교육한 내용은 매주 화

---

46) 김형목,『대한제국기 야학운동』, 경인문화사, 2005, 252~253쪽.
47) 경기도교육위원회,『경기교육사』상, 1975, 156~160쪽 ; 경기도사편찬위원회,『경기도사』Ⅰ, 1979, 785~787쪽. 박용옥은 인천 영화여학교와 수원 삼일여학교 설립을 1897년과 1906년으로 파악하였다. 이는 사실과 다르다(박용옥,『한국근대여성운동사연구』, 한국정신문화연구원, 1984, 213쪽).
48)『조선중앙일보』1936년 6월 17일 사립학교순례기「久遠한 歷史가진 仁川永化學校篇(19)」.

요일에 같은 방식으로 확인하였다. 조원시도 永化學校(일명 영화남학교 : 필자주)를 설립하였으나 별다른 주목을 받지 못했다. 1905년에야 겨우 공식적인 졸업생 15명을 배출할 수 있었다. 하지만 학교 임원진을 중심으로 계몽활동을 전개하는 등 주민들 자아를 각성시키는데 노력하였다.

한국인에 의한 사립학교 설립을 통한 근대교육도 병행되었다. 이는 '근대교육=시무책'이라는 인식과 무관하지 않았다. 사립영어학교는 당시 인천을 대표하는 근대교육기관이었다.[49] 피교육자는 회원을 중심으로 영어에 관심이 있는 주민 등으로 구성되었다. 수업은 생도들의 편의 도모와 향학열 고취를 위하여 야학으로 운영하는 등 현지여건을 충분히 고려하였다.

金教源도 유지제씨와 외국인 후원으로 修齊學校(일명 博文學校 : 필자주)를 설립하였다. 청년자제들은 일시에 60여 명이나 호응하는 등 대단한 관심을 보였다. 이에 부응한 야학 운영은 근대교육 보급에 크게 이바지하였다. 교과목은 경사·지지·산술·영어 등이었다. 해관에 재직 중인 이학인·姜信穆 등은 명예교사로서 자원하고 나섰다.[50] 濟寧學校도 신상회사 임원들에 의하여 설립되었다. 이는 근로자나 상점점원인 피교육생을 위하여 영어를 중심으로 한 야학이었다. 金貞坤은 사립학교에 대한 지속적인 재정적인 지원을 아끼지 않았다.[51]

수원지역 최초 사립학교는 1902년경 설립된 花城學院이었다. 설립자는 三輪政一로 학생들을 모집하여 직접 가르치는 등 한국인과 친밀한 유대관계 조성에 앞장섰다.[52] 구체적인 교과과정·규모 등은 거의 파악할 수

---

49) 『독립신문』 1898년 7월 25일 잡보 「학교설립」.
50) 『황성신문』 1900년 9월 15일 잡보 「仁港創校」, 10월 6일 잡보 「改稱博文」.
51) 김형목, 「대한제국기 인천지역 근대교육운동 주체와 성격」, 『인천학연구』 3, 81~82쪽.
52) 酒井政之助, 『發展せる水原』, 12쪽.

없다. 설립자·교사가 일본인이라는 사실은 일본어 보급을 위한 '일어학교'임을 알 수 있다. 조선주차군 사령관 長谷川好道와 일본공사 林勸助는 학교를 방문하여 학생들을 격려하는 한편 의연금을 회사하였다.[53] 이후 학교 임원진은 삼일학교 재정 확충을 위한 활동에 동참하는 등 지원을 아끼지 않았다.

삼일여학당과 삼일남학당은 수원을 대표하는 근대교육기관이었다. 이는 기독교 전래와 함께 1902년 설립되는 등 신문화운동 일환으로 시작되었다. 학교 설립·운영 주체는 선교사·전도사·교인 등이었다.[54] 삼일여학교 교사 金袂禮는 지식뿐만 아니라 시세변화에 부응할 수 있는 인격수양 등을 강조하였다. 이는 학생들로 하여금 자발적인 향학열을 고취시키는 계기였다. 특히 강연회 개최를 통하여 가정교육 중요성도 학부형들에게 인식시켰다. 교사이자 사회적인 지도자로서 그녀에 대한 존경심은 학교 발전을 위한 디딤돌이었다.[55]

삼일남학교도 개신교 선교사와 신자 등에 의하여 설립되었다. 주요 발기인은 삼일여학당을 주도한 이하영·임면수·나중석·차유순·김제구·이싱의 등이었다.[56] 발전을 거듭하던 중 1906년에 이르러 경비난은 폐교 상황으로 몰아갔다. 신도들과 선교사와 갈등은 주요한 요인 중 하나였다. 부호 姜錫鎬는 1906년 5월 거금을 의연하는 한편 학생들 면학분위기를 고취시키기 위한 '장학금' 회사에 나섰다.[57] 나중석도 부지 900여 평을

---

53) 『大韓每日申報』 1905년 2월 23일 잡보 「일사보조」.
54) 『황성신문』 1908년 2월 6일 광고 「光武十一年六月日水原三一學校贊成金額」.
55) 편집부, 「학계휘문, 女師高明」, 『기호흥학회월보』 7, 40쪽.
56) 김세한, 『삼일학원육십오년사』, 34~37쪽 ; 수원종로교회, 『수원종로교회사 1899~1950』, 78~79쪽.
57) 『大韓每日申報』 1907년 7월 18일 잡보 「姜氏助校」 ; 『황성신문』 1908년 2월 6일 광고 「光武十一年六月日水原三一學校贊成金額」.

기증하는 등 새로운 전기를 마련하였다. 이는 경쟁적인 주민들 동참으로
이어지는 등 삼일학교 발전을 위한 주춧돌이나 마찬가지였다. 「사립학교
령」 시행에 따른 탄압 모면 방안은 감리교회로 학교운영권 이관이었다.

 화성지역 최초 사립학교는 1899년 홍승한이 설립한 무관학교였다. 이
에 관한 내용은 현재 전혀 알 수 없다. 다만 무관양성을 위하여 외국인
교관을 고빙할 예정이라는 사실만이 전할 뿐이다.58) 당시 상무교육 중요
성을 지역사회에 알린 사실은 역사적인 의미를 지닌다. 사립학교 설립에
의한 근대교육은 다른 지역과 마찬가지로 을사늑약 이후 크게 발흥할 수
있었다. 경기관찰사 崔錫敏은 적극적인 근대교육 시행을 훈령하였다. 그
는 훈령을 통하여 사숙·의숙·서당 등을 폐지하는 대신 근대교육기관 설
립을 권장했다. 이는 관내 군수들로 하여금 사립학교설립운동에 적극적
인 동참을 유도하는 계기였다.59)

 이곳을 대표하는 보흥학교는 1901년 선교사 趙元時 의연금을 기본으
로 지방관·유지신사 등의 주도로 설립되었다.60) 주요 설립·운영자는 조
원시·金寬鉉·李昌會·박관용·강형근 등이었다. 초기 교장은 군수인 張浩
鎭·方漢德 등이었으나 이창회로 바뀌었다. 교감은 초기 이창회, 사무원
朴潤榮으로 교사는 거의 알 수 없다. 학생들은 일시에 수십 명이나 호응
하는 등 설립 초기부터 대단한 성황을 이루었다. 1906년 공립소학교·상동
사립학교와 개최한 연합대운동회는 주민들 관심을 집중시켰다.61) 경기

58) 『제국신문』 1899년 4월 18일자.
59) 『大韓每日申報』 1907년 8월 4일 잡보 「察畿興學」.
60) 『황성신문』 1906년 3월 12일 잡보 「設校請認」; 『大韓每日申報』 1907년 11월
    22일 광고 「南陽普興學校創設時義金」·「南陽普興學校落成時義金」, 11월 28일
    「南校落成」; 『대한매일신보』 1907년 9월 7일 잡보 「강씨권학」.
61) 『大韓每日申報』 1906년 6월 2일 잡보 「南校運動」·「運動家」: 김태웅, 「신나는
    운동회와 즐거운 소풍」, 『우리 학싱들이 나아가누나』, 서해문집, 2006.

후 군수는 부모님과 어른을 공경하고 국가에 애국·충성할 것을 권고하는
연설을 하였다. 교감과 다른 학교 교사 등도 일장 연설로 향학열을 고취
시켰다. 「운동가」·「애국가」 제창과 만세 삼창은 학도들에게 자긍심과 국
가정신을 북돋웠다. 이러한 행사는 매년 정기적으로 개최되는 등 주민들
의 근대교육에 대한 관심을 환기시켰다.

 강화도 최초의 근대적인 사립학교는 목사 조원시와 朴能一 등의 협력
으로 설립한 蠶豆義塾이었다. 이들은 선교사업 일환으로 잠두교회 내에
학교를 설립한 후 초등교육을 실시하였다.[62) 당시 학생수는 3명에 불과
한 '초라한' 규모였고, 교과과정도 제대로 준비되지 않았다. 이는 선교사
업으로 추진된 사립학교의 일반적인 양상과 마찬가지였다. 다만 교세 확
장과 더불어 근대교육에 대한 인식을 확산시킨 사실은 근대교육사에서
중요한 의미를 지닌다. 주역은 조원시·박능일·孫承龍·김봉일 등으로 목
사·신도 등이었다.

 育英學院은 1904년 이동휘와 유경근·윤명삼 등에 의하여 설립되었다.
설립 목적은 군인 자제와 일반 자제에 대한 근대교육 시행을 통한 구국간
성을 양성하는데 있었다.[63) 초기 모집된 학도는 각각 30명과 20명으로 총
50여 명에 달하였다. 교과목은 본국지리·역사, 외국지리·역사, 국문·산
술·영어·일어 등이었다. 曹喜壹과 金萬植은 각각 일어와 영어 명예교사
로서 자원하여 열성을 다하는 등 학도들 향학열을 고취시켰다. 교과과정
은 소학·보통과인 초등교육과 영어·일어과인 중등교육으로 구분되었다.
입학자격이나 신입생 선발 규정은 이를 반증한다.[64) 강화도내 사립학교

---

62) 박헌용, 『續修增補江都誌』, 1932, 322쪽 ; 유지영, 「合一學校와 故崔尙鉉氏-그
　　의 사업은 교육계의 금자탑」, 『신동아』 11월호, 1935, 196쪽.
63) 『황성신문』 1904년 9월 21일 잡보 「隊中學校」, 11월 15일 잡보 「敎育可賀」,
　　1905년 3월 22일 광고 「私立江華育英學校贊成金(續)」 ; 『大韓每日申報』 1904
　　년 11월 16일 잡보 「열심교육」.

설립을 통한 교육구국운동은 이를 계기로 발전을 거듭할 수 있었다. 1905
년 보창학교지교로 설립된 甲湖·月湖·山湖學校는 당시 고조된 교육열을
반증하는 부분이다.65)

　통진군 崔奭은 월어곶 오산현에 사립학교를 세웠다. 교사는 林琦相·趙
能顯과 부교사 崔益煥으로 체조·교련 등도 가르쳤다.66) 교사들은 명예로
가르치는 등 학생들에게 향학열을 북돋아 주었다. 이는 곧바로 공립소학
교로 인가받는 등 이 지역 중심적인 교육기관으로 위치하기에 이르렀다.
을사늑약 이전 도내에 설립된 사립학교는 <표 2>와 같다.

〈표 2〉 을사늑약 이전 경기도의 사립학교 현황67)

연도	학교명	소재지	설립자	교사	교 과 목	전 거
1892	영화여학교	인천 내리	조원시 부인	최헬렌·박용래	영어,한문,국문,성경,습자,바느질/다수	황1906.9.11,10.9;大1908.5.5 『인천』;『도사』;『경기』 『100년사』
1893	영화학교	인천 내리	조원시	신도 등	보통과,고등과/다수	大1906.7.12,1908.3.15,7.11 황1907.5.2
1896	일어학교	안성 읍내	복지진장	좌동	일어전문/다수	황1899.12.26,1900.2.5
1897	사립학교	양천	유지제씨	좌동		제1898.11.21
1897	사립학교	진위	유지제씨	좌동		제1898.11.21
1898	영어학교	인천	박문협회	이학준,강준	영어전문야학	독1898.6.24;협1898.6.9 황1903.9.8
1898	종중학교	고양	장씨문중	장경근	소학과정	제1898.12.2

64) 『황성신문』 1905년 2월 15일 광고 「育英學校補助金額」·「학생모집광고」.
65) 편집부, 「학계휘문, 普昌卒業」, 『기호흥학회월보』 10, 36쪽.
66) 『황성신문』 1899년 3월 25일 잡보 「通郡私校」 ; 『시사총보』 1899년 6월 4일 잡보.
67) 독은 『독립신문』, 황은 『황성신문』, 大는 『대한매일신보(국한문판)』, 대는 『대한매
　일신보(한글판)』, 제는 『제국신문』, 협은 『협성회보』, 매는 『매일신문』, 시는 『시사
　총보』, 『도사』는 京畿道史, 『경기』는 京畿道敎育史, 『100년사』는 『내리교회100
　년사』, 『인천』은 『인천광역시교육사』, 『강도』는 江都誌, 『강화』는 江華史, 『수원』
　은 『수원시사』 등을 각각 의미한다.

연도	학교명	소재지	설립자	교사	교과목	전거
1899	행신					
	사립학교	통진 월여곳 오산현	최석	임기상·조능현	소학/35	황1899.3.25,9.8;시1899.6.4
	풍덕학교	풍덕	정규종	좌동	소학과정	황1899.12.12
	시흥소학교	광주	崔鼎燮 俞鎭沂 최찬희	한인호;교장, 崔瓚喜;교사	소학과정/45	황1899.6.13,6.24,11.15, 1900.1.24,6.16,9.15,1901.2.15 시1899.6.14;제1901.1.15
	영화의숙	양근	정운석;군수	鄭雲哲;사무원	법률전문/다수	황1899.5.6;제1899.4.10
	사립학교	진위 율포	유지제씨	좌동	소학과/다수	시1899.4.23
	사립소학교	인천 영종도	河相驥; 감리	좌동	소학과정/30	황1899.10.13
	무관학교	남양	홍승한	외국인 고빙	무관과/다수	제1900.4.18
1900	광주소학교	광주	俞鎭沂· 李胤鎭	이윤종	보통과/다수	황1900.5.29,10.27,1902.2.16
	수제학교; 박문학교	인천	全學俊 金教源	李學仁·徐相彬; 교장,金貞坤; 교감,崔致洪; 감독,徐丙斗;교사	어학전문/다수	황1900.9.15,10.6,1905.1.22, 1907.12.18,1908.6.24,7.19, 11.17;제1900.10.6;大1908.5.5 매1912.12.29,1914.4.23,5.3,5.6
	사립소학교	용인	吳赫善, 吳仁泰		소학과정/140	황1900.7.3,1901.2.5,8.3
	사립학교	부평	李彰珪	좌동	신구교육 절충	황1900.11.1
	관찰부사립 일어학교	수원	李時敏	鶴谷誠隆	다수	황1900.11.16,12.18
	사립소학교	포천	이헌영; 군수, 유생제씨	군청관리	보통과/수십명	황1900.10.8;제1900.10.8
	일어학교	수원 읍내	鶴谷誠隆· 車時敏	좌동	일어전문/다수	황1900.11.16,12.18
	사립소학교	광주	安景敦	安敎行	소학과/다수	황1902.1.25
1901	영화소학교	양근	영화학교	韓應覆	보통과/40	황1901.7.11
	사립학교	양주 호원	李永敎	좌동	보통과/다수	황1901.5.10
	합일의숙	강화	조원시	金容夏;교사	보통과/80	大1910.1.8,1.11,5.6
	보흥학교	남양	조원시 이창회 김관현 박용관 등	방한덕·이창회; 교장,홍익선; 교감,홍승호; 학감,변석규;	보통과, 고등과, 일어과/120	대1907.9.7;大1906.3.1,3.4, 6.2,9.11,12.2,12.14,1907.2.20, 11.22,11.28,1908.2.22,5.27, 12.21,1909.7.9,1910.5.10;

연도	학교명	소재지	설립자	교사	교과목	전거
				일어,홍사덕;찬성장		황1906.4.5,6.1,7.4,7.5,1907.2.1,2.8,11.22,11.23,1908.2.22,8.8,10.22,1909.3.11,3.31 『기』7-40쪽
	사립학교	교동	이규택;군수,유지신사		보통과/25	제1901.9.18
	화성학교	수원	유지제씨	좌동	보통과/다수	황1905.5.9
1902	삼일학교	수원	기독교인	임면수·이하영	보통과,고등과/80	『경기』;『수원』;『기호』7-38쪽 大1907.6.13,7.18 대1907.7.16,7.17;황1908.2.6
	삼일여학당	수원	개신교	이하영·임면수·김제구	성경,재봉,국문,한문,서간문,영어/다수	황1908.2.6;大1909.1.10 『기』7-39쪽
1903	사립소학교	안성	李膺鍾	일본인	소학/100	황1903.1.6,1904.11.5
	제령학교	인천	신상회사	서상빈·김정곤	영어/다수	황1908.8.9;『인천』;『경기』
	龍川신숙	인천	유지신사		소학/다수	황1903.11.27
1904	육영학원;보창학교	강화	이동휘	曹喜一·金萬植	병졸·평민자제 각 20명씩(150)	황1904.9.21,1905.2.15 大1904.11.16;『강지』
	사립소학교	인천	金正坤	신상회사 임원	다수	황1904.8.9,1907.3.12,3.29 大1907.5.2
	호수돈여학교	개성	갈월	좌동	보통과/다수	『도사』;『경기』
	사립학교	수원	유지제씨		소학과/다수	大1905.1.24
1905	孟東義塾;中京義塾	개성	崔文鉉	좌동	공립소학교와 유사/다수	황1905.5.25;大1907.11.3,11.5
	배의학교	개성	尹致昊·姜助遠	林圭永(金宗漢);교장,姜助遠;부교장,李冕根;교감,임봉식,좌백열차랑,박석양,한택복,원제상;체조교사	심상과,고등과,일어야학과/130	大1907.2.10,3.12,5.12,5.31,6.7-9,7.13,8.13,9.4,9.8,10.6,10.23,10.27,10.29,11.3,11.5,11.13,12.14,1908.4.26,5.1,5.8,6.3;황1907.1.18,11.12,1908.5.3,5.7,7.5,12.1,1909.4.21,5.5 만1906.8.28;매1912.5.4;『경기』
	한문학교	시흥	千駿基	좌동	한문,지리,역사/다수	황1905.6.3
	오산사숙	수원	鄭漢敎	좌동		大1907.4.20
	갑호학교	강화	보창학교지교	이동휘;교장	보통과/다수	황1905.7.5;『강지』;『강화』
	월호학교	강화	보창학교지교	柳景根;교장,黃鶴熙;교감	보통과/다수	황1905.7.5,1907.5.21,1909.2.5 大1908.5.28,1909.2.3

연도	학교명	소재지	설립자	교사	교과목	전거
1905						『기호』10-36쪽;『강지』;『강화』
	산호학교	강화 북사면	보창학교 지교	이동휘;교장, 張東植;교감	고등과, 소학과/다수	황1905.7.5,1907.5.21 『기』2-51쪽
	中成學校	강화	黃翊周	曹相建;교장, 閔泰雲·黃範周	보통과, 사범과/80	황1906.4.17;大1908.3.18 『강지』;『강화』
	중성학교 지교	강화	황익주	중성학교교사	보통과/다수	황1906.4.17;大1908.3.18 『강지』
	일어학교	강화	일진회		일어전문/70	황1905.10.5
	東明학교	이천	유지제씨	崔永煥;교장, 左藤彦太郎; 교사,李昌鎔; 찬조원,金世基; 감독	보통과, 일어과/ 수십명	황1905.11.14

<표 2>에 나타난 사립학교는 비교적 널리 '알려진' 경우이다. 신·구학을 절충한 사숙이나 의숙 등은 거의 밝혀지지 않았다. 경기지방 사립학교에 의한 근대교육 특징은 다음과 같이 정리할 수 있다.

첫째로 근대 여성교육은 비교적 일찍부터 시행되었다. 목사 조원시 부인이 설립한 영화여학당은 도내 최초 사립여학교였다. 수원 삼일여학당이나 개성 호수돈여학당 등도 당시를 대표하는 여성교육기관이었다. 이는 도내는 물론 다른 지역 여성교육 시행에 많은 영향을 끼쳤다. 도내 여학교 설립은 근대여성사에서 중요한 의미를 지닌다.[68]

둘째로 영어·일본어 등 외국어는 중요한 교과목 중 하나였다. 인천의 영어학교·박문학교·수제학교, 수원의 삼일학교, 개성의 호수돈여학교 등

---

68) 박남훈, 「1896~1905년 경기도의 사립학교 현황과 성격」, 『덕봉오환일교수정년퇴임 기념 사학논총』, 505~506쪽. 여학교에 의한 근대교육에 대하여 매우 비판적인 입장이었다. 필자는 이와 정반대되는 관점에서 이를 평가하고자 한다. 근대여성교육이 전무한 상황에서 운영된 여학교는 여성에 대한 사회적인 인식변화와 사회변동을 초래하는 요인이나 다름없었다. 남존여비·삼종지도와 같은 전통적인 여성관 탈피는 이곳을 중심으로 전개되었기 때문이다. 그런 만큼 경기지역 여학교는 지방사 차원을 넘어 근대여성교육사상에서 차지하는 올바른 자리매김이 요구된다.

은 영어를 매우 중시하였다. 대부분 사립학교는 공립소학교와 유사한 교
과목을 편성·운영했다. 일본어는 인천·강화·안성·개성 등지에서 성행하
였다. 곧 일본인과 빈번한 접촉이나 현실적인 필요성은 교과 운영에 그대
로 접목되었다.69) 일본어에 대한 관심은 이러한 상황과 맞물려 부지불식
간에 파급되어 나갔다. 도내 일어학교나 개성 배의학교, 이천 동명학교,
등은 일어전문과를 운영하였다.70)

셋째로 주요 설립·운영주체는 상업자본가, 전·현직관리, 선교사, 개신
교도 등이었다. 인천의 박문협회나 신상회사 등 상업자본가의 활동은 매
우 주목되는 부분이다. 선교사나 개신교인들은 영화여학교·영어학교·삼
일여학교·보흥학교·보창학교·배의학교 등을 설립하였다. 조원시·이동
휘·윤치호·임면수·나기정·이하영·강준 등은 이를 주도한 중심인물이었
다. 대한제국기 사립학교설립운동이나 야학운동 등은 이들에 의하여 주
도되었다.71) 개신교의 우리 근대교육에 미친 영향력은 상당한 수준이었
다. 반면 서구중심적인 가치관을 일방적으로 '주입'하는 등 부정적인 측
면도 무시할 수 없다.

넷째로 교과과정은 교세 신장과 더불어 교육내실화를 기할 수 있었다.
수원 삼일학교는 1906년 9월 1일 심상과·고등과 개편으로 새로운 도약을
도모하였다. 1년제인 심상과 교과목은 성경·국어·역사·한문·산술·영어·
체조 등이었다. 3년제인 고등과는 성경·한문·국어·수신·생리·광물·문
리·산술·본국역사·본국지지·만국역사·만국지지·작문·도화·체조 등이었
다. 교과과정 정비는 교육내실화를 도모하는 '획기적인' 계기였다. 체조는

---

69) 『황성신문』 1900년 11월 16일 잡보 「語學設校」, 11월 27일 잡보 「會社設校」, 12월
   17일 광고.
70) 『황성신문』 1905년 10월 5일 잡보 「一進設校數」.
71) 김형목, 「운영주체와 성격」, 『대한제국기 야학운동』, 2005 참조.

매우 중시된 교과목이었다. 군사훈련에 버금가는 병식체조와 행군은 학생들에게 상무정신을 고취시켰다. 담당교사는 구한국군 출신인 姜建植에 이어 宋世鎬였다.[72) 영화여학교·삼일여학교 등도 이와 유사한 과정을 겪으면서 발전 기틀을 마련하였다.

다섯째로 1899년을 기점으로 사립학교 설립은 확산되는 분위기였다. 통진 사립학교, 풍덕 豊德學校, 광주 時興小學校, 양근 永化義塾, 진위 사립학교, 인천 사립소학교 설립은 당시 상황을 분명하게 보여준다. 이는 근대교육에 대한 인식이 점차 각지로 파급됨을 의미한다. 주도층은 개신교인·지방관리·개신유학자 등이었다. 『독립신문』·『황성신문』·『제국신문』 등은 이러한 상황을 보도하는 등 격려와 찬사를 아끼지 않았다.

마지막으로 설립 지역은 매우 편중된 경향성을 보여준다. 강화·인천·수원·개성·안성 등지에 집중적으로 설립되었다. 이는 개항장이거나 선교사업 중심지로서 주요 지방도시라는 공통점을 지닌다. 안성은 조선후기 이래 전국적인 유통망을 구축한 상업도시로서 발전을 거듭하고 있었다. 일본인에 의한 일어학교 운영은 이들의 경제적인 침략과 맞물려 진행되었다. 외세에 대한 서항·순응·공존 등 우리 근대사의 '중첩성'은 이와 무관하지 않았다.

2) 설립·운영주체의 성격

근대교육은 다양한 성격을 지닌 인물들이 참여하였다. 대체로 주요 활동가는 목회자·신도, 신흥상인(신상협회), 개신유학자, 일본인, 전·현직 관료 등이었다. 이러한 성격을 모두 아우르는 인물도 있었다. 즉 활동가 대부분은 개신교도로서 관료나 상업에 종사하는 경우가 많았다.[73) 여기

---

72) 김세한, 『삼일학원육십오년사』, 65·73쪽.
73) 김형목, 「대한제국기 인천지역 근대교육운동 주체와 성격」, 『인천학연구』 3, 87~88쪽.

에서는 주요 인물의 간단한 경력을 중심으로 살펴보고자 한다.

　조원시(Rev.George Heber Jones)는 신학교를 졸업한 후 1887년 9월 내한하였다.[74] 1892년 인천지역 감리사로 부임한 이래 내리교회를 중심으로 전도활동에 노력을 기울였다. 그의 부인은 부임 초기부터 영화여학교를 설립하는 등 우리 근대여성교육 토대를 마련하였다. 그는 인천·수원·남양 등지에 영화학교·삼일학교·보흥학교·보흥여학교를 설립하는 등 경기지방 근대교육 기반을 닦았다. 1902년 한국인의 하와이 이민은 사실상 그의 주선으로 이루어졌다. 이민자들의 지속적인 신앙생활을 위하여 목회자 홍승하를 현지로 파견시켰다.[75] 하와이 한국이민사회의 정착과 독립운동에 대한 후원은 그의 노력에 힘입은 바 적지 않다. 또한 『신학월보』와 『The Korean Repository』·『The Korean Review』의 주필로서 한국 내 기독교인 동정과 한국문화를 국외에 널리 알리는 데 일익을 담당하였다.[76]

　金潤晶은 1897년 미국으로 유학길을 떠나 1903년 귀국한 이래 관계에 진출하여 태인군수 등을 거쳤다.[77] 인천부윤으로 부임한 그는 관내 계몽운동에 앞장섰다. 인천공립보통학교장과 관립인천일어학교장 겸임은 공교육기관의 책임자로서 일면을 보여준다.[78] 생계를 위하여 유식업에 종사하는 아동은 연령에 따라 교육기관 입학을 권유하였다. 그는 이후 관내 10세 이상은 공립보통학교, 10세 이하는 仁明義塾에 취학하도록 학부형을 설득시켰다. 위배한 자는 벌칙금을 부과하는 등 교육열을 고취시켰

---

74) 신흥식, 『인천내리교회역사(영인본)』, 내리교회, 1978.
75) 이덕희, 『하와이 이민 100년, 그들은 어떻게 살았나?』, 중앙 M&B, 2003, 73~81쪽.
76) 유영렬·윤정란, 『19세기말 서양선교사와 한국사회』, 경인문화사, 2004, 26쪽.
77) 국사편찬위원회, 「김윤정」, 『대한제국관원이력서』, 탐구당, 1972, 155쪽 ; 『황성신문』 1906년 11월 8일 잡보 「兩氏轉任」.
78) 『황성신문』 1907년 1월 31일 잡보 「特使寄金日校」, 9월 4일 잡보 「仁校慶祝」 ; 『大韓每日申報』 1908년 2월 8일 잡보 「獎學特質」, 4월 7일 잡보 「仁校卒業」.

다.79) 그의 교육운동 참여는 지방자치제 시행을 위한 준비과정이었다.

강준은 부친 姜華錫의 영향으로 일찍이 천주교에 입교(세례명 바오로)하였다. 독립협회 지회인 박문협회 회원인 그는 영어학교 교사로서 자원하는 등 근대문물 유입과 교육에 남다른 관심을 보였다. 대한자강회 지회원으로 정재홍·徐丙珪·丁致國·朴興三 등과 인명학교 설립도 주도하였다. 당시 모금된 금액은 수만 원에 달하는 거금이었다.80)

徐相彬은 신상협회 회원으로서 민족자본 육성에 노력하였다. 회원들과 더불어 회보 발간을 계획하는 등 문화계몽운동에 앞장섰다. 특히 협회 사장으로 재직하던 1904년 김정곤 후원을 얻어 제령학교 운영을 주도한 인물이었다. 영어를 비롯한 근대적인 교과목은 학생들의 향학열을 고취시켰다.81) 1905년경에는 활인소를 설립하여 무의무탁자나 무산자의 생활비를 지원하였다. 산모나 요식업 종사 부녀자의 건강검진 등으로 주민들의 환영을 받았다. 일본인도 이에 동참하여 헌신적인 활동을 펼쳤다.82) 주민들은 그를 '活人佛'이라고 불렀다. 이듬해에는 청결소를 설치하는 등 주민들에게 위생관념을 고취시켰다. 이는 콜레라 창궐 당시 방역과 구호활동 등으로 전개되었다.83) 건강에 대한 인식은 이러한 상황과 맞물려 생활

---

79) 『대한매일신보』 1907년 7월 25일 잡보 「인천이 평안」 ; 『大韓每日申報』 1908년 2월 23일 잡보 「仁尹學흥」.

80) 편집부, 「회원명부, 지회원(인천군)」 『대한자강회월보』 12, 68쪽 ; 『大韓每日申報』 1906년 4월 28일 잡보 「興學運動」, 5월 1일 「仁港校況」 ; 『경인일보』 2006년 3월 2일 「인천인물100인, 개화기 근대문물 토착화 '신지식인'」.

81) 고일, 『인천석금』, 경기문화사, 1955, 32~33쪽 ; 『경인일보』 2006년 7월 27일 「인천인물100인, 외세 압력 물밀듯…개항 혼란기 조선의 경제주권을 외치다」.

82) 『大韓每日申報』 1906년 5월 8일 잡보 「活人總數」 ; 『황성신문』 1907년 1월 22일 잡보 「看護請褒」.

83) 『대한매일신보』 1909년 9월 14일 잡보 「虎疫猖獗」, 9월 19일 잡보 「虎疫益蔓」 ; 『대한매일신보』 1909년 9월 21일 잡보 「괴질예방약」.

환경 개선으로 이어졌다. 거리에 방치된 오물 제거는 주민들의 자발적인
참여에 의한 정화운동으로 전개되었다.[84] 民議長으로서 그는 부여된 임
무를 충실하게 수행하여 중망을 받았다. 대한자강회 인천지회장 정재홍
과 함께 지회 운영도 주도하였다.[85] 또한 대한협회 회원으로서 활동하는
한편 신상협회를 대신한 協信商會도 조직하는 등 독자적인 상업활동을
도모하였다.[86]

인천해관 이학인·서병철·이학준, 인천부윤 서병규 등도 관료로서 계몽
운동을 주도한 대표적인 인물이다.[87] 서병규는 관내에 성행하는 도박·잡
기를 엄단하는 데 노력하였다. 관련자에 대한 엄중 문책은 주민들로부터
호응을 받는 계기였다.[88] 포천사립학교 설립자 이헌영도 군수인 지방관
이었다. 그는 유생들과 협의하여 공립소학교에 준하는 교과과정을 편성
하였다.[89]

朴三洪 인식도 이러한 관점에서 크게 벗어나지 않았다. 일찍부터 박문
협회에 가담하는 등 이곳 근대화를 위한 노력도 아끼지 않았다. 칼닌쓰학
교에 대한 지원은 상무정신을 고취하기 위함이었다.[90] 그는 국채보상운
동의 필요성과 전국민적인 참여를 호소하는 논설을 『황성신문』·『대한매
일신보』 등에 투고하였다. 이는 인천지역 주민들의 자발적인 참여를 촉구

---

84) 『大韓每日申報』 1907년 2월 20일 잡보 「好事多魔」.
85) 편집부, 「회원명부, 지회원(인천군)」, 『대한자강회월보』 12, 67~68쪽.
86) 『大韓每日申報』 1910년 3월 13일 잡보 「商會擴張」 ; 『대한매일신보』 1910년 3월
    13일 잡보 「인천의 상회조직」.
87) 『제국신문』 1900년 7월 5일 잡보, 7월 10일 잡보, 8월 7일 잡보, 1901년 5월 23일
    잡보, 9월 3일 잡보 「仁監惠政」, 1902년 11월 14일 잡보 「友有論訓」.
88) 국사편찬위원회, 「서병규」, 『대한제국관원이력서』, 664·847쪽 ; 『大韓每日申報』
    1906년 7월 19일 잡보 「雜技被捕」.
89) 『황성신문』 1900년 10월 8일 잡보 「抱川設校」 ; 『제국신문』 1900년 10월 8일 잡보.
90) 『大韓每日申報』 1906년 3월 27일 잡보 「朴氏義捐」.

하는 계기나 다름없었다.[91] 인천지역 국채보상운동 활성화는 그의 이러
한 노력과 무관하지 않았다. 아울러 대한자강회 지회원으로서 인명의숙
설립·운영과 대한제생병원 유치 등에도 깊이 관여하였다.[92] 로스앤젤레
스 지진시 동포의연에도 동참하는 등 사회활동에 적극적이었다.[93]

이동휘는 시대를 선도하는 지사였다. 근대교육운동은 바로 독립군 양
성을 위한 교육구국운동의 일환이었다. 군사훈련을 방불케 하는 병식체
조나 상무정신 강조는 이를 반증한다. 지속적인 학교 운영방안은 學父兄
契 조직으로 이어졌다. 보창학교는 당시 '민족교육'을 대표하는 교육기관
으로 발전하였다. 강화도내와 서북지방에 설립된 100여 개교에 달하는 지
교는 교육구국운동으로서 성격을 분명하게 보여준다.[94] 특히 의병전쟁을
지원하는 등 그는 시대나 민족이 요구하는 문제에 정면으로 맞선 실천가
였다.

임면수는 일찍이 수원인공양잠학교에서 근대교육을 받았다.[95] 그는 수
원 종로교회를 중심으로 적극적인 계몽운동을 전개했다. 1904년 말부터
이듬해 초까지 그는 멕시코이민 모집 대리점을 운영하였다.[96] 현지에 대
한 상황이나 사선 지식이 전부한 대부분 대리점 주인들 인식은 매우 낙관
적이었다. 대한제국기 하와이 등지 이민은 인천 내리교회 목사인 조원시
등 선교사들의 적극적인 권유에서 비롯되었다. 이들 목적은 새로운 개척

---

91) 『황성신문』 1907년 3월 9일 기서 ; 『大韓每日申報』 1907년 3월 5일 기서 「仁港
    龍洞, 박三洪」.
92) 편집부, 「회원명부, 지회원(인천군)」, 『대한자강회월보』 12, 68쪽 ; 『大韓每日申
    報』 1907년 5월 26일 광고 ; 『황성신문』 1908년 3월 31일 광고.
93) 『大韓每日申報』 1906년 6월 17일 광고 「在桑港遭難同胞救助金」.
94) 김형목, 「대한제국기 강화지역의 사립학교설립운동」, 『한국독립운동사연구』 24, 한
    국독립운동사연구소, 2005, 23~25쪽.
95) 『황성신문』 1903년 8월 6일 잡보 「蠶校試驗」, 11월 6일 잡보 「華校蠶業」.
96) 『황성신문』 1904년 12월 7일 광고.

촌에서 독실한 신앙인을 양성함이었다. '노예노동'이나 다름없는 이민도 기독교인들의 적극적인 동참을 유도할 수 있었다. 수원에서 모집된 인원은 전체 1,033명 중 6명으로 극히 일부에 불과하였다.[97] 그는 삼일학교 발기인이자 학생으로서 영어공부에 열심이었다. 일제강점 이후에는 중국으로 망명하여 항일독립전쟁에 투신하는 등 조국광복에 매진하였다.

나기정은 경기관찰도주사와 시흥·용인군수 등을 역임한 전형적인 관료였다. 그는 삼일학교 찬성원으로서 2,000냥 의연금을 모집하는 등 관내 근대교육 보급에 앞장섰다.[98] 수원의 사립학교 교사는 오윤선이었다. 그는 군수로 재직 중 주민들의 요청에 따라 교사로서 활동하였다.[99]

남양군 서여제면장 최성대는 이장을 비롯한 주민 수십 명과 회합을 가졌다.[100] 목적은 생활공동체에 기반을 둔 염업회사 조직·운영이었다. 「취지서」·「節目」 등도 각 포구 유지인사에게 배포하여 주민들 관심을 유도하였다. 그는 洪闇厚와 남양상업회의소 설립추진 발기인으로 활동하는 등 민족자본 육성에 노력하였다.[101] 수원지역 인사들과 교류는 이와 같은 목적과 무관하지 않았다.

홍은후는 신·구학문의 균형적인 발전을 위한 일환으로 獎學社 支社 설립을 주도하였다. 그는 장학사 사장 朴太緒를 찾아가 자신의 의중을 설명한 후 이를 승낙받았다.[102] 관내 교육기관에 대한 후원은 이러한 인식에서 비롯되었다.

97) 이자경, 「멕시코 한인이민 모집과 송출의 불법성」, 『멕시코 이민 100년의 회상』, 인천광역시, 2005, 47쪽.
98) 牧山耕藏, 『朝鮮紳士明鑑』, 160쪽 ; 『大韓每日申報』 1907년 7월 14일 잡보 「羅氏熱心」.
99) 『大韓每日申報』 1905년 1월 24일 잡보 「교스고빙」.
100) 『大韓每日申報』 1907년 7월 10일 잡보 「鹽會設立」.
101) 『大韓每日申報』 1907년 7월 24일 잡보 「南陽郡商業會議所趣旨書」.
102) 『大韓每日申報』 1908년 2월 25일 잡보 「獎學支社」.

　　주민들도 자제 교육문제를 스스로 해결하고자 사립학교 설립에 적극
동참하였다. 동리 단위로 주민들도 자발적으로 동참하는 등 지원을 아끼
지 않았다. 이는 생활정도에 따른 일종의 '의무교육비'였다. 향촌공동체
생활양식은 이를 통하여 계승·발전되는 등 시대변화에 부응하고 있었
다.103) 이들은 참여를 통한 사회활동에 따라 사회적인 책무를 인식하기에
이르렀다. 을사늑약 이후 각지에서 전개된 의무교육은 이러한 역사적인
배경에서 시작되었다.

4. 자아의식을 일깨운 사립학교

　　도내 최초 사립교육기관인 영화여학당은 근대여성교육의 '요람지'였
다. 이는 개항장이라는 지역적인 특성과 맞물려 선교사업 일환으로 시작
되었다. 당시 강고한 인습과 남녀차별에 입각한 여성관 잔존은 이들의 근
대교육 수혜를 원천적으로 봉쇄하였다. 여성은 사회구성원으로서 존재조
차 인식되지 않았다.104) 여학교 설립·운영은 새로운 사회 도래를 예견하
는 '전주곡'이나 마찬가지였다.

　　수원 삼일여학당, 개성 호수돈여학교·정화여학교, 남양 보홍여학교, 강
화 보창학교 여학과 등은 이와 같은 변화 속에서 설립되었다. 이는 단순
한 여성교육 보급 차원에만 그치지 않았다. 여학교는 사회적인 존재로서
자각과 아울러 사회생활에 적응하기 위한 '활동공간'이었다. 학교와 교회
는 여성들 스스로 존재가치를 인식하는 '유일한' 통로나 다름없었다. 이

---

103) 김형목, 「1898년 시흥농민운동의 전개양상과 성격」, 『한국근현대이행기 사회연구』,
　　　신서원, 2000, 212~213쪽.
104) 『독립신문』 1896년 4월 21일 논설, 6월 16일 논설, 9월 5일 논설.

는 敎勢 확대와 더불어 발전을 거듭할 수 있었다. 현지 실정에 부합하는 교과목 편성 등은 교육내실화로 귀결되었다. 대한제국기 여성교육기관이 지닌 의미는 바로 여기에 있다. 근대문물이 일상적으로 유통하는 대표적인 시·공간은 바로 학교였다.[105]

선교사업에 의한 사립학교 운영은 개신유학자를 비롯한 관료층을 크게 각성시켰다. 이는 외래종교 토착화와 더불어 어느 정도 민족교육 성격으로 전환될 수 있었다. 『독립신문』·『황성신문』·『제국신문』 등은 근대교육의 중요성과 구체적인 실행 방안을 제시했다. 독립협회는 한글을 통한 의무교육론을 제기하는 등 사회적인 관심을 증폭시켰다. 協成會도 정기적인 토론회·강연회를 개최하는 등 시급한 현안을 제기하는 한편 발전적인 방안을 모색하였다. 주제 대부분은 근대사회에 부응한 정치·사회·교육개혁 등이었다. 이는 한글교육을 통한 근대교육 활성화 방안 모색으로 귀결되었다.[106]

한글 과학화·실용화 문제는 초미의 관심사로 부각되었다. 『독립신문』·『협성회회보』·『제국신문』 등 한글로 된 신문 간행은 이러한 분위기와 맞물려 진행되는 계기를 맞았다. 지석영·주시경 등은 한글의 독창성·우수성을 강조하는 어문민족주의를 제창하였다. 이들은 『독립신문』에 「국문론」을 투고하는 등 이에 호응하고 나섰다.[107] 지석영에게 나랏말은 자기 정체성을 인식하는 요체였다. 한문 위주의 전통교육 비판은 이러한 가운데 점차 확산되었다.[108] 한글에 대한 관심 고조는 자국문화와 역사에 대한 자긍심 고취로 이어졌다.

---

105) 이승원, 『학교의 탄생』, 휴머니스트, 2005, 24쪽.
106) 『황성신문』 1898년 9월 28일 논설 「國文漢文論」.
107) 『독립신문』 1896년 4월 7일 논설, 1897년 4월 22일과 24일 논설 「류상호, 국문론」.
108) 김형목, 「한말 국문야학의 성행 배경과 성격」, 『한국독립운동사연구』 20, 한국독립운동사연구소, 2003, 155~156쪽.

비교적 일찍부터 영어·일어를 중심으로 하는 어학교육도 중시되었다. 야학인 영어학교·수제학교·삼일학교·보흥학교·보창학교와 관내 일어학교 등은 대표적인 경우였다. 근대문물을 수입하기 위한 어학의 중요성은 아무리 강조해도 지나치지 않다. 그런데 일어는 본래 취지와 달리 현실과 크게 괴리되어 있었다. 즉 일어보급은 '침략통로'를 확보하기 위한 수단 중 하나였다. 친일파 육성은 궁극적인 목적 중 하나임에 틀림없다. 수원·강화·인천·개성·안성 등지에 설립된 일어학교는 이를 반증한다. 이는 러일전쟁 발발과 더불어 확산되는 등 근대교육에 대한 불신을 조장하는 요인이나 마찬가지였다. 진보회·일진회 등의 일어학교 운영은 자신들 정체를 은폐하기 위한 수단일 뿐이었다.

사회변화와 더불어 실업교육에 대한 관심도 나타나기 시작하였다. 양주군 金義明은 10만 여 그루에 달하는 뽕나무를 배포하는 등 농가부업 향상에 앞장섰다. 그는 자신의 양잠 경험을 바탕으로『桑蠶問答』을 저술하여 농상공부에 제공하는 등 열성을 보였다.109) 이는 양잠학교 설립으로 이어지는 등 실업교육 강조와 더불어 진행되었다. 남양 무관학교나 양근 영화학교 등도 각각 무관과 법률가 양성을 위한 교과과정이었다. 실무를 위주로 하는 실업학교는 이러한 상황 속에서 발전을 거듭할 수 있었다.

강화지역 근대교육은 보창학교 설립을 계기로 발전을 거듭하는 계기였다. 江華學派에 의한 啓明義塾은 서구 학문의 일방적인 수용이 아니라 신·구학 절충에 있었다.110) 이는 개신유학자들에 의하여 주도된 사립학교의 일반적인 경향이었다. 강화도내 50여 개교에 달하는 보창학교지교

---

109)『황성신문』1903년 10월 1일 잡보「桑蚕印册」.
110) 신용하,「해제, 계명의숙설립취지서」,『한국학보』6, 일지사, 1977, 291~292쪽 ; 유준기,「강화학파의 민족의식과 독립운동」,『한국민족운동과 종교활동』, 국학자료원, 2001, 378~379쪽.

는 사숙·의숙 등 전통교육기관을 흡수·설립하였다. 지교는 본교의 철저한 교육이념에 의하여 운영되었다. 곧 독립·민족정신 앙양과 상무정신 고취는 바로 궁극적인 지향점이었다.111)

육영학원의 보창학교로 개칭은 교세 확장과 주민들 관심을 집중시키는 밑바탕이었다. 1906년 봄 이동휘는 학생 20여 명을 대동하고 덕수궁으로 황제를 謁見하려 갔다. 황제는 內帑金 600원과 '보창학교'라는 교명을 하사하는 등 이들에 대한 격려를 아끼지 않았다. 더욱이 학부의 재정적인 지원은 보창학교 명성과 교육내실화를 기하는 계기였다.112) 양정의숙 개교1주년 행사 참여도 학생들 자긍심을 고취시켰다. 참석한 내빈 중 尹晶錫과 양정의숙장은 50원과 100원에 달하는 장학기금을 지원했다.113) 연합대운동회 참가를 위한 '서울나들이'는 보창학교 생도들에게 자신감을 일깨우는 에너지원이었다.

이동휘는 강화진위대장을 사임한 이후 근대교육 보급에 더욱 집중했다.114) 그는 姜大欽·黃範周 등과 주민 부담에 의한 의무교육 시행을 위한 단체 결성을 주도하였다. 면장·이장 등을 비롯한 유지 수백 명이 군청에 회집한 가운데 임시의장 이동휘 사회로 江華學務會 발기대회는 개최되었다. 지방관의 의무교육 실시에 대한 의지와 주민들 열의는 대단한 기세였다.

---

111) 전택부, 『토박이 신앙산맥』 3, 대한기독교출판사, 1992, 44쪽.
112) 『大韓每日申報』 1906년 3월 29일 잡보 「學訓沁府」 ; 『황성신문』 1906년 5월 19일 잡보 「寺畓屬校」.
113) 『황성신문』 1906년 5월 15일 잡보 「養正創立式」.
114) 홍영기, 「이동휘의 구국운동(1905~1907)에 관한 새로운 자료」, 『한국근현대사연구』 1, 한국근현대사연구회, 1994, 288~305쪽 ; 반병률, 『성재 이동휘일대기』, 66~74쪽.

> 江華郡에서 義務教育을 實施ᄒ기 爲ᄒ야 該郡紳士 李東暉 姜大欽 黃
> 範周諸氏가 發起ᄒ고 郡內紳士及 面長里長 數百人이 今月 二十四日에
> 郡廳에 會集ᄒ야 學務會를 組織ᄒ야ᄂ디 臨時會長 李東暉氏가 開會趣旨
> 을 說明ᄒ고 本郡守 高靑龍氏은 義務教育實施ᄒᄂ디 未開ᄒ 人民이 妨
> 害ᄒᄂ者ㅣ 有ᄒ면 雖强制라도 決斷코 實施乃已ᄒ깃다고 激切勤勉ᄒ고
> …(중략)… 各校塾經費ᄂ 各區域內 士民의 分擔ᄒ 義務錢穀과 志士의
> 特別義捐과 學徒의 月謝로 永遠維支케ᄒᆫ다ᄒ니 江華一郡이 我韓義務教
> 育實施의 訓導模範되기를 確信ᄒ깃더라.115)

즉 군수는 강제적인 방법을 동원한 의무교육 시행을 역설하고 나섰다. 이에 신사유지와 면장·이장 등도 호응하는 등 도내 근대교육은 도약을 위한 새로운 '계기'를 마련한 셈이다. 당시 피선된 임원진은 회장 강대흠, 부회장 趙尙錫, 총무 황범주 등이었다. 임원 선정 후 의무교육의 시급성을 역설한 이동휘는 참석자들로부터 대단한 환호를 받았다. 의무교육 시행방안은 생활정도에 따라 주민 부담에 의한 사립학교 설립으로 이어졌다.116)

이처럼 초기 사립학교는 을사늑약 이후 근대교육운동을 추동시키는 밑바탕이었다. 무수한 시행착오는 민족교육을 시행할 수 있는 방안을 모색하는 계기를 부여할 수 있었다. 學區에 의한 의무교육은 민족지도자 양성을 위한 중장기적인 계획에 따라 시행되었다.117) 보창학교 중학과와 중성학교 사범과 설치, 삼일학교·보흥학교 고등과 설치 등은 이를 반증한다. 또한 신·구학 절충은 지역적인 특성을 반영한 부분이다. 한문 능통자에 대한 우대책과 교사로서 양성 계획은 이러한 현지 시정과 결코 무관하지

---

115) 『황성신문』 1908년 3월 8일 잡보 「江華義務敎育」.
116) 『大韓每日申報』 1908년 3월 18일 잡보 「江郡학風」 ; 『황성신문』 1908년 3월 8일 잡보 「江華義務敎育」 ; 편집부, 「회중기사」, 『기호흥학회월보』 5, 47쪽.
117) 김형목, 「대한제국기 강화지역의 사립학교설립운동」, 『한국독립운동사연구』 24, 10~12쪽.

않았다.

실업교육과 어학교육 중시는 근대사회 도래와 더불어 시작되었다. 시세변화에 부응한 이러한 노력은 근대교육 전반에 대한 인식·의식변화를 초래하는 요인이었다. 전통사회에서 거의 무시된 교과목인 산술·이과학·창가 등은 학생들 호기심을 불러 일으키기에 충분한 요소였다. 근대사회 시민으로서 '몸만들기'를 위한 체조는 학생들로부터 커다란 호응을 받았다. 근대교육 진전과 더불어 이러한 인식은 변화를 거듭하는 요인이었다. 물론 부적격한 교사진, 미비한 교재 등은 교육내실화 측면에서 많은 문제점을 드러내었다. 반면 향학열과 교사들 열의는 대단한 기세였다. 이는 '근대교육=시무책' 일환으로 전개되었던 당시 상황을 반증한다.

한편 일본인이나 친일세력에 의한 사립학교도 설립되었다. 福地辰藏·渡邊多藏은 1896년부터 안성에서 일어학교를 설립·운영하였다.118) 일본어 등 근대교육 보급을 내세웠지만, 궁극적인 목적은 친일세력 육성이었다. 당시 대일본해외교육회는 일어학교 설립을 주도하는 중심단체였다. 京城學堂·釜山學院·三南學堂 등은 대표적인 일어학교로서 주목을 받았다. 伊藤博文 등 일본정계 인사들은 이곳을 방문하여 생도 등을 격려하는 등 일본에 대한 환상을 갖게 만들었다.

朝鮮開敎團은 종교활동을 위장한 채로 친일세력 부식에 노력하였다. 목적은 불교의 자비심을 본받아 한국인을 계도하는 한편 자선구제를 표방하였다.119) 이들은 회당을 수원·개성 등 경기도내에 설치하는 등 교세확장을 위한 노력을 기울였다. 이는 포교를 가장한 친일세력 육성을 위한 방편이었다. 일부 교사나 후원자도 이러한 분위기에 편승하고 있었다. 사

---

118) 『황성신문』 1899년 12월 26일 잡보 「安城日語學校」, 1900년 2월 5일 잡보 「京鄕學校」 ; 국사편찬위원회, 「이창우」, 『대한제국관원이력서』, 55·694·824쪽.
119) 『황성신문』 1903년 11월 17일 잡보 「開敎會組織」.

립학교 운영은 사회적인 명성과 기득권을 유지하는 방편일 뿐이었다.[120] 더욱이 일부 지방관이나 운영자들은 공금 횡령과 외세에 편승하는 등 몰 주체적인 자세도 드러내었다. 불법과 파렴치한 행위에 대한 주민들 비판 은 부분적이나마 자기 권리를 옹호하려는 사회활동으로서 의미를 지닌 다. 사회적인 책무에 대한 자각은 이러한 과정을 통하여 보다 심화될 수 있었다.

5. 맺음말

외국인거류지 형성은 이채롭고 이질적인 새로운 문물과 직접 접촉하는 계기였다. 초기 한국인들은 전통질서를 파괴하는 '요물'로서 인식·배척할 뿐이었다. 의구심에 찬 시선은 배외의식과 위기의식을 증폭시키는 요인 이었다. 문물교류 확대와 빈번한 외국인과 접촉은 경계적인 입장을 점차 완화시켰다. 특히 선교사업 중 활발한 교육·의료활동 등은 선별적인 수용 단계로 전환되었다. '편리성'을 앞세운 성냥·석유·면포 등 자본주의제 상 품은 일상사의 주요한 부분으로 침투하기에 이르렀다.

경기지방 근대교육은 1892년 내리교회 목사 조원시 부인의 영화여학당 설립에서 비롯되었다. 학교 건물은 부부의 생활공간인 가정집이었다. 초 기에는 주민들 냉담한 반응으로 성과를 거두기에 역부족한 상황에 처하 였다. "서양 사람은 사람 머리와 팔다리를 짤라 주정에 넣어 통조림을 만 들어 본국으로 보내거나 시루에 쪄서 먹는다"는 유언비어는 이러한 분위 기를 잘 보여준다. 하지만 교세 확장에 따른 신도수 증가는 왜곡된 강고 한 배외의식을 완화시키는 요인이었다. 설립자의 헌신적인 열성으로 고

---

120) 『제국신문』 1900년 11월 12~13일 논설(기서).

아와 신도 자제들 일부는 학교로 모여들었다. 학생수 증가와 신도들 후원
은 근대교육기관으로서 기틀을 마련하는 밑바탕이었다. 이는 도내 사립
학교에 의한 근대교육을 확산시키는 '기폭제'나 마찬가지였다. 특히 도내
여성교육은 여기에서 시작되었다. 한국 근대여성교육 '요람지'는 바로 영
화여학당이었다.

　강화·개성·수원·남양·안성 등지 목사나 개신교인도 사립학교 설립을
서둘렀다. 잠두의숙·보창학교, 배의학교·호수돈여학교, 삼일여학교·삼일
학교, 보홍학교 등은 이러한 가운데 탄생한 대표적인 교육기관이었다. 이
는 지방관·개신유학자·자산가 등 이른바 '지방명망가'를 크게 자극시켰
다. 인식변화는 근대교육에 대한 관심을 고취시키는 등 시대상황에 부응
한 활동영역을 모색하는 계기였다. 이들은 스스로 의연금을 모금하거나
주민들 부담에 의한 근대교육 보급에 적극적이었다. 1898년을 기점으로
도내 각지에 설립된 사립학교는 이러한 실상을 잘 보여준다. 일부는 사립
학교 설립을 사회적인 책무나 의무로서 인식하는 분위기였다. 심지어 일진
회·동아개진교육회 등 친일단체조차도 사립학교 설립·운영에 앞장섰다.
현지에 거주하는 일본인들도 설립·후원자로서 지원을 마다하지 않았다.

　교과과정은 대부분 초등교육에 맞추어 편성하였다. 일부는 초등과 중
등교육을 병행하는 경우도 있었다. 심지어 법률·상업일반 등을 가르치는
전문과정도 운영했다. 교사진 구성이나 피교육자 성격 등에 따라 다양하
게 편성되는 등 지역적·현실적 여건도 고려되었다. 개항지·외국인집단거
류지 등지에서는 현실적인 필요에 따라 영어·일본어 등 외국어를 중심으
로 가르쳤다. 영어는 선교사업 중 성경공부를 위한 수단, 외국상사와 상
행위나 취업을 위한 방편으로 시행되었다. 일어도 선진문물 수용을 위한
목적 일환으로 실시되었다. 주요 활동가들은 사회진화론에 입각한 근대
문물 수용 차원에서 외국어를 중시했다. 이는 어학에 의한 제국주의 침략

의 속성을 제대로 간파하지 못한 인식에서 비롯되었다. 특히 일본어 편중은 식민지 구축을 위한 '침략통로 확보'라는 측면을 강하게 내포하고 있었다. 일본인·일본사회단체에 의한 일본어 보급은 바로 친일세력 육성과 무관하지 않았다.

설립·운영주체는 개신교도·목사·지방관·유지신사 등으로 크게 구분할 수 있다. 목사·개신교도는 초기 사립학교 설립에 의한 근대교육을 주도한 인물이었다. 대표적인 인물은 이동휘·유경근·이학준·서상빈·윤치호·정재홍·최성대·이하영 등이었다. 반면 시세변화와 더불어 전현직 관리를 비롯한 개신유학자·자산가·언론인·교사 등도 운영주체로서 등장하였다. 사회변동과 인식변화는 이를 초래하는 요인이었다. 대부분은 이후 계몽단체·학회 등 회원·지회원으로서 근대교육운동을 비롯한 한말 계몽운동을 주도했다. 자립경제 수립을 표방한 국채보상운동의 '전국민적인 운동'으로 발전·승화는 이들의 적극인 동참하에 이루어졌다. 즉 활동영역은 교육적인 차원을 벗어나 분야별 민족운동 참여로 확대되었다. 신문·잡지 발간을 통한 언론활동도 근대교육 보급을 위한 일환이었다.

이처럼 경기지방 초기 근대교육은 사립학교에 의하여 주도되었다. 주민들 적극적인 참여는 잔존한 인습을 타파하는 데 크게 이바지했다. 일상사 변화는 사회변동과 더불어 새로운 인간관계로 이어졌다. 학교는 근대적인 지식보급은 물론 이에 부응한 인식변화를 수반하였다. 사회적인 존재로서 각성은 사회적인 책무를 실현하는 데 든든한 밑거름이었다. 근대교육에 대한 관심 고조는 이러한 변화와 맞물려 진전되어 나갔다.

반면 '교육만능주의'에 매몰되는 등 부정적인 측면도 결코 무시할 수 없다. 일제침략에 편승한 일어학교 후원이나 지원 등은 대표적인 경우이다. 러일전쟁 이후 일제침략 강화와 더불어 더욱 심화되는 양상이었다. 반면 침략에 편승한 매국적인 교육에 대한 비판과 아울러 민족교육 진전도 병행되었다. 이는 국권회복운동 기반을 확산시키는 요인 중 하나였다. 민지 개발에 의한 현실인식 심화는 사회구성원으로서 자각과 자긍심을 고취시키는 요인임에 틀림없다.

　상황 변화에 대한 방안은 각자의 입장에 따라 다양하게 나타난다. 자신보다 누구를 위한 사회적인 책무와 맞물려 전개되었다. 자신의 존재성을 인식하려는 각성은 이러한 변화를 견인하는 요인이었다. 더불어 사는 삶의 공동체적 관심사는 이와 같은 사실을 그대로 보여준다.

제2장 한말 경기도 사립학교설립운동의 전개와 성격

1. 머리말

한말 계몽운동을 주도한 지방은 '바로' 경기도라 해도 과언이 아니었다. 대한자강회·대한협회·기호흥학회 등은 도내 각지에 지회설립을 인가하였다. 지방자치를 표방한 南陽民議所·仁川府民會·江華民會·豊德民會 등도 조직되었다.[1] 江華學務會나 開城敎育會(일명 開城敎育總會 : 필자 주)는 '의무학교' 설립과 근대교육 보급을 위한 교육단체였다. 특히 국채보상을 위한 여성단체인 인천 국미적성회·남양 부인의성회·안성 국채보상부인회·김포 검단면국채보상의무소 등은 여성들의 사회적인 역할을 강조하였다. 여성교육은 여성단체 활동과 맞물려 진전하는 계기를 맞았다.

최근 경기학·인천학·수원학·화성학·강화학 등 '지역학' 개념 정립과 왕성한 지역사 연구는 이러한 역사적인 배경에서 비롯되었다. 이는 주요 활동가, 전개 양상, 주민들 반응, 역사적인 성격 등을 밝히는 성과로 이어졌다.[2] 그런데 외형적인 성과와 달리 근대교육운동은 시·군 단위로 일부

---

1) 김형목, 「대한제국기 강화지역의 사립학교설립운동」, 『한국독립운동사연구』 24, 한국독립운동사연구소, 2005, 9~11쪽.
2) 한말 경기지방 교육운동에 관한 연구는 향토사 연구 심화로 상당한 성과를 거두었다. 학교사나 시지·군지 등은 관내 교육운동 전반을 모두 언급하였다. 하지만 구체적인 실태는 미흡한 실정임을 부인할 수 없다.
  고일, 『인천석금』, 경기문화사, 1955 ; 영화중학교, 『영화70년사』, 1965 ; 경기도교육위원회, 『경기교육사; 1833~1959』 상, 1975 ; 경기도사편찬위원회, 『경기도항일독립운동사』, 1995 ; 경기도사편찬위원회, 『경기도사(한말)』 6, 2004 ; 인천광역시

사례만 밝혀졌을 뿐이다. 도내 근대교육에 관한 실태나 운영주체 등은 제대로 파악하지 못하였다. '전통과 역사를 자랑하는' 일부 학교사에 편중된 성과물은 이를 잘 보여준다. 더욱이 민족교육기관이나 근대교육 '요람지'로서 과도한 성격 규정은 실상과 너무나 괴리되어 있다.3) 필자가 대한제국기 경기지방 계몽운동 중 사립학교설립운동에 주목한 이유도 바로 여기에 있다.

이 글은 기존 연구 성과를 토대로 한말 경기도의 사립학교설립운동 현황과 성격 규명에 중점을 두었다. 먼저 사립학교설립운동 배경에 주목하였다. 이는 계몽단체 활동과 사회변동에 따른 근대교육에 대한 인식변화에서 비롯되었다. 경쟁적인 사립학교 설립은 당시 사회분위기를 압도하

교육청, 『인천교육사』, 1995 ; 유지영, 「合一學校와 故崔尙鉉氏-그의 사업은 교육계의 금자탑-」, 『신동아』 11월호, 1935 ; 김영우, 「한말 사립학교에 관한 연구<Ⅱ>」, 『교육연구』 3, 공주사범대, 1984 ; 김형목, 「한말 경기지역 야학운동의 배경과 실태」, 『중앙사론』 10·11, 중앙사학연구회, 1998 ; 김형목, 「대한제국기 인천지역 근대교육운동 주체와 성격」, 『인천학연구』 3, 인천학연구원, 2004 ; 김형목, 「대한제국기 강화지역의 사립학교설립운동」, 『한국독립운동사연구』 24, 한국독립운동사연구소, 2005 ; 김형목, 「한말 수원지방 계몽운동과 운영주체」, 『한국민족운동사연구』 53, 한국민족운동사학회, 2007 ; 김형목, 「한말 화성지역 계몽운동과 성격」, 『동국사학』 45, 동국사학회, 2008 ; 이상일, 「강화의 교육문화운동」, 『신편 강화사』 상, 강화군 사편찬위원회, 2003.

3) 경기도교육위원회, 『경기교육사』 상 ; 차선혜, 「항일운동의 확산」, 『경기도항일독립운동사』 ; 차선혜, 「구국계몽운동기의 경기도」, 『경기도사(한말)』 6 ; 이제재, 「남양군의 사회와 교육-인물을 중심으로-」, 『화성의 얼』 Ⅲ, 화성문화원, 1998.
당시 설립된 사립학교 중 극히 일부만이 언급하였다. 야학운동에 관한 부분은 전무한 실정이다. 이는 '명문학교'나 주요 활동가를 중심으로 근대교육운동을 파악하려는 인식에서 비롯되었다. 최근 수원·강화도·인천 등지는 지역학 연구 심화와 더불어 실체를 밝히는 등 상당한 성과를 거두었다. 경기지방 야학운동은 사립학교설립운동에 버금갈 정도로 근대교육운동의 중심적인 영역을 차지하였다(김형목, 『대한제국기 야학운동』, 경인문화사, 2005, 296~297쪽 ; 김형목, 「대한제국기 경기도 야학운동의 성격」, 『덕봉오환일교수정년기념 사학논총』, 논총간행위원회, 2006 참조).

는 상황이었다. 국망에 대한 위기의식은 국권회복이나 국권수호 차원에
서 사립학교설립운동을 추동시켰다. 강화도 普昌學校·啓明義塾, 인천 仁
明學校, 수원 三一學校, 남양 普興學校, 개성 韓英書院·培義學校, 포천
莘野新塾, 교하 宣城學校, 파주 隆熙學校 등은 대표적인 학교였다.4)

　다음으로 전개양상과 사립학교 설립현황도 파악하였다. 1906년부터
'한일합병'까지 최소한 320여 개교나 설립되었다. 강화도에는 보창학교
본교를 중심으로 56개나 지교를 운영하는 등 '의무교육' 일환이었다. 學
區 설정에 의한 '의무교육비'는 주민들 생활정도에 따라 차등 부과되었
다. 개성·포천·용인·인천·남양·진위 등지도 이러한 분위기에서 크게 벗
어나지 않았다. 군단위로 시행된 '의무교육'은 사립학교설립운동을 추동
시키는 요인 중 하나였다. 이는 당대를 '대표'하는 교육기관으로 발전하
는 원동력이었다. 주민들 인식변화와 자발적인 참여는 교육내실화로 이
어지는 밑거름이나 마찬가지였다.

　마지막으로 경기도 사립학교설립운동이 근대교육사에서 차지하는 위
상을 파악하였다. 학교를 매개로 전개된 연합운동회는 '단순한' 교내행사
에 머물지 않았다.5) 현지인은 이를 통하여 현실인식 심화와 더불어 스스
로 사회적인 존재로서 책무를 인식하는 계기였다. 학생들의 정정당당한
경쟁과 질서정연한 대오는 주민들 탄성을 자아내기에 충분하였다. 군대
훈련에 버금가는 병식체조는 상무정신을 일깨우는 교육현장이었다.6) 애

---

4) 손인수, 『한국근대교육사 1885-1945』, 연세대학교출판부, 1971, 72~78쪽.
　　저자는 대표적인 민족교육기관으로 재령 楊山學校, 평양 大成學校·崇實學校, 정
　　주 五山學교, 선천 新聖中學校 등을 꼽았다. 반면 중부 이남지방 사립학교에 대한
　　서술은 전무하다. 1980년대 이전 연구 경향은 대체로 이러한 인식에서 이루어졌다.
　　물론 서북지방은 근대교육사상 중요한 위치를 차지한다. 이는 서북지방을 근대교육
　　운동 발상지이자 '메카'로서 인식한 학계 분위기를 그대로 반영한다.
5) 김태웅, 『우리 학생들이 나아가누나』, 서해문집, 2006, 83~87쪽.
6) 이학래, 『한국근대체육사연구』, 지식산업사, 1990, 59~64쪽.

국심·민족정신 앙양은 국어·역사교육과 더불어 체육행사를 통하여 심화
되었다. 모순된 현실에 대한 타개책 모색은 이러한 가운데 발현될 수 있
었다. 반면 현실에 순응하는 등 사회적인 책무를 방기하는 경우도 있었
다. 일제강점기 다양한 친일파 존재는 이러한 역사적인 배경과 결코 무관
하지 않다.

2. 계몽단체 활동과 인식변화

러일전쟁 발발을 전후로 고조된 위기의식은 계몽단체 조직·활동을 촉
진시켰다. 일제의 일방적인 승리는 이러한 분위기를 더욱 조장하는 요인
이었다. 한국인은 러일전쟁을 통하여 제국주의로서 일본을 새롭게 인식
하는 계기였다.[7] 위기의식 고조는 계몽운동을 서울 중심에서 벗어나 전
국 각지로 확산시키는 '촉매제'였다. 학회를 비롯한 계몽단체는 지회를
중심으로 이러한 목적을 관철시켜 나갔다. 계몽운동의 전국적인 확산은
인식변화와 더불어 새로운 가치관에 입각한 사회질서를 모색하는 요인이
었다. 지회 설립인가는 이와 같은 목적에 따라 추진되었다. 도내 인허된
지회로 대한자강회는 남양·인천·강화지회 등 3개, 대한협회는 개성·장
단·포천·가평지회 등 4개, 기호흥학회는 광주·수원·장단·교하·양근·강
화·풍덕지회 등 7개였다.[8]

---

7) 김형목, 「해제 : 한말~일제초기 친일의 유형과 논리」, 『친일반민족행위관계사료집-친
   일의 유형과 논리(1904~1919)-』Ⅱ, 친일반민족행위진상규명위원회, 2007, 19~22쪽.
8) 김도형, 『대한제국기의 정치사상연구』, 지식산업사, 1994, 148쪽.
   대한자강회의 도내 설립인가된 지회를 수원지회와 남양지회 2개소로 파악하였다.
   수원지회는 조직되지 않은 반면 2개 지회가 더 설립인가되었다. 인천지회와 강화지
   회는 각각 정재홍과 이동휘 주도로 설립인가 된 후 관내 계몽운동을 주도하였다(김
   형목, 「'한말 정재홍'의 현실인식과 의열투쟁」, 『인천학연구』 5, 인천학연구원,

지회의 주요 활동은 근대교육기관 설립·후원이나 강연회 개최 등 계몽
활동에 집중되었다. 근대교육 보급은 전통교육기관인 사숙·의숙·서당 폐
지나 개량으로 이어졌다. 의무교육에 의한 근대교육 시행은 당면한 현안
이자 시무책이었다. 교육입국론은 교육구국운동인 국권회복운동 일환으
로 인식되었다. '근대교육 시행=사회적인 책무=국권수호'라는 인식은
사회적인 분위기로 정립되어 나갔다. 도내 근대교육운동 확산과 진전은
이러한 상황과 맞물려 있었다. 물론 상당수 계몽론자는 문명화론에 경도
되는 등 제국주의 침략에 대해 '비교적' 안이한 입장이었다.9) 이들은 양
육강식에 입각한 제국주의 식민지배를 '당연한' 국제질서로서 인식하는
등 한계를 드러내었다.

사립학교설립운동은 군단위로 시행된 의무교육과 더불어 진전을 거듭
할 수 있었다. 이동휘 주도로 조직된 강화학무회는 대표적인 단체였다.10)
그는 姜大欽·黃範周 등과 의무교육 실행을 위한 단체 결성을 주도하였
다. 의무교육 실시에 대한 의지와 주민들 열의는 대단한 기세였다.

　　江華郡에서 義務敎育을 實施ᄒ기 爲ᄒ야 該郡紳士 李東暉 姜大欽 黃
範周諸氏가 發起ᄒ고 郡內紳士及 面長里長 數百人이 今月 二十四日에
郡廳에 會集ᄒ야 學務會를 組織ᄒ야ᄂᄃ 臨時會長 李東暉氏가 開會趣旨
을 說明ᄒ고 本郡守 高靑龍氏은 義務敎育實施ᄒᄂᄃ 未開ᄒ 人民이 妨
害ᄒᄂ者ㅣ 有ᄒ면 雖强制라도 決斷코 實施乃已ᄒ깃다고 激切勤勉ᄒ고
本郡에 駐在ᄒ 日本憲兵隊長과 巡査部長도 國民義務가 敎育이 最先이라
고 演說ᄒ 後 規則을 通過ᄒ고 任員을 選擧ᄒᄂᄃ …(중략)… 各校塾經

　　2006, 10~13쪽).

　9) 서명일, 「계몽운동기(1905-1910) 사회진화론 수용의 논리」, 고려대석사학위논문,
　　　2006, 22~24쪽.

10) 김형목, 「대한제국기 강화지역의 사립학교설립운동」, 『한국독립운동사연구』 24,
　　　10~11쪽.

費ᄂᆞᆫ 各區域內 士民의 分擔ᄒᆞᆫ 義務錢穀과 志士의 特別義捐과 學徒의 月謝로 永遠維支케ᄒᆞᆫ다ᄒᆞ니 江華一郡이 我韓義務敎育實施의 訓導模範되기를 確信ᄒᆞ깃더라.11)

즉 군수는 강제적인 방법을 동원한 의무교육 시행을 역설하고 나섰다. 이에 신사유지와 면장·이장 등도 호응함으로 도내 근대교육은 도약을 위한 새로운 '계기'를 마련한 셈이다. 당시 피선된 임원진은 회장 강대흠, 부회장 趙尙錫, 총무 황범주 등이었다. 의무교육의 시급성을 역설한 이동휘는 참석자들로부터 열렬한 환호를 받았다. 시행방안은 생활정도에 따라 주민 부담과 유지층 의연금에 의한 사립학교 설립으로 귀결되었다.12) 물론 현지 사정을 감안하여 전통교육기관을 개편한 경우도 적지 않았다. 일시에 설립된 보창학교지교는 이러한 사실을 분명하게 보여준다.

의무교육 시행과 관련된 주요 내용은 "첫째로 강화도내 16면 114개 마을을 56개 學區로 나누어 학구마다 의무학교인 사립학교를 설립한다.13)

---

11) 『황성신문』 1908년 3월 8일 잡보 「江華義務敎育」.
12) 『大韓每日申報』 1908년 3월 18일 잡보 「江郡학풍」.
13) 신용하, 『한국민족독립운동사연구』, 을유문화사, 1985, 164쪽.
   56개 학구에는 '의무학교'를 설립하였다. 발기대회 직후 進明·啓明·昌華·共化 등 5개교와 보창학교지교 21개교를 운영할 정도로 신속하게 시행되었다. 보창학교를 중심으로 시행된 의무교육은 강화도를 대한제국기를 대표하는 근대교육 '요람지'로서 변모시켰다. 상무정신에 기초한 민족정신·국가정신 고취는 강화인의 국권회복 운동을 추진하는 정신적인 지주였다. 치열하게 전개된 후기 의병전쟁도 이와 같은 상황과 맞물려 있었다(최취수, 「1910년 전후 강화지역 의병운동의 성격」, 『한국민족운동사연구』 2, 한국민족운동사연구회, 1988). 계몽운동과 의병전쟁 진영간 갈등을 조정·융화시킨 인물은 이동휘였다. 그런 만큼 보창학교의 근대교육사상 위상은 이동휘의 현실인식·교육이념 등과 관련시켜 재평가해야할 중요한 과제이다. 기존 연구는 이러한 사실을 체계적으로 다루지 못하였다(김방, 「이동휘의 국권회복운동(1905~1910)에 관한 연구」, 『한민족독립운동사논총』, 수촌박영석교수화갑기념논총 간행위원회, 1992 ; 반병률, 「이동휘와 한말 민족운동」, 『한국사연구』 87, 한국사연둘째로 학령아동은 강제로 각 '구역학교'에 입학시킨다. 셋째로 15세 이상 20세 이하 한문에 능숙한 자는 보창학교 중학과에 입학시키고, 20세 이상 40세 이하 한문에 능한 자는 中成學校 사범속성과에 입학시킨다. 넷째로 학교경비는 주민들 생활정도에 따라 부과한 의무금, 유지들 의연금, 학생 월사금 등으로 충당한다"는 등이었다. 의무교육은 민족지도자나 교사 양성 등과 관련하여 치밀한 계획에 따라 시행되었다.14) 보창학교 중학과와 중성학교 사범과 설치는 이러한 사실을 반증한다. 물론 궁극적인 목적은 문명사회 건설을 위한 기반 구축으로서 민지계발이었다.

신·구학 절충은 지역적인 특성을 반영한 부분이다. 강화학파는 지역사회에서 여전히 상당한 영향력을 발휘하고 있었다.15) 활동가들은 최대한 공통적인 요인을 현장에 접목하려는 입장이었다. 한문 능통자에 대한 우대책과 교사로서 양성 계획은 이러한 현지 상황과 결코 무관하지 않았다.16) 상호간 결점을 보완한 대응책은 주민들의 절대적인 참여와 지원을 유도할 수 있었다. '공공성'에 대한 인식은 이와 같은 과정에서 자연스럽게 배태되는 동시에 실천력을 배가시키는 기반이었다. 개신교·성공회 등 외래종교의 강화에서 토착화도 선통과 조화 속에서 이루어진 사실을 근

구회, 1994 ; 윤병석 「이동휘와 계봉우의 민족운동」, 『한국학연구』 6·7, 인하대 한국학연구소, 1996 ; 조현욱, 「한말 이동휘의 교육진흥운동」, 『문명연지』 5-1, 한국문명학회, 2004 ; 오환일, 「한말 강화도 사립학교설립운동의 성격」, 『한국사의 탐구』, 최홍규교수논총간행위원회, 2005 ; 오영섭, 「강화도에서의 이동휘의 근왕적 민족운동」, 『한국 근현대사를 수놓은 인물들(1)』, 경인문화사, 2007).

14) 정숭교, 「대한제국기 지방학교의 설립주체와 재정」, 『한국문화』 22, 서울대, 1998, 298~300쪽.

15) 유준기, 「한말 강화학파의 민족의식과 독립운동」, 『한민족독립운동사논총』, 수촌박영석교수화갑기념논총간행위원회, 1992 참조.

16) 김형목, 「대한제국기 강화지역의 사립학교설립운동」, 『한국독립운동사연구』 24, 12쪽.

대교육에서 엿볼 수 있는 부분이다.[17]

개성교육총회도 개성지역 계몽운동을 주도하는 '대표적인' 단체였다. 임원진은 「취지서」를 통하여 사립학교 설립·지원은 물론 문화계몽활동의 정기적인 개최 등을 밝혔다.[18] 부회장 임규영은 이러한 활동을 주도한 중심적인 인물이었다. 그는 관내 향학열을 고취시키는 한편 연합대운동회 개최를 통하여 근대교육에 대한 인식변화를 각인시켰다. 보창학교지교 설립도 그의 열성에 힘입은 바가 크다. 이동휘 구속 이후 경비난에 직면하자, 유지층으로 조직된 찬무회는 적극적인 지원을 아끼지 않았다.[19] 두 단체는 개성지역 근대교육을 사실상 의무교육으로 이끄는 중심단체였다.

이와 같은 분위기는 인근 지역으로 급속하게 파급되어 나갔다. 사립학교 설립에 의한 근대교육 시행은 이들에게 최소한 '사회적인' 책무로서 인식되는 분위기였다. 포천군·용인군·김포군 등지 유생들은 시세변화를 절감하는 동시에 의무교육 시행을 위한 대안을 모색했다.[20] 포천군수 崔斗榮은 면장회의·이장회의 등을 통하여 의무교육 시행을 주요 사안으로 제시하였다. 각 동리마다 설치된 신문구람소도 이와 같은 의도와 무관하지 않았다.[21] 신야신숙을 설립한 유지들은 청성학교로 교명을 변경하였다. 이들은 의무교육 일환으로 청성제1·2·3학교를 차례로 설립하는 등 열성을 다하였다.[22]

---

17) 이덕주·조이제, 『강화기독교100년사』, 강화기독교100주년기념사업회, 1994 참조.
18) 『大韓每日申報』1906년 6월 28일 잡보 「開城教育總會趣旨書」.
19) 『황성신문』1906년 5월 5일 잡보 「普昌支校」, 5월 28일 잡보 「設校反對」, 1908년 6월 17일 잡보 「開城學會擴張」 ; 『大韓每日申報』1907년 2월 10일 잡보 「開儒義捐」, 1908년 1월 15일 잡보 「普昌校中興」.
20) 『황성신문』1908년 3월 15일 잡보 「有是哉金浦人士」, 1909년 2월 12일 잡보 「崔倅의 熱心勸學」.
21) 『황성신문』1909년 1월 20일 잡보 「抱川郡廳會議所條件」.
22) 편집부, 「학계휘문, 靑城開校式」, 『기호흥학회월보』5, 47쪽 ; 편집부, 「학계휘문,

광주군 초월면은 의무교육 시행을 결의한 후 곧바로 사립학교 설립에 박차를 가했다. 의무금은 호당 15전씩 배당하는 등 '面立學校' 설립에 노력을 기울였다. 5개 동리에서 반대하자, 면민들은 동장을 군청에 등소하는 등 제재를 가하였다.[23] 광주지역 근대교육은 이를 기점으로 '들불'처럼 확산되었다. 관내 漢山·廣成·廣興·水西·闥理學校 등 설립은 관내 분위기를 잘 보여준다.[24]

교하군수 尹慶燮은 선성학교 설립을 주도하는 등 사립학교설립운동에 적극적이었다. 그는 교육을 의무로서 인식할 만큼 빈번한 강연회 개최로 주민들을 일깨웠다. 그의 부임 이래 관내에 설립·운영되는 사립학교는 13개교에 달할 정도로 확산되었다.[25] 파주군 徐一憲·申鉉謨·金敎成·鄭寬好·李興旭·盧學基 등은 '신문잡지종람소 취지서'를 발표하는 등 근대교육 보급을 위한 기반 조성에 노력하였다. 군수 沈宜性은 활동에 대한 지원·후원을 아끼지 않았다.[26] 진위군 東明義塾은 설립 이래 당지 대표적인 교육기관으로 발전을 거듭하였다. 「사립학교령」 시행 이후 운영난에 직면하자, 주민들은 경쟁적인 의연활동을 전개하는 등 의무학교나 마찬가지였다. 인근 안성군수 후원과 진위군수 지원은 교무 확장과 더불어 교육내실화를 위한 밑거름이었다.[27]

靑城曙光」, 『기호흥학회월보』 7, 40쪽.

23) 『황성신문』 1909년 1월 29일 잡보「沮校洞任捉囚」.

24) 편집부, 「학계휘문, 接洞設校」, 『기호흥학회월보』 8, 64쪽 ; 편집부, 「학계휘문, 兩氏寄附」, 『기호흥학회월보』 10, 38쪽 ; 편집부, 「학계휘문, 敎師有人」, 『기호흥학회월보』 11, 50쪽 ; 『大韓每日申報』 1907년 2월 10일 잡보「廣州中딕面松파廣成學校趣旨說」, 1908년 5월 10일 잡보「牧童新校」·「漢校興旺」.

25) 『황성신문』 1907년 12월 14일 잡보「交倅興學」 ; 김형목, 『대한제국기 야학운동』, 경인문화사, 2005, 94쪽.

26) 『황성신문』 1907년 9월 2일 잡보「坡郡縱覽所」·「坡郡開進」 ; 『大韓每日申報』 1907년 8월 30일 잡보「坡州郡新聞雜誌縱覽所趣旨書」.

또한 도내 각지에는 지방관과 유지신사 등에 의한 민회·민의소 설립을
확산시켰다. 주민들은 이러한 분위기 조성에 편승하는 한편 적극적인 참
여를 마다하지 않았다. 인천민의소의 강연회·연설회 개최는 새로운 가치
관에 입각한 사회질서를 모색하는 계기로 작용하였다.[28] 새로운 변화에
부응하려는 노력은 주민들 주요 관심사로서 등장했다. 풍덕군 중면 유지
인사 등도 漢城府民會를 모범으로 삼아 민회를 조직하였다. 관내 30개 마
을 300여 명이 참석하는 등 주민들도 높은 관심을 나타내었다. 목적은 지
방제도의 원활한 운영을 통한 흥학과 농가부업 증대였다.[29] 물론 일제는
여러 가지 구실로 이를 탄압하는 데 혈안이었다. 「민회취체규칙」은 대표
적인 사례 중 하나이다. 하지만 근대교육 보급은 인식변화를 수반하는 요
인으로 작용하였다.

3. 사립학교설립운동 전개와 현황

1) 전개 양상

간헐적으로 제기되던 의무교육론은 러일전쟁 발발 이후로 급속하게 확
산되었다. 계몽단체나 학회 등은 이를 시급한 현안으로서 부각시켰다. 대
한자강회에서 제출한 「의무교육안」은 중추원 의결을 거쳐 각의에서 통과
되었다. 그런데 통감부는 '時勢와 民度'를 내세워 이를 무시하였다. 이는
저들이 지향하는 '우민화'에 입각한 식민교육정책과 정면으로 배치되기
때문이다. 반면 강화도·용인·포천·인천·개성 등지의 의무교육은 지방자

---

27) 『大韓每日申報』 1909년 2월 16일 학계 「振威振學」.
28) 『大韓每日申報』 1906년 3월 8일 잡보 「河氏美政」.
29) 『황성신문』 1909년 4월 4일 잡보 「豊郡自治制發展」.

치제 시행을 위한 일환으로 전개되었다. 민의소·민회·향회 등과 계몽단체 지회는 이를 주도하였다. 주요 활동가들은 지방자치의 선결 조건으로 시대변화에 부응할 수 있는 민지계발로 보았다.[30) 이들에게 근대교육은 지방자치제 실현을 위한 기반이자 지름길이나 다름없었다. 나아가 독립국가 건설도 이러한 기반 위에서 가능하다는 입장이었다.

도내 최초 근대학교는 1892년 1월 30일 인천 내리교회 내에 설립한 영화여학당이다.[31) 설립자는 선교사인 존스(趙元時 : 필자주)의 부인이었다. 그녀는 남편과 함께 이곳에 도착한 직후부터 교육사업에 착수하였다. 그런데 응모하는 학생은 전무할 정도로 냉담했다. 고조된 배외의식은 이와 같은 상황을 초래하는 요인이었다. 1900년 내동 예배당으로 이전한 이후 교세 확장과 더불어 학생은 7명으로 증가하는 등 인식은 점차 확산되었다. 제령학교도 1903년 '민족기업인' 신상회사 임원들에 의하여 설립되었다. 金貞坤은 제령학교에 대한 지속적인 재정적인 지원을 아끼지 않았다. 그는 관내 여러 사립학교에 대한 경제적인 지원과 후원을 마다하지 않았다.[32)

을사늑약 직후 인천의 사립학교설립운동은 '상대적'인 침체기에 직면하였다. 물론 몇몇 유지들에 의한 사립학교 설립은 진행되었다. 이들의 움직임에 학부는 공립학교 설립을 유도하기에 이르렀다. 사립학교설립찬성장 정재홍은 '대중집회'를 통하여 주민들 의견을 수렴하는 한편 공립학교 설립 저지에 나섰다. 노동자대표로 참석한 김정곤은 교사 신축에 필요한 일꾼 100여 명 투입을 선언했다.[33) 이는 사립학교설립운동을 활성화

---

30) 김형목, 「대한제국기 인천지역 근대교육운동 주체와 성격」, 『인천학 연구』 3, 9~10쪽.
31) 『동아일보』 1923년 8월 28일 「永化女校昇格, 仁川敎育界盛事」 ; 경기도교육위원회, 『경기교육사(1883~1957)』 상, 156~160쪽.
32) 『황성신문』 1907년 3월 16일 광고, 1908년 3월 28일 광고.
33) 『황성신문』 1907년 3월 16일 잡보 「公私競址」.

시키는 주요한 계기였다. 明新學校[34]를 비롯한 10여 사립학교 설립은 이곳 근대교육운동을 활발하게 전개하는 기반이었다. 仁明學校·명신학교·仁興義塾·桂昌學校 등은 당시 설립된 대표적인 사립학교였다.[35]

인명학교가 경비난에 직면하자, 인천부윤 金潤晶과 인천면장 金弘潤은 자구책을 강구하기에 이르렀다. 이들은 紳商會社 임원과 유지들을 초빙하여 영구적인 운영비 지원을 호소하는 한편 의연금 모금에 앞장섰다. 柴炭會社·米商會社는 각각 10원·20원을 비롯하여 정재홍·심의성 등은 매월 평생 1원씩 의연을 결의하였다. 신상회사도 학교 존립할 때까지 매달 30원 의연을 약속하는 등 경쟁적인 모금활동으로 이어졌다.[36] 『대한매일신보』·『황성신문』 등 대대적인 보도는 최대 관심사로서 부각되었다.

학생들의 교육열·향학열은 주민들로 하여금 근대교육에 대한 관심을 집중시켰다. 기독교인들은 지속적인 사립학교 설립에 동참하였다.[37] 이들은 학령아동 취학 거부자 부모에게 책임 부과를 결의하는 등 강경한 자세였다. 진급식에는 관내 주요 학교장이나 명망가들 참여로 이어졌다. 의연금은 학교 발전을 위한 재정적인 기반이었다.[38] 이러한 가운데 창동에 거주하는 전감역 鄭潤泳은 가정교육을 위한 교재를 구입하는 등 변화에 부응하고 있었다. 『婦人必知』·『家庭教育學』 등은 부인·아동교육을 위한 주요한 교재 중 하나였다.[39]

강화도 사립학교 시초는 목사 조원시와 朴能一 등의 협력으로 설립한

---

34) 경기도교육위원회, 『경기교육사(1883~1957)』 상, 205~210쪽.
35) 『만세보』 1907년 5월 23일 잡보 「仁明開塾」 ; 김형목, 「대한제국기 인천지역 근대교육운동 주체와 성격」, 『인천학 연구』 3, 참조.
36) 『大韓每日申報』 1908년 3월 8일 잡보 「仁校維持」, 3월 15일 잡보 「仁校捐金」 ; 『황성신문』 1908년 3월 28일 잡보 「仁校維持」·「仁校寄附」와 광고.
37) 『大韓每日申報』 1908년 6월 17일 잡보 「宜責父兄」.
38) 『황성신문』 1909년 4월 15일 잡보 「仁明進級」.
39) 『황성신문』 1908년 7월 2일 잡보 「鄭氏義助」, 7월 23일 잡보 「鄭氏開明」.

蠶豆義塾이었다. 이들은 선교사업 일환으로 잠두교회 내에 학교를 설립한 후 초등교육을 실시하였다.[40] 당시 학생수는 3명에 불과한 '초라한' 규모였고, 교과과정도 제대로 준비되지 않았다. 교세 확장과 더불어 근대교육에 대한 인식 확산은 근대교육사상 중요한 의미를 지닌다. 1908년 12월 사립 잠두합일학교로 개칭과 더불어 이듬해 학부로부터 사립학교 설립인가도 받았다.[41] 교장은 孫承龍으로 학생수는 80여 명에 달할 만큼 발전을 거듭하였다. 이어 田炳奎 교장과 金容夏 교사 등도 교세 확장에 더욱 매진하는 등 노력을 아끼지 않았다. 鄕中父老들도 이에 호응함으로써 발전의 기틀을 마련할 수 있었다. 조원시·손승룡·崔國鉉 등은 여성교육에 관심을 돌렸다. 위량면 흥천동 제일합일여학교 설립은 이러한 인식에서 비롯되었다.[42]

育英學院은 1904년 이동휘와 유경근·윤명삼 등에 의하여 설립되었다. 설립 목적은 군인 자제와 일반 자제에 대한 근대교육 시행을 통한 구국간성 양성에 있었다.[43] 초기 모집된 학도는 각각 30명과 20명으로 총 50여

---

40) 김형목, 「대한제국기 강화지역의 사립학교설립운동」, 『한국독립운동사연구』 24, 14쪽.

41) 박헌용, 『續修增補江都誌』, 1932, 322쪽 ; 전택부, 『토박이 신앙산맥』 3, 대한기독교출판사, 1992, 29쪽.

42) 전택부, 『토박이 신앙산맥』 3, 90쪽.

43) 『황성신문』 1904년 9월 21일 잡보 「隊中學校」, 11월 15일 잡보 「敎育可賀」, 1905년 3월 22일 광고 「私立江華育英學校贊成金(續)」 ; 『大韓每日申報』 1904년 11월 16일 잡보 「열심교육」.
   의연금 기부는 육군부장 閔泳煥·趙東潤·閔丙奭·尹雄烈 등 군수뇌부 거의 참여하였다. 이는 군부 내에서 절대적인 신임을 받는 이동휘의 위상을 엿볼 수 있는 대목이다. 김동수 등 동참은 지역민의 적극적인 후원과 관심도를 보여준다. 보창학교는 신·구학 절충에 의한 주민들 참여 유도와 이동휘·유경근 등 설립·운영자의 열성으로 발전을 거듭할 수 있었다. 대한제국기를 상징하는 대표적인 민족교육기관은 바로 보창학교라 해도 과언이 아니다. 교과과정이나 상무교육 중시 등은 이러한 사실을 반증한다.

명에 달하였다. 교과목은 본국지리·역사, 외국지리·역사, 국문·산술·영어·일어 등이었다. 曹喜壹과 金萬植은 각각 일어와 영어 명예교사로서 자원하여 열성을 다하는 등 학도들 향학열을 고취시켰다. 교과과정은 소학·보통과인 초등교육과 영어·일어과인 중등교육으로 구분되었다. 입학자격이나 신입생 선발 규정 등은 이러한 사실을 잘 보여준다.44) 강화도내 사립학교 설립을 통한 교육구국운동인 민족교육은 이를 계기로 변화와 동시에 발전을 거듭하였다. 보창학교지교로 설립된 甲湖·月湖·山湖學校는 고조된 교육열을 반증한다.45)

이곳 근대여성교육은 보창학교에서 시작되었다. 이동휘는 남녀차별을 불식시키는 유효한 방안으로 여성교육에 주목하였다. 여학과 설치는 이러한 의도에서 추진되었다. 그는 학부에 여학생을 위한 교사 신설을 요청하는 등 근대여성교육에 앞장섰다.46) 이를 계기로 여성교육은 물론 이들의 사회활동을 확대시킬 수 있는 기반을 마련할 수 있었다. 길상면 초지동 전의관 민준식 부인은 서울의 안동부인회에 의연금을 기부하는 등 여성단체 지원에 앞장섰다. 안동부인회는 그녀로 하여금 강화에 여성단체 조직을 요청할 정도였다.47) 나아가 그녀는 여학교 설립을 지원하는 등 여성교육에 노력을 경주하였다. 군수 韓永福 부인도 남편의 흥학 활동에 고무되어 여학교 명예교사로서 활동했다.48)

군수 한영복은 도내 흥학을 위하여 노력하였다. 1909년 6월 말 현재 운

---

44) 『황성신문』 1905년 2월 15일 광고 「育英學校補助金額」·「학생모집광고」.
45) 편집부, 「학계휘문, 普昌卒業」, 『기호흥학회월보』 10, 36쪽.
46) 『황성신문』 1906년 4월 19일 잡보 「校長請舍」;『제국신문』 1906년 1월 16일자.
47) 『大韓每日申報』 1907년 3월 17일 잡보 「부인지회」.
48) 『황성신문』 1908년 10월 27일 잡보 「女校將設」.
　　여학교 설립이 계획대로 진행되었는지 여부는 현재 알 수 없다. 이와 관련된 근거를 전혀 찾아볼 수 없기 때문이다. 박용옥은 강화도 여학교로 보창학교 여학과만을 파악하였다(박용옥, 『한국 근대여성운동사 연구』, 한국정신문화연구원, 1984, 213쪽).

영 중인 42개 학교에 대한 지원을 아끼지 않았다.[49] 그는 공명정대한 소
송사를 해결함으로써 주민들의 절대적인 지지를 받았다. 이러한 분위기
는 주민들의 사립학교에 대한 전폭적인 지원으로 이어졌다. 이는 「사립학
교령」으로 근대교육운동의 전면적인 부진과 달리 강화도를 '민족교육'
중심지로서 부각시키는 밑거름이었다.

수원지역 사립학교는 1902년 설립된 花城學院에서 시작되었다. 설립자
는 三輪政一로 학생들을 모집하여 직접 가르치는 등 한국인과 친밀한 유
대관계 조성에 앞장섰다.[50] 구체적인 교과과정·규모 등은 거의 파악할
수 없다. 설립자·교사가 일본인이라는 사실은 일본어 보급을 위한 '일어
학교'임을 알 수 있다. 조선주차군 사령관 長谷川好道와 일본공사 林勸
助는 학교를 방문하여 학생들을 격려하는 한편 의연금을 희사하였다.[51]
이후 학교 임원진은 삼일학교 재정 확충을 위한 활동에 동참하는 등 지원
을 아끼지 않았다.

삼일여학당과 삼일남학당은 이곳을 대표하는 근대교육기관이었다. 이
는 기독교 전래와 함께 1902년 설립되는 등 신문화운동 일환으로 시작되
었다. 학교 설립·운영 주체는 선교사·전도사·교인 등이었다.[52] 삼일여학
교 교사 金袂禮는 지식뿐만 아니라 시세변화에 부응할 수 있는 인격수양
등을 강조하였다. 이는 학생들로 하여금 자발적인 향학열을 고취시키는
계기였다. 특히 강연회 개최를 통하여 가정교육 중요성도 학부형들에게
인식시켰다. 교사이자 사회적인 지도자로서 그녀에 대한 존경심은 학교
발전을 위한 디딤돌이었다.[53]

---

49) 『大韓每日申報』 1909년 7월 11일 잡보 「江都福星」.
50) 酒井政之助, 『發展せる水原』, 일한인쇄주식회사, 1914, 12쪽 ; 성주현, 「근대 식
    민지 도시의 형성과 수원」, 『수원학연구』 2, 수원학연구소, 2005, 189쪽.
51) 『大韓每日申報』 1905년 2월 23일 잡보 「일사보조」.
52) 『황성신문』 1908년 2월 6일 광고 「光武十一年六月日水原三一學校贊成金額」.

삼일남학교도 개신교 선교사와 신자 등에 의하여 설립되었다. 주요 발기인은 삼일여학당을 주도한 이하영·임면수·나중석·차유순·김제구·이성의 등이었다.54) 발전을 거듭하던 중 1906년에 이르러 경비난은 폐교 상황으로 몰아갔다. 신도들과 선교사와 갈등은 주요한 요인 중 하나였다. 부호 姜錫鎬는 1906년 5월 거금을 의연하는 한편 학생들 면학분위기를 고취시키기 위한 '장학금' 희사에 나섰다.55) 나중석도 부지 900여 평을 기증하는 등 새로운 전기를 마련하였다. 이는 주민들 동참으로 이어지는 등 삼일학교 발전을 위한 주춧돌이나 마찬가지였다. 「사립학교령」 시행에 따른 탄압 모면 방안은 감리교회로 학교운영권 이관이었다.

1906년 9월 1일 심상과와 고등과로 개편은 새로운 도약을 위한 과정이었다. 교과과정 정비는 교육내실화를 도모하는 '획기적인' 계기로서 작용하였다. 더욱이 체조는 매우 중시된 교과목 중 하나였다. 군사훈련에 버금가는 병식체조와 행군은 학생들에게 상무정신을 고취시켰다. 담당교사는 구한국군 출신인 姜建植과 宋世鎬였다.56) 교장 林勉洙도 관내 사립학교설립운동을 주도하거나 후원하는 등 교육가로서 면모를 유감없이 발휘하였다. 주민들 칭송은 그를 이곳 계몽운동을 대표하는 인물로서 부각시

---

53) 편집부, 「학계휘문, 女師高明」, 『기호흥학회월보』 7, 40쪽 ; 김형목, 「3·1운동에서 거듭나는 수원지역 여성들」, 『수원지역 여성과 3·1운동』, 경기도 여성정책국 가정복지과, 2008 참조.

54) 김세한, 『삼일학원육십오년사』, 34~37쪽 ; 수원종로교회, 『수원종로교회사 1899~1950』, 78~79쪽 : 이창식, 『수원사람들은 어떻게 살았을까』, 260~270쪽.

55) 『大韓每日申報』1907년 7월 18일 잡보 「姜氏助校」 ;『황성신문』1908년 2월 6일 광고 「光武十一年六月日水原三一學校贊成金額」.
강석호는 1890년대 이후 막강한 권력을 행사한 환관이었다. 헤이그특사 파견을 비롯한 대한제국 주요한 사건에는 대부분 관여할 정도였다(장희흥, 『내시, 권력을 희롱하다』, 경인문화사, 2006). 수원뿐만 아니라 용인지역 사립학교에도 후원하는 등 근대교육 보급에 노력하였다.

56) 김세한, 『삼일학원육십오년사』, 65·73쪽.

컸다.[57] 곧 삼일학교는 이곳을 대표하는 교육기관으로서 발전을 거듭할 수 있었다.

龍珠寺도 승려 자질 향상과 인근지역 청소년을 위한 明化學校를 설립하였다. 교과목은 보통과·일어 등이었다. 설립 초기 출석생은 50명에 달하였다. 특히 일어는 현지에 거주하는 木村淡泊이 담당하는 등 문명사회를 지향하고 있었다.[58] 학생들은 그의 열정적인 강의에 찬사를 아끼지 않았다. 수북면 전참봉 徐相天은 자본금을 모아 須成學校를 세웠다. 자신은 교장, 전주사 徐相兢은 교감, 일어교사는 卜榮獻, 한문교사는 徐相春, 군수 李完鎔은 찬성원장, 관찰도참서관 김한목은 협무장 등을 각각 맡았다. 출석생은 53명에 달하는 등 개학과 더불어 주민들 주목을 받기 시작하였다.[59] 지원자 증가로 개학한 지 2개월만에 학생수는 70명을 초과할 정도였다.

남양군 보흥학교는 1901년 선교사 조원시 의연금을 기본으로 지방관·유지신사 등의 주도하에 설립되었다.[60] 주요 설립·운영자는 조원시·金寬鉉·李昌會·박관용·강형근 등이었다. 초기 교장은 군수인 張浩鎭·方漢德 등이었으나 이창회로 바뀌었다. 학생들은 일시에 수십 명이나 호응하는

---

57) 편집부, 「학계휘문, 學界獻身」, 『기호흥학회월보』 7, 39쪽.

58) 『황성신문』 1906년 11월 26일 잡보 「龍寺設校」 ; 김순석, 「통감부 시기 불교계의 명진학교 설립과정」, 『한국독립운동사연구』 21, 한국독립운동사연구소, 2003, 147쪽 ; 한동민, 「한말·일제하 용주사의 변화」, 『수원문화사연구』 5, 수원문화사연구회, 2002 참조.

59) 『만세보』 1907년 2월 3일 잡보 「須成學校設立」, 4월 26일 잡보 「須校興旺」 ; 『황성신문』 1907년 2월 4일 잡보 「須校日盛」 ; 『大韓每日申報』 1907년 2월 19일 잡보 「학원日增」.

60) 『황성신문』 1906년 3월 12일 잡보 「設校請認」 ; 『大韓每日申報』 1907년 11월 22일 광고 「南陽普興學校創設時義金」·「南陽普興學校落成時義金」, 11월 28일 잡보 「南校落成」 ; 『대한매일신보』 1907년 9월 7일 잡보 「강씨권학」.

등 설립 초기부터 대단한 성황을 이루었다. 1906년 공립소학교·상동사립
학교와 개최한 연합대운동회는 주민들 관심을 집중시켰다.[61] 경기 후 군
수는 부모님과 어른을 공경하고 국가에 애국·충성할 것을 권고하는 연설
을 하였다. 교감과 다른 학교 교사 등도 일장 연설로 향학열을 고취시켰
다. 「운동가」·「애국가」 제창과 만세 삼창은 학도들에게 자긍심과 국가정
신을 북돋웠다. 매년 정기적인 행사 개최는 주민들의 근대교육에 대한 관
심을 환기시켰다.[62]

군수 방한덕과 유지신사 등은 1906년 양성학교를 세웠다. 임원진은 교
장 방한덕, 교감 洪益善, 학감 홍승호, 일어교사 변석규, 찬성원 홍사덕
등이었다. 교과과정은 일어·한문·국문·산술·작문 등을 중심으로 심상과·
고등과·일어과 등으로 구분하였다.[63] 일본어에 대한 높은 관심은 전문적
인 일어과 운영으로 귀결되었다. 전문 강좌에 의한 수업 진행은 학생들
흥미를 유발시켰다.

전군수 박용관도 관내 학교를 방문하여 향학열을 고취시켰다. 그는 단
발을 하지 않은 생도들에게 신체교육의 필요성과 문명이론을 권면함으로
써 일체 단발하는 효과를 거두었다. 운영비가 부족한 사립학교에는 의연
금을 흔쾌히 기부하는 등 재정적인 지원을 마다하지 않았다.[64] 군수 김관
현은 설날을 맞아 교육가를 격려하는 의미에서 고기와 쌀을 선물로 보냈
다. 이는 교육가는 물론 유지신사들의 교육활동 동참을 유도하는 데 크게
이바지했다.[65]

---

61) 『大韓每日申報』 1906년 6월 2일 잡보 「南校運動」·「運動家」.
62) 『황성신문』 1907년 5월 1일 잡보 「南校運動」.
63) 『황성신문』 1907년 2월 16일 잡보 「養校經試」, 4월 17일 잡보 「欽何多耶」, 5월
   20일 잡보 「養性校月終成績」, 7월 16일 잡보 「養性校夏期成績」.
64) 『大韓每日申報』 1909년 1월 27일 학계 「朴氏開明」.
65) 牧山耕藏, 『朝鮮紳士名鑑』, 일본전보통신사, 1911, 309쪽 ; 『황성신문』 1908년

이처럼 지방관과 유지신사 등에 의한 사립학교 설립은 특정한 지역에 한정되지 않았다. 시기적으로 약간 늦거나 분위기가 약간 확산되지 않을 뿐이었다. 사립학교설립운동은 주민들의 가장 주요한 관심사로서 부각되었다. 대부분 활동가들은 이를 '시대적인 소명'으로 인식하는 분위기였다고 해도 과언이 아니었다.

2) 설립 현황과 특성

근대교육에 대한 인식변화는 사립학교설립운동을 추동시키는 요인이었다. 사회·계몽단체는 이러한 변화를 유도하는 중심체로서 역할을 자임하고 나섰다. 관료·자산가·학생 등 이른바 일부 유지층은 이를 자신들의 '사회적인 책무'로서 인식하기에 이르렀다.[66] 주민들도 근대교육 시행을 위한 의연금 모집에 경쟁적으로 참여하는 등 분위기를 반전시켰다.

이동휘는 개성지역 인사들과 협의한 후 보창학교지교 설립을 추진했다. 학부는 개성부윤에게 교사로서 崇陽書院 건물을 임대하도록 훈령을 내렸다. 훈령에는 이동휘의 교육활동과 문명사회 건설을 위한 노력에 대한 찬사를 아끼지 않았다. 개교에 즈음하여 40여 명이나 응시하는 등 절대적인 호응도 있었다. 물론 일부 유생들은 이에 격렬하게 항의하는 등 갈등을 증폭시켰다.[67] 하지만 활동가들은 개성교육총회를 조직하는 등 근대교육 보급에 심혈을 기울였다. 이러한 분위기는 강화도와 더불어 개성지역을 근대교육사상 '메카'로서 부각시켰다. 당시 설립된 부인강습소·永昌學校·江南學校·春雨學堂·西湖學校·松明學校·開城學堂·培義學校·精華女學校 등 30여 개교에 달하는 사립학교는 이를 반증한다.[68]

11월 12일 광고, 1909년 2월 10일 잡보 「南倅養老」, 3월 11일 광고.

66) 김형목, 「한말 화성지역 계몽운동과 성격」, 『동국사학』 45, 75쪽.

67) 『황성신문』 1906년 5월 5일 잡보 「普昌支校」, 5월 28일 잡보 「設校反對」.

부평군 옥산면 李彰珪도 시세 변화에 부응하여 사립학교를 설립하였
다. 그는 농가자제를 주요 대상으로 근대교육 보급에 노력을 기울였다.[69]
근대교육에 대한 인식 변화는 관내로 확산을 거듭하기에 이르렀다. 동군
桂山·桂南學校는 주민 의연금으로 학교운영비를 충당하였다.[70] 이는 사
실상 주민 부담에 의한 의무교육이나 마찬가지였다. 관내 공사립학교연
합운동회 개최는 주민들에게 근대교육의 필요성을 체험하는 현장이었
다.[71] 1909년 이후 부평지역 사립학교설립운동은 이를 반증한다. 계남학
교 학생수는 주민과 학부형회 후원 등으로 1910년 1월 현재 60여 명에 달
할 정도로 급증하였다. 정기적인 시험 실시는 학도들 상호간 경쟁심 앙양
과 향학열을 고취시키는 요인이었다.[72] 특히 학부형 李元西는 논 5두락
기부하면서, "나는 비록 우매한 농민이지만 國民敎育이 이와 같이 시급
한 문제인즉 어찌 田土를 愛着하겠는가"[73]라고 밝혔다. 그는 농민으로서
토지에 대한 애착심이 있으나 후세 교육을 위해 아낌 없이 의연하였다.

　1908년 강화도 하도면 여차리와 홍왕동 유지들은 普興義塾을 설립하
여 50~60명을 가르쳤다. 숙장 朴吉秉과 숙감 李泰榮 등은 열성을 다하여
향학열을 고취시켰다.[74] 이러한 분위기는 尼山義塾 설립·운영으로 이어

68) 『大韓每日申報』 1907년 3월 5일 잡보 「開城討論」, 9월 8일 잡보 「開城慶祝」,
　　10월 29일 잡보 「開校興旺」; 『황성신문』 1907년 1월 18일 광고 「특별광고」, 11월
　　12일 잡보 「開城運動盛況」, 1908년 5월 3일 잡보 「開城運動의 盛況」, 7월 5일
　　잡보 「培義可惜」.
69) 『황성신문』 1900년 11월 1일 잡보 「富平設校」.
70) 『大韓每日申報』 1908년 4월 28일 광고 「富平郡私立桂昌學校義捐氏名」.
71) 『대한매일신보』 1908년 4월 28일 잡보 「부평학교」; 『大韓每日申報』 1908년 4월
　　30일 잡보 「桂昌益昌」, 1909년 5월 30일 잡보 「桂昌聯合運動」.
72) 『대한매일신보』 1910년 1월 13일 학계 「교남학교년종시험」; 『大韓每日申報』
　　1910년 1월 15일 학계 「桂南經試」.
73) 『황성신문』 1910년 1월 14일 잡보 「可謂學父兄」.
74) 『大韓每日申報』 1908년 7월 4일 잡보 「江郡新校」; 편집부, 「학계휘문, 尼山義

졌다. 운영자는 보홍의숙의 숙장·숙감이었다. 인근 장곶동 彰成學校도 유
지와 주민들 협력에 의하여 설립되었다. 임원진은 교장 朱潤昌, 교감 金
根培, 학감 朱時默, 찬성장 尹喜壹, 교사 尹正儀·丁寅燮, 찬성원 朱尤讚·
金顯祚 등이었다. 이들은 면학 분위기 조성을 위하여 정기적으로 시험을
실시·포상하였다.[75]

수원군 청호면 오산 鄭漢敎·정재호 등의 인습 타파를 통한 문명사회
건설 방안은 明進學校 설립으로 귀결되었다. 근대교육 보급과 의식개혁
은 이러한 가운데 진전을 거듭하였다.[76] 50명 전교생 단발은 현지인에게
변화상을 보여주는 충격적인 '사건'이었다. 군수의 성적 우수자에 대한
시상은 시세변화를 새삼 일깨우는 요인 중 하나였다.[77] 상인들은 학교운
영비 조달책 일환으로 牛稅 징수를 건의하고 나섰다. 이들은 군수에게 시
장에서 매매되는 소 1마리당 20전 세금을 '의무교육비'로 징수를 건의하
였다.[78] 명신학교도 설립된 이래 재정난으로 폐교할 지경에 이르렀다. 교
감 李容默의 헌신적인 활동과 학감 金鎭台의 實志 獎勵로 校況은 더욱
발전하는 계기를 맞았다. 향학열은 관내 생도들에게 커다란 자극제로 작
용하였다.[79]

유림계를 대표하는 孟輔淳도 근대교육에 동참하고 나섰다. 그는 전 판

塾」, 『기호홍학회월보』 8, 65~66쪽.

75) 『大韓每日申報』 1909년 5월 9일 광고.

76) 『大韓每日申報』 1907년 7월 10일 잡보 「明校將就」, 1908년 1월 21일 잡보 「賀
水原明進學校, 石樵生 鄭설敎」; 『대한매일신보』 1907년 7월 10일 잡보 「량씨의
열심」.

77) 『대한매일신보』 1908년 1월 5일 잡보 「김씨연보」; 『황성신문』 1908년 1월 16일
잡보 「明校經試」.

78) 『大韓每日申報』 1908년 1월 14일 잡보 「牛稅補校」.

79) 『황성신문』 1910년 5월 17일 잡보 「烏校更新」; 윤완, 『대한제국말기 민립학교의
교육활동연구』, 도서출판 한결, 2001, 222쪽.

서 김종한, 군수 서병숙, 유지신사 尹泰翊 등과 더불어 향교 내에 明倫學
校를 설립하였다.[80) 교과과정은 문학·실업·법률·유치 등 4개 전문과정이
었다. 이 학교는 개학한 지 불과 2·3개월만에 100여 명 출석으로 이어졌
다.[81) 시세변화에 부응한 신·구학문 절충은 주민들로부터 적극적인 관심
과 지원을 받을 수 있는 요인이었다. 상업가 30인의 각각 1만 냥과 각 면
마다 1만 냥 등 도합 71만 냥은 학교 재정을 굳건하게 뒷받침하였다.[82)
이는 사실상 '의무교육비'나 다름없었다.

남양군 서여제면 전곡에 거주하는 洪大必·洪大臨·洪大晋 등 남양홍씨
문중인사들은 전곡사숙을 설립하였다. 숙장은 계몽활동가로서 널리 명성
이 자자한 崔成大를 초빙했다. 명예교사는 설립자나 후원자들로 대부분
충원되었다. 주요 교과목은 한문·작문·국문·산술 등 보통과 과정이었다.
개교 초기부터 70여 명에 달하는 지원자가 쇄도할 정도로 향학열은 대단
한 기세였다.[83) 숙장은 직접 「애국가」를 작사하여 생도들에게 애창하도
록 권유하였다. 주민들도 경쟁적으로 운영비 모금에 나서는 등 자제교육
에 대한 높은 관심도를 나타내었다.

한말 경기도에 설립된 사립학교 현황은 <표 1>과 같다. 이는 당시 설립
된 모든 사립학교를 의미하지 않는다. 취제·보도 등 여러 상황을 고려할
때, 이는 지역 내에 '비교적' 잘 알려진 사립학교로 분류할 수 있다. 물론
일부는 누락되었으리라 쉽게 추측된다. 다만 도내 전반적인 상황 이해에
크게 문제가 되지 않는다.

---

80) 편집부, 「학계휘문, 明倫請認」, 『기호흥학회월보』 7, 51쪽 ; 『황성신문』 1909년 3월
    30일 잡보 「尹氏創學」.
81) 『大韓每日申報』 1908년 11월 5일 잡보 「儒林의 大醒覺」.
82) 『大韓每日申報』 1908년 11월 22일 잡보 「儒林界의 大警鐘」.
83) 『大韓每日申報』 1907년 6월 4일 잡보 「南塾盛況」.

<표 1> 한말 경기지방 사립학교일람표[84]

군명	강화	수원	남양	인천	개성	여주	양주	파주	적성	광주	이천	진위	죽산	시흥	연천	통진	양평
학교수	56	17	16	20	24	5	19	11	3	19	8	7	3	5	4	8	5
군명	교동	고양	교하	장단	용인	풍덕	포천	안산	부평	가평	과천	안성	양근	양성	양천	지평	계
학교수	5	9	10	6	6	8	6	6	5	5	4	4	4	3	3	3	317

* 강화도는 보창학교지교 숫자만을 파악하였는데, 이유는 사립학교 대다수는 지교였기 때문.

<표 1>은 1906년 1월부터 1910년 9월 이전 경기도에 설립된 사립학교
를 망라하였다. 강화도 보창학교지교를 모두 파악할 수 없듯이, 당시 설
립된 모든 사립학교는 아니다. 일부 사숙이나 의숙 등은 누락되었다. 하
지만 당시 '비교적' 알려진 사립학교는 거의 포함되었다고 볼 수 있다. 이
를 토대로 주요 특징을 정리하면 다음과 같다.

첫째, 사립학교설립운동은 1908~9년에 '전성기'를 나타낸다. 사립학교
설립 추세는 이러한 상황을 잘 보여준다. 이는 서울이나 서북지방과 다른
양상으로 주목되는 부분 중 하나이다.[85] 서울은 「사립학교령」 시행 이후
사립학교 운영이 여의치 않자, 야학운동으로 전환한 상황과 대비된다. 실
제로 연합운동회 등 활동도 1908년을 기점으로 활발하게 진행되었다.[86]
물론 사립학교설립운동은 1909년 말경을 기점으로 급격하게 감소하는 추
세였다. 이는 운동주체의 성격과 관련하여 시사하는 바가 크다. 일제의 침
략 강화와 더불어 이들은 민족해방운동선상에서 점차 일탈되어 나갔다. 일
제강점 직후 민족해방운동 침체는 이러한 상황과 무관하지 않았다.[87]

---

84) <표 1>은 한국교육사학회에서 2008년 10월 월례발표회 발표문을 토대로 군별 설
   립현황을 정리하였다. 구체적인 설립자나 현황 등은 발표문을 참조하시요.
85) 김형목, 「1906~1910년 서울지역 야학운동의 전개 양상과 실태」, 『향토서울』 59,
   서울특별시사편찬위원회, 1999, 179~183쪽.
86) 『大韓每日申報』 1908년 5월 5일 잡보 「인교運動」, 5월 16~24일 광고 「인川港
   官公私立學校大運動에 捐金出員氏名이 如左홈」.
87) 경기도사편찬위원회, 『경기도항일독립운동사』, 476~481쪽.

둘째, 인천·수원·안성·개성 등지에서는 영어·일본어를 매우 중시하였
다. 특수한 목적으로 설립된 영어학교·박문학교·보흥학교·상업전문강습
소·삼일학교 등을 제외한 대부분 학교는 공립보통학교와 유사한 과정이
었다. 보통과정은 대부분 일본어를 교과목으로 편성하고 있었다. 이는 지
역적인 특성을 반영하는 부분이다. 곧 일본인과 빈번한 접촉이나 현실적
인 필요성은 교과 운영에 그대로 접목되었다. 이리하여 일본어에 대한 관
심은 부지불식간에 고조되었다. 일본어 편중은 식민지화와 관련하여 반
드시 비판과 아울러 재검토되어야 할 부분이다.[88] 일진회 등 친일세력 부
식은 '일어학교' 운영과 같은 궤적에서 비롯되었다. 언어를 통한 문화침
략은 이러한 상황에서 이루어졌기 때문이다.

셋째, 실용교육이 중시된 점이다. 부기·산술·상법 등은 이러한 목적에
부합하는 교과목이었다. 영어학교는 외국과 확대된 문물교류에 따른 외
국인회사나 관공서 재직자 사회교육의 일환이었다. 물론 영어는 선교사
업 일환으로 추진된 측면을 무시할 수 없다. 측량교육은 신시가지 형성이
나 근대적인 토지소유권 정립에 따른 현실적인 필요성에서 비롯되었다.[89]
상업전문강습소는 근대적인 경영법과 실무에 필요한 지식을 가르치기 위
함이었다. 인천·수원·개성 등지 상업강습소는 대표적인 경우이다.

넷째, 설립·운영주체는 교사진을 비롯한 상업자본가와 전·현직 관리였
다. 특히 지방관리는 사립학교설립운동을 추진하는 중심세력이었다.[90]
군수·군주사·재무서원 등은 계몽운동 전반을 사실상 주도하는 인물이나
마찬가지였다. 이들의 관심 여하에 따라 지역적으로 상당한 편차를 보여

---

88) 『大韓每日申報』 1909년 9월 30일 논설 「日本書籍의 勢力」 ; 김형목, 『대한제국
　　기 야학운동』, 204~206쪽.
89) 김형목, 「대한제국기 화성지역 계몽운동의 성격」, 『동국사학』 45, 84~85쪽.
90) 『황성신문』 1908년 5월 13일 잡보 「桂昌運動」.

준다. 인천의 박문협회나 신상회사, 개성의 자산가, 수원·안성·남양 지주가 등 상업자본가 활동도 매우 주목된다.

마지막으로 지역적인 편재성을 들 수 있다. 근대문물이 빈번하게 교류하는 지역인 개항장, 상업도시, 행정중심지 등지는 사립학교설립운동을 크게 진전시켰다. 개성·강화·수원·남양·양주·광주는 계몽운동과 아울러 근대교육이 발흥한 대표적인 지역이었다. 고양군 경우도 상당수 사립학교가 운영되었다. 이곳은 서울 생활권역이자 설립자도 서울 거주 인사들이었기에 제외하였다. 지역적인 특성은 당지 현실적인 여건이나 분위기에 크게 좌우되었다. 일제강점기 민족해방운동도 이와 같은 역사적인 배경과 밀접한 연관성을 지녔다.

4. 상무정신 고취와 사회적인 책무

경기지역 근대교육운동은 사립학교설립운동을 중심으로 전개되었다. 「설립취지」는 신학문의 일방적인 수용이 아니라 신·구학 절충에 있었다.[91] 이는 개신유학자들에 의하여 주도된 사립학교의 일반적인 경향이었다. 특히 의무교육 일환인 보창학교지교는 사숙·의숙 등 전통교육기관을 흡수·변화시켜 설립하였다. 지교는 본교의 철저한 교육이념에 의하여 운영되었다. 곧 독립정신·민족정신 앙양과 상무정신 고취는 바로 지향점이나 다름없었다.[92]

영화여학당·삼일여학당·보흥여학교·정화여학교 등은 우리 근대여성교육의 '요람지'로서 중요한 의미를 지닌다.[93] 이는 지역적인 차원을 벗어

---

91) 신용하, 「해제, 계명의숙설립취지서」, 『한국학보』 6, 일지사, 1977, 291~292쪽.
92) 전택부, 『토막이 신앙산맥』 3, 44쪽.

나 한국 근대여성사에서 주목할 부분이다. 여성들은 강고한 인습으로 근대교육 수혜에서 차별대우를 받고 있었다. 또한 구성원으로서 존재조차도 인식되지 않는 상황이었다. 여학교 설립에 의한 여성교육은 여러 폐습을 극복하는 기폭제나 다름없었다. 국채보상운동에 즈음한 도내 여성단체 조직과 활발한 의연금 모금은 교회나 여학교 등을 매개로 전개되었다. 근대교육을 통한 사회적인 존재로서 자각은 이러한 활동을 촉진시키는 요인이었다.

교외행사로 진행된 연합운동회는 근대교육의 중요성·시급함을 인식시키는 기폭제였다. 운동회는 단순한 경기행사로 끝나지 않고 새로운 사조와 정보를 제공하는 문화공간이었다.[94] 이는 일회성에 그치지 않고 매년 정기적인 행사로 진행되었다. 특히 강화연합운동회는 인천·통진·개성 등지 80여 개교가 동참하는 등 대성황이었다.[95] 주민들은 학생들의 질서정연한 행동과 늠름한 기상에 찬사를 아끼지 않았다.

> …(상략)… 男女學徒가 二千六百餘人이오 觀光男女가 萬餘人이라. 各學校의 軍幕을 皆洋木으로 … (중략)… 該學徒等을 兩隊에 分ㅎ야 紙製木製의 大砲銃器를 多數準備ㅎ고 兩軍이 互相衝突에 勝을 未分ㅎ더니 一邊에 決死隊八十名이 突出奮激ㅎ더니 砲煙이 蔽空ㅎ고 喊聲이 如雷라 於是에 敵軍이 大敗하야 中丸負傷者가 紛紛倒地ㅎ미 一邊에서 赤十字隊가 軍中에 馳入ㅎ야 被傷者를 昇去하더라. 於是乎 銳氣가 百倍ㅎ야 大捷을 奏ㅎ미 凱歌를 齊唱ㅎᄂ지라. 於是에 太極旗를 半空에 高揭ㅎ고 萬歲

---

93) 『황성신문』 1906년 9월 11일 잡보 「仁川永化學校贊成文」.

94) 『황성신문』 1906년 6월 25일 잡보 「普昌運動」 ; 『大韓每日申報』 1907년 5월 19일 잡보 「普校聯合運動」, 1908년 7월 8일 잡보 「運動費分擔」 ; 『대한매일신보』 1908년 5월 17일 잡보 「굉장흔운동」.

95) 『大韓每日申報』 1908년 5월 12일 잡보 「江校運動」, 5월 17일 잡보 「江校運動盛況」.

를 連呼ㅎ고 軍樂隊는 軍樂을 …(하략)….96)

이는 일회성 행사가 아니라 상호간 소통을 위한 밑거름이었다. 이듬해 6월 운동회에도 관내 남녀학생 1,200여 명이나 참여하였다.97) 주민들은 경비를 전액 모금하는 등 지원을 아끼지 않았다. 오산학교 임원과 교사 등도 이러한 분위기를 주도하였다.98)

이동휘의 교육진흥책은 관내 사립학교 운영·유지로 귀결되었다. 그는 육영사업에 몰두하는 한편 의병전쟁을 지원하는 등 문무쌍전에 입각한 민족교육을 실시하였다. 특히 학교 유지책은 각 학교마다 학부형계를 조직하는 등 남다른 관심을 보였다. 이에 보창학교는 대한제국기 민족교육을 '상징'하는 근대교육기관으로 부각되었다. 육영학교 학생들 사이에 널리 애창된 창가는 이와 같은 사실을 잘 보여준다.99) 이는 인근 지역으로 곧바로 파급되었다. 통진군 汾陽學校는 김포·강화 등지에 소재한 13개교와 더불어 연합운동회를 개최하였다.100) 인근 지역 사립학교설립운동도 이를 전후하여 활성화되었다.

개성교육총회의 위로회는 이동휘의 사회적인 영향력과 교육운동가로서 확실한 면모를 보여준다. 위로연에 참석한 회원만도 50여 명에 달하였다.101) 주요 인사는 회장 韓敎學을 비롯한 林圭永·劉元杓·崔文鉉·尹應斗 등이었다. 이들은 보창학교지교를 설립 뿐만 아니라 이를 후원할 찬무

96) 『황성신문』 1908년 5월 17일 잡보 「江華學校運動」.
97) 『황성신문』 1909년 6월 29일 잡보 「江華運動盛況」.
98) 『大韓每日申報』 1908년 5월 6일 잡보 「江校試讀」.
99) 『大韓每日申報』 1907년 10월 18일 잡보 「育英學校唱歌」.
100) 『황성신문』 1908년 6월 9일 잡보 「汾校運動盛況」 ; 『大韓每日申報』 1907년 5월 25일 잡보 「兩시削髮」, 7월 16일 잡보 「兩校運動」, 1908년 6월 16일 잡보 「汾校運動盛況」.
101) 『大韓每日申報』 1908년 1월 9일 잡보 「李氏慰勞」.

회도 조직하였다. 이동휘 구속으로 보창학교지교가 심각한 경영난에 처하자, 개성교육총회는 운영비 절반을 부담하기로 결의했다. 나아가 관내 사립학교에 대한 장기적인 후원 계획도 모색하는 등 교육구국운동으로서 교육운동 지원에 나섰다.[102] 이와 별도로 회원 개개인이 직접 사립학교를 설립하는 등 향학열 고취를 위한 활동도 병행하였다. 고향 단천에서 활동도 이러한 의도에서 비롯되었다.[103]

개성·풍덕·장단·함흥 등지의 지교 설립은 근대교육사상 그의 영향력을 유감없이 보여준다.[104] 개성교육총회는 개성지역 사립학교설립운동을 주도하는 중심단체였다. 부윤 韓永源은 이러한 활동을 적극적으로 지원하고 나섰다.[105] 회장 李健爀을 비롯한 회원들은 빈번한 강연회 개최 등을 통하여 근대교육의 중요성을 널리 알렸다. 보창학교지교를 비롯한 관내 사립학교에 대한 재정적인 지원도 이러한 목적에서 비롯되었다. 특히 지교 교감인 金基夏는 자신의 가옥을 저당하여 학교운영비를 마련하는 등 적극적이었다.[106] 개국기원절에 대한 관내 공·사립학교를 동원한 행사는 학생들에게 민족정신을 일깨우는 계기였다. 학생과 주민 등 연합운동회 참여자는 1만여 명에 달할 정도로 인산인해를 이루었다.[107] 참여학교와 학생수는 공립소학교 42, 개성학당 71, 배의학교 80, 중경의숙 38, 사령부야학교 40, 보창학교지교 68, 선죽학당 20명 등 360여 명에 달하였

---

102) 『大韓每日申報』 1908년 1월 15일 잡보 「普昌校中興」.
103) 『매일신보』 1910년 9월 22일 잡보 「爲衆秋會」.
104) 『大韓每日申報』 1906년 5월 4일 잡보 「院舍許借」, 5월 26일 잡보 「老物爲魔」, 6월 17일 잡보 「貞洞美以美敎會의 寄函」, 6월 23일 잡보 「開城興學」.
105) 『大韓每日申報』 1906년 6월 28일 잡보 「開城敎育總會趣旨書」 ; 『황성신문』 1906년 7월 2일 잡보 「靑開設校」.
106) 『대한매일신보』 1907년 2월 21일 잡보 「賣舍補校」, 7월 13일 잡보 「總會紀念의 補助」.
107) 『大韓每日申報』 1906년 9월 11일 잡보 「慶祝盛況」, 9월 23일 잡보 「敬德宮慶祝」.

다. 이어 실시된 제등행렬도 참여자에게 자긍심 고취와 아울러 애국심을 일깨웠다. 의무교육에 의한 永昌學校 설립은 이러한 가운데 주민들의 적극적인 호응으로 가능할 수 있었다.[108]

풍덕군 영정포 지교도 이와 같은 분위기 속에서 이루어졌다.[109] 이 학교는 학부인가를 받았으나 재정난으로 폐교할 지경에 이르렀다. 기독교인 金公善·李聖學 등은 교사를 초빙하는 한편 교과서를 마련하자, 40여 명이 일시에 호응하였다. 또한 야학을 개설하니 초동목수 20여 명이나 지원하는 등 향학열도 고조되었다.[110] 장단군 고랑포 지교도 이동휘에 의하여 설립되었다. 개교한 지 불과 몇 일만에 50여 명이 출석하는 등 성황을 이루었다. 재정난 타개책으로 군수 尹宗求는 주민들에게 교육의 급무임을 역설하는 등 교세 발전에 크게 이바지하였다.[111]

보창학교지교 부설인 야학 운영은 근대교육 시행을 위한 가장 현실적인 대안 중 하나였다.[112] 이는 민중에 대한 무한한 신뢰감과 아울러 보다 투철한 현실인식에서 비롯되었기 때문이다. 더욱이 100여 개교 이상에 달하는 지교는 교육구국운동을 전개하는 주요한 기반이었다. 신민회는 安岳郡勉學會·海西敎育總會·平壤靑年勸獎會·練學會·同濟會 등 학회를 조직하는 등 그의 활동을 지원하였다. 서북학회도 협성학교지교와 지회를 설립하는 등 동참하고 나섰다. 이리하여 북한지역 교육운동은 새로운 전기를 맞았다.

---

108) 『大韓每日申報』 1906년 9월 26일 잡보「永昌開校」, 11월 14일 잡보「會長熱心」, 11월 22일 잡보「理髮所助學」.
109) 『大韓每日申報』 1906년 5월 18일 잡보「普校請願」.
110) 『황성신문』 1908년 7월 15일 잡보「有此兩人」.
111) 『大韓每日申報』 1907년 5월 4일 잡보「長郡설교」.
112) 김형목,「한말 경기지역 야학운동의 배경과 실태」,『중앙사론』 10·11, 187쪽.

　　現今 端川에 滯留ᄒᄂᆫ 李東暉시가 咸鏡南道에 敎育을 發達코ᄌᆞ 東奔
西馳에 到處說論하야 寒暑飢飽를 毫不關念ᄒᆞ고 飮泣勸勉ᄒᆞᄂᆫ故로 該시
壹淚에 壹校가 立ᄒᆞ고 壹言에 壹學會가 立ᄒᆞᄆᆡ 到處人民이 挽執不捨ᄒ
ᄂᆫ故로 희시의 歸期가 三四年後에 在ᄒᆞᆯ쯧ᄒᆞ다고 北來人의 傳說이 有ᄒ
더라.113)

　　계봉우가 북간도지역 '민족학교' 역사교과서로 저술한 『吾讐不忘』에
도 이러한 구절을 볼 수 있다.114) 이는 당시 이동휘의 대중강연과 사립학
교 설립을 통한 구국운동으로 방향전환을 의미한다. 곧 한국인의 정치활
동이 철저하게 봉쇄되자, 그는 이전의 정치개혁운동에서 대중계몽운동으
로 전환하는 등 일반적인 정세흐름에 부응하고 있었다.115)

　　통진군 분남학교 생도는 동경유학생 단지동맹에 대하여 8원 50전에 달
하는 의연금을 대한매일신보사로 보냈다.116) 이들은 국채보상운동에도
적극적인 참여를 마다하지 않았다. 소식에 즈음하여 교장과 생도 등은 교
내에 의금수합임시회소를 설치하였다. 충의분격한 이들은 일제히 단연을
결의하는 한편 취지서를 시장에 게시하는 등 주민들 동참을 독려하기에
이르렀다.117) 관내 국채보상운동은 이를 계기로 '활화산'처럼 전개되는
계기를 맞았다. 국채보상 의연에 대한 동참은 도내 각 학교로 우후죽순처
럼 파급되었다.118)

---

113) 『大韓每日申報』 1908년 12월 20일 잡보 「敎育大家」.
114) 국사편찬위원회, 『한국독립운동사』 2, 1968, 623쪽.
115) 조동걸, 「한말 계몽주의의 구조와 독립운동사상의 위치」, 『한국학논총』 11, 국민
　　대 한국학연구소, 1989, 109~111쪽.
116) 『大韓每日申報』 1907년 2월 9일 잡보 「汾南義捐」, 2월 10일 잡보 「汾校施賞」,
　　4월 30일 광고 「斷指學生에 對ᄒᆞ야 救恤金, 汾南學校生徒」.
117) 『大韓每日申報』 1907년 3월 5일 잡보 「汾校斷煙」, 4월 11일 잡보 「通津私立
　　汾南學校에 國債報償義捐收合所趣旨書」.
118) 이상근, 「경기지역 국채보상운동에 관한 연구」, 『한국민족운동사연구』 24, 한국민

한편 일진회 발호도 적지 않았다.[119] 이들은 '일어학교'를 운영하는 등 친일세력 육성에 노력하였다. 강화·안산 일어학교나 양지 秋陽學校 등은 일진회에서 설립한 대표적인 사립학교였다. 의병전쟁의 격화에 따른 민심불안은 일진회원에 대한 공격으로 이어져 이들의 활동을 위축시켰다.[120] 주민들의 단발에 대한 불만도 고조되어 나갔다. 단발을 강요하는 군수 韓永福에 대한 위협은 이를 반증한다. 이는 그의 교육활동에 대한 반대가 아니라 일진회원 발호와 단발 시행이 동시에 진행되었기 때문이었다.[121]

지방관 중 일부는 근대교육 보급에 중심적인 인물이나 마찬가지였다. 이들의 인식이나 관심 여하에 따라 사실상 근대교육운동은 좌지우지되는 상황이었다. 이를 핑계로 토색질을 자행하는 등 부정적인 요인도 결코 무시할 수 없다. 군수 安學柱는 근대교육에 매우 부정적인 입장이었다.[122]

잠업전습소 설립을 주도한 강화군수 高靑龍도 취지서와 달리 이중적인 모습을 보여준다. 즉 근대교육 보급이라는 긍정적인 측면과 아울러 부정적인 측면을 공유하고 있었다. 양잠 보급을 위한 일본인 고용과 自衛團 운영은 이를 반증한다.[123] 근대교육에 대한 부정적인 입장은 이러한 사실

족운동사연구회, 2000, 197·202~203쪽.

119) 『大韓每日申報』1908년 1월 25일 잡보「一評百惡」.

120) 『大韓每日申報』1908년 6월 24일 잡보「江華風塵」;『황성신문』1908년 7월 15일 잡보「江華續報」.

121) 『大韓每日申報』1908년 11월 4일 잡보「隨聞更揭」, 1910년 1월 8일 학계「天興其興」;『황성신문』1908년 11월 3일 잡보「江華傳聞」·「兵巡派送云」.

122) 『황성신문』1906년 12월 3일 잡보「兩官面質」, 12월 4일 잡보「事不安決」.

123) 『大韓每日申報』1908년 1월 16일 잡보「股金勒收」;『황성신문』1907년 11월 13일 잡보「自衛團規則及注意」, 1908년 2월 16일 잡보「江華養蠶所」, 4월 2일 잡보「民請奏免」, 4월 4일 잡보「原罪加二等」, 4월 14일 잡보「證人推去」, 4월 21일 잡보「靑龍官災」.

과 결코 무관하지 않았다. 양잠소 운영을 핑계로 자행된 勒奪은 그의 관
직 사임으로 귀결되었다.124) 근대교육은 이러한 요인 등에 의하여 많은
타격을 받았다. 학교 신설을 핑계로 자행되는 불법적인 수탈에 대한 비난
은 이러한 상황에서 비롯되었다.125)

이처럼 경기지방 사립학교설립운동은 부정적인 요인을 안고 있었다.
친일세력 육성을 위한 일어학교, 교육을 빙자한 지방관리의 토색질, 일본
인에 의한 상업·부기·잠업 등 실업교육 등은 대표적인 경우이다.126) 침
략정책에 편승한 이들은 외형적인 취지와 달리 민족정신이나 국가정신을
약화시켰다. '무저항'으로 일관된 한일합병 당시 상황은 이를 반증한다.
이와 달리 일본세력 침투를 경계하는 경우도 있었다. 1907년 4월 당시 양
주군수는 일본인 阿部新이 일어학교 설립을 요청하자, 이를 단호히 거절
하였다. 그는 아부신의 침략적인 의도를 간파하였기 때문이다.127)

반면 일상사에서 변화는 역동적인 변화로 이어졌다. 남양군 송산면 禿
旨洞 朴永鎭은 보편적인 가치관에 입각한 인간존중을 실천했다. 그는 노
비들을 불러 모아 연회를 베푼 뒤 '국민의 一分子'로서 스스로 사회적인
존재로서 '생활찾기'를 권유하였다.128) 이들에게 당분간 자생할 수 있는

---

124) 『大韓每日申報』1908년 3월 29일 잡보「江守留上」, 4월 5일 잡보「高示見機」,
   4월 8일 잡보「幹事非理」, 4월 9일 잡보「斂民築室」, 4월 14일 잡보「江守遁辭」,
   5월 23일 잡보「高示更裁」, 5월 25일 잡보「四守免官」;『황성신문』1908년 2월
   16일 잡보「自衛收租」, 4월 2일 잡보「民請奏免」, 4월 25일 잡보「免官報告」,
   5월 5일 잡보「難免免官」, 5월 26일 잡보「四倅免官」.
125) 『大韓每日申報』1906년 6월 28일 기서「警告大韓敎育家, 喜懼生」;『만세보』
   1906년 9월 28일 잡보「僧訴俗悖」.
126) 『大韓每日申報』1907년 12월 13일 광고「京畿道 江華郡에 養蠶傳習所」와「農
   事模範場趣旨書」, 1908년 3월 8일 기서「嘆敎育之魔障, 三緘生」.
127) 『황성신문』1907년 4월 11일 잡보「日人請設語校」.
128) 『황성신문』1908년 11월 8일 잡보「朴氏慈善」.

경제적인 지원도 아끼지 않았다. 송산면 마산동 洪完은 노비 수십 명에게 시세변화를 설명한 후 이들을 무조건 放免하였다. 그는 각자 능력에 따라 자유영업을 하도록 일정 부분 재물을 나누어 주었다.129)

이는 신분제 폐지에 대한 주민들 관심을 촉발시키는 계기였다. 주민들은 이에 박수갈채를 보내는 등 칭찬과 격려를 마다하지 않았다. 질긴 봉건적인 유제인 인습은 이러한 변화와 더불어 타파되는 계기였다. 새로운 인간관계는 상호간 신뢰와 단결심을 고취시키는 주요한 밑거름이었다.130) 천부인권론에 입각한 민권의식 대두는 새로운 사회질서를 모색하는 계기로 이어졌다. 私益보다 公益에 치중된 사회적인 활동에 대한 긍정적인 평가는 이러한 역사적인 연원에서 비롯되었다.

5. 맺음말

경기도 최초 근대교육은 1892년 내리교회 조원시 목사 부인의 영화여학당 설립에서 비롯되었다. 목사 부부의 생활공간인 가정집은 바로 교실이었다. 초기에는 근대교육에 대한 인식부족과 주민들의 냉담한 반응으로 별다른 성과를 거둘 수 없었다. 신도수 증가와 외국과 문물교류 증대는 강고한 편견을 점차 변화시켜 나갔다. 교세 확장에 비례하여 학생 증가와 더불어 근대교육기관으로서 기틀도 마련할 수 있었다.

영어학교·박문학교 등을 비롯한 사립학교 설립도 병행됨으로써 근대교육은 점차 보급되었다. 을사늑약 이후 위기의식은 근대교육 확산으로 귀결되었다. 사립학교설립운동은 계몽운동 중 가장 활성화된 영역으로

---

129) 『황성신문』 1909년 9월 7일 잡보 「奴隸解放」.
130) 김형목, 「대한제국기 화성지역 계몽운동의 성격」, 『동국사학』 45, 75~76쪽.

위치하기에 이르렀다. 더욱이 영화여학당·삼일여학당·미리흠여학교·정화여학교 등은 도내 여성교육을 선도함과 아울러 우리나라 근대여성교육 중심지였다. 이는 지역적인 차원을 넘어 여성들의 사회적인 존재성을 일깨우는 요인이었다.

통감부는 식민교육체제에 부응한 사립학교에 대한 보조금을 지원하는 등 분열을 획책하기에 이르렀다. 식민교육정책 수행상 필요에 의해 영세한 사립학교는 통·폐합을 적극적으로 유도하였다. 재정 상태나 교육시설이 비교적 양호한 사립학교는 '모범학교'로 선정한 이후 공립학교로 전환을 서슴지 않았다. 반발하는 사립학교에는 일본인 교사를 파견하는 등 탄압 강화로 귀결되었다. 또한 「기부금품모집취체규칙」은 기부금에 의존하던 사립학교에 대한 재정적인 압박을 가중시켰다. 대다수 사립학교는 재정난에 직면하여 통·폐합으로 이어졌다. 일부는 공립보통학교로 전환되는 가운데 식민교육체제 내로 편입되고 말았다. 계몽활동 중 근대교육에 대한 부정적인 평가는 이와 같은 역사적인 연원에서 비롯되었다.

일제의 식민지화 책동에 맞선 경기도 사립학교설립운동은 국권회복운동 일환으로 전개되었다. 위기의식은 근대교육에 대한 인식 변화와 더불어 이를 추동시키는 요인이나 마찬가지였다. 의무교육론 확산은 주민들로 하여금 근대교육운동에 적극적인 참여를 유도하는 '기폭제'나 다름없었다. 강화학무회·개성교육총회 등은 대표적인 단체였다. 강화도는 보창학교를 중심으로 도내 56개 학구에 지교를 설립하는 등 교육열을 고조시켰다. 이리하여 보창학교는 대한제국기를 대표하는 민족교육기관으로 발전을 거듭할 수 있었다. 서북지방에 설립된 100여 보창학교지교는 이러한 사실을 여과 없이 보여준다.

연합운동회는 지역사회 여론 수렴장이자 시세변화를 체험하는 교육현장이었다. 정정당당한 경쟁과 질서정연한 대오는 근대교육의 시급함을 일깨웠다. 군사훈련에 버금가는 병식체조나 기마전 등은 문무쌍전에 입각한 민족교육이 지향한 바를 제시하였다. 특히 식후 개최된 연설회·강연회 등은 부분적이나마 '사회적인 책무'를 느끼는 내용을 중심으로 진행되었다. 도내 각지에서 경쟁적으로 전개된 국채보상운동도 이와 같은 변화 속에서 전개될 수 있었다.

이는 지방자치제 시행을 위한 민지계발로 이어졌다. 자치제 시행을 위한 전제조건은 바로 보통교육에 의한 문맹으로부터 탈피였다. 민회·민의소 등이 주민 부담에 의한 의무교육 시행에 적극적인 이유는 이러한 저간의 사정과 맞물려 있었다. 향학열에 부응한 활동은 현실인식을 심화시키는 한편 사회적인 존재성을 일깨우는 계기였다. 경쟁적·자발적인 국채보상운동 참여는 최소한 '사회적인 책무'로서 인식되었다. 사노비 해방 등 신분제 폐지와 시대변화에 부응한 새로운 인간관계 등은 이를 반증한다. 사립학교설립운동의 역사성은 바로 여기에서 찾을 수 있다.

제3장 대한제국기 경기도 야학운동의 성격

1. 머리말

야학은 사설 강습회·강습소로서 주로 야간에 실시한 교육을 의미한다. 많은 자강단체나 계몽론자 등은 문맹한 민중과 그들 자제를 대상으로 문맹퇴치에 노력을 기울였다. 명칭은 피교육자에 따라 노동·농민·여성(부인·부녀)·점원·衡平·無産兒童·樵童夜學 등등으로 불려졌다. 다양한 명칭과 달리 대부분은 노동야학이나 농민야학이었다. 일차적인 교육목적은 문자 습득과 해독인 文解敎育에 중점을 두었다. 이는 실력양성운동의 보편적인 '지향점'이나 마찬가지였다.[1]

야학은 朴殷植에 의하여 민중교육론으로 처음 제기되었다. 이는 당시 근대교육 보급을 실행할 수 있는 가장 현실적인 대안 중 하나였다. 그런데 근대교육 부진과 더불어 이러한 주장은 별다른 주목을 받지 못하였다. 러일전쟁 발발과 을사늑약 이후 근대교육운동 확산은 야학을 '야학운동'으로 발전시킬 수 있었다. 자강·계몽단체는 마을·공장·부두·광산 등지에 우후죽순처럼 야학을 설립하였다. 활동가들은 오늘날 '사회교육'이나 '평생교육' 일환으로 이를 추진하는 데 앞장섰다. 이리하여 야학운동은 자강운동기부터 근대교육운동의 주요한 영역을 차지하기에 이르렀다.

야학운동 연구는 1920년대 집중된 결과 대한제국기를 '맹아기' 정도로

---

1) 김형목, 「야학운동」, 『한국독립운동사사전(운동·단체편 Ⅲ)』 5, 한국독립운동사연구소, 2004, 459~464쪽.

인식하는 수준에 불과하다.2) 신용하·박득준 등은 박은식의 민중교육론인
야학 시행에 주목하였다. 이들은 급수상야학 등 몇몇 사례만 언급하는 등
전체적인 실상을 간과하고 말았다.3) 이훈상은 자강운동기에 200개 이상
의 야학이 운영된 사실을 밝혔다. 이는 대한제국기 야학에 대한 관심을
촉발시키는 계기였다.4) 그런데 야학운동 배경, 지역적인 차별성, 운영주
체의 성격 등은 제대로 부각시키지 못하였다. 김형목은 사례 연구를 통하
여 자강운동기 1,000여 개소 이상 설립된 야학을 실증적으로 밝혔다. 그
는 근대교육운동의 주요한 영역으로 사립학교설립운동과 야학운동임을
규정하였다. 야학운동에 대한 긍정적인 측면 강조는 실상과 너무나 동떨
어진 '환상'일 뿐이라고 보았다.5) 근대교육운동은 식민정책에 '저항과 순
응'이라는 양면성에 주목할 때에만, 그는 실상을 제대로 파악할 수 있다
는 관점이다.
　　이 글은 대한제국기 경기도의 야학운동 실태와 성격 파악에 중점을 두
었다.6) 야학운동을 비롯한 부문별 자강운동은 서울을 중심으로 전개되었

　2) 김형목, 「야학운동의 의의와 연구동향」, 『사학연구』 66, 한국사학회, 2002, 183~
　　195쪽.
　3) 신용하, 『박은식의 사회사상연구』, 서울대출판부, 1982, 70~74쪽 ; 김형태, 「일제하
　　노동야학의 실태와 그 기능」, 성균관대석사학위논문, 1985; 「민중야학운동의 전개」,
　　『계촌민병하교수정년퇴임기념사학논총』, 창작과비평사, 1988에 재수록 ; 박득준,
　　『조선근대교육사』, 한마당, 1989영인, 185~188쪽 ; 윤건차(심성보외 역), 『한국 근
　　대교육의 사상과 운동』, 청사, 1987, 369~372쪽.
　4) 이훈상, 「구한말 노동야학의 성행과 유길준의 ≪노동야학독본≫」, 『두계이병도박
　　사구순기념 한국사학논총』, 일조각, 1987.
　5) 김형목, 『대한제국기 야학운동』, 경인문화사, 2005, 12~14쪽.
　6) 한말 경기지방 야학운동에 관한 선행적인 연구는 필자에 의하여 이루어졌다(김형
　　목, 「한말 경기지역 야학운동의 배경과 실태」, 『중앙사론』 10·11합집, 중앙사학연구
　　회, 1998). 이 글은 당시 누락된 부분이나 제대로 의미를 부여하지 못한 부분을 대
　　폭 수정·보완하였다. 백범이 양봉구와 함께 인천감옥서에서 죄수들을 대상으로 실
　　시한 근대교육은 그의 계몽활동과 관련하여 시사하는 바가 크다. 해서교육총회 학

다. 각종 계몽·자강단체 조직과 활동은 이를 반증한다. 경기도 민족운동에 대한 올바른 이해는 당시 부문별 민족운동의 파급 과정이나 영향 등을 이해하는 데 매우 중요한 사안 중 하나이다. 이 글은 다음과 같은 사실에 주목하고자 한다.

야학운동 배경은 근대교육에 대한 인식변화와 민중층 성장에 따른 향학열 고조라는 측면에서 살펴보았다. 이는 의무교육론·지방자치론 등과 밀접한 관련 속에서 진행되었다. 대부분 자강론자들은 '교육=의무'로서 인식하고 있었다. 6,000여 개교에 달하는 사립학교 설립은 이러한 상황과 결코 무관하지 않았다. 이들은 사립학교설립운동에 치중하는 한편 야학을 통한 근대교육 보급에 노력을 아끼지 않았다.

이어 야학운동 전개양상과 지역적인 특성을 파악하였다. 인천·개성·수원·광주 등지는 근대교육 활성화와 더불어 야학운동 중심지였다. 다만 을사늑약 이전 야학은 전국적인 양상처럼 매우 부진함을 면치 못하였다. 인천 영어야학과 수제학교가 야학으로 운영되었을 뿐이다. 이는 사립학교에 의한 근대교육 보급에 치중한 상황을 그대로 보여준다.

마지막으로 야학규모와 교과목 구성, 운영주체, 교사진 성격 등도 파악하였다. 운동주체는 군수·군주사·군서기·면장 등 지방관리, 교사와 상급반 학생, 개신교 신자나 지방유지 등이었다. 교과목은 특수한 경우를 제외하고 대부분 초등교육과정이었다. 다만 현지 여건 등을 감안한 경우에는 일부 축소·편성되었다. 어학이나 실무에 중점을 둔 경우는 전문강좌 위주로 운영되는 등 목적에 부합하였다. 이상을 통하여 대한제국기 경기도의 야학운동 이해에 조그마한 도움이 되기를 기대한다.

무총감으로서 재령에서 양산학교 운영은 이러한 역사적인 연원과 무관하지 않기 때문이다. 특히 인천지역에서 일찍부터 시행된 야학에 대한 부분은 지역사례를 연구하는 과정에서 얻은 성과물이다.

2. 근대교육에 대한 인식변화

1) 의무교육론 대두

개화자강운동은 "근대교육에 의한 인재 양성과 민족자본의 육성"인 內修外學이나 內修自强인 근대교육 시행으로 귀결되었다. 이는 인재 양성을 위한 교육입국론에 근거하고 있었다. 개항기 교육정책은 同文館·育英公院 등 실무에 필요한 교육기관을 설립하는 등 '획기적인' 변화를 초래하였다. 이어 지배층은 해외에 유학생을 파견하는 등 새로운 국제질서에 부응하려는 노력을 아끼지 않았다. 『한성순보』 발간도 이러한 목적 중 하나였다. 외국의 모범적인 교육사례에 대한 지속적인 보도는 당시 지배층의 궁극적인 의도를 잘 보여준다.[7]

한편 원산항 鄕中父老들과 덕원부사 鄭顯奭 등은 최초 근대학교인 '元山學舍'를 설립·운영하였다.[8] 그러나 갑신정변 등 사회불안에 따른 보수반동체제 강화로 근대교육은 별다른 진전이 없었다. 즉 시무책이나 사회운동으로서 파급적인 효과는 대단히 미미한 수준이었다. 여전히 서당·의숙·사숙 등은 주요 교육기관으로서 운영되고 있었다.[9]

---

7) 『한성순보』 1883년 12월 2일 국내사보 「駐日生徒」, 12월 20일 「英國誌略」, 1884년 2월 17일 「米國誌略」, 3월 18일 「學校」, 3월 27일 「이태리가 날로 盛해지다」, 4월 26일 「德國誌略」, 7월 3일 「俄國誌略」.

8) 신용하, 「우리나라 최초의 근대학교의 설립에 대하여」, 『한국사연구』 10, 한국사연구회, 1974.

9) 『동아일보』 1921년 4월 27일 「正養義塾回甲盛會」.
평안북도 의주군 枇峴面 蘆南洞 正養義塾은 60년 전인 3월 15일 박씨 문중에서 설립한 이래 당시까지 운영되었다. 시골은 물론 산간벽지 등지 1940년대까지 주요 교육기관은 개량서당·간이학교·강습소 등이었다. 1920년대 중반까지 전국적으로 운영된 서당은 20,000~30,000여 개소에 달하였다. 이는 근대교육운동 이해에 많은 시사점과 의미를 던져준다.

반면 선교사업 일환으로 추진된 종교계 학교는 우리 근대교육의 상당
한 부분을 담당하였다. 초기 근대교육은 선교사업 일환으로 전개되었다
고 해도 과언이 아니다. 이는 한글에 대한 새로운 인식과 더불어 한글 보
급에 크게 이바지하였다.10) 곧 기독교 유입은 선교사업 일환으로 한글을
'나라말'로서 인식시키는 주요한 계기였다. 이와 함께 영어도 지식인층을
중심으로 대단한 주목을 받았다. 바야흐로 '영어만능시대'도 근대교육과
더불어 새로운 사회적인 분위기로 등장하였다.11) 영어는 시세변화와 함
께 개인의 사회적인 지위를 보장하는 주요한 방편 중 하나였다.

이러한 상황에서 정부는 「교육조서」와 세부규칙인 「소학교령」을 반포
하는 등 근대교육에 대한 실천의지를 표명하였다. 그런데 지배층 의도와
달리 장동·정동·계동·묘동 관립소학교 학생수는 각각 23·76·40·48명에
불과할 뿐이었다. 1898년 10월말 현재 관·공·사립소학교 총학생수는
2,000여 명에 지나지 않았다.12) 관찰부 소학교도 설립 계획부터 지지부진
한 상황이었다. 더욱이 근대교육을 가르칠 자격을 갖춘 교사 확보마저도
여의치 않았다.13) 교사양성을 위한 한성사범학교의 신·구학문 절충에 의
한 교과목 편성은 이러한 상황과 무관하지 않았다.

---

10) 이만열, 『한국기독교문화운동사』, 대한기독교출판사, 1986, 54~59쪽 ; 류방란, 『한
    국 근대교육의 등장과 발달』, 서울대박사학위논문, 1995, 52~56쪽.
11) 김태수, 「영어/ 입신의 기초이며 출세의 자본이라」, 『꽃가치 피어 매혹케 하라』, 황
    소자리, 2005, 61~82쪽.
12) 『독립신문』 1896년 9월 5일 논설과 1897년 9월 21일 잡보 「안동관립소학교교원
    안영상씨의 편지」 ; 『황성신문』 1898년 9월 9일 논설 ; 『제국신문』 1898년 10월
    15일 잡보.
    이는 어느 정도 과장된 측면이 없지 않다. 당시 종교계 학교 등을 포함한 사립학교
    는 100여 개교 이상에 달하였다. 그런데 培材學堂 등 일부를 제외한 대부분 사립
    학교는 10~20여 명을 겨우 수용할 정도로 미미한 규모였다.
13) 노인화, 『대한제국 시기 관립학교 교육의 성격 연구』, 이화여대박사학위논문, 1988,
    55~67쪽 ; 김성학, 『서구교육학 도입의 기원과 전개』, 문음사, 1996, 65~77쪽.

의무교육론은 이러한 가운데 제기되었다. 초기 대표적인 의무교육론자는 朴泳孝·兪吉濬·박은식 등이었다. 이들은 근대교육이야말로 민족의 흥망성세를 좌우하는 근본인 동시에 문명화를 이룩한 서구사회 원동력으로서 이해하고 있었다. 의무교육은 「소학교령」에 일부 반영되는 등 새로운 계기를 맞았다. 그런데 이는 일부 인사나 주민들 노력으로 시행할 수 있는 '단순한' 문제는 아니었다.[14) 「소학교령」에 반영된 의무교육론은 근대교육에 대한 관심을 환기시키는 등 중요한 의미를 지닌다. 그러나 실행을 위한 구체적인 대안은 모색되지 않았다. 이는 지배층 의도와 달리 근대적인 교육법령 정비에 불과한 사실을 반증한다.

『독립신문』·『황성신문』·『제국신문』 등은 이를 주요 현안으로서 부각시켰다. 아동교육과 여성교육 강조는 이러한 인식과 무관하지 않았다.[15) 전체 인구의 절반인 여성교육은 사회적인 인적 자원으로서 활용은 물론 2세 교육을 위한 기반 확대라는 측면에서 강조되었다. 나아가 국가 흥망은 교육과 직결됨으로 국가에 의한 의무교육 시행도 이와 무관하지 않다.[16) 특히 협성회와 만민공동회 토론회의 주요 의제 중 하나는 주민 부담에 의한 근대교육 시행이었다.

유림의 본고장인 안동·밀양 등지에 설립된 사립학교는 당시 변화상을

---

14) 김형목, 「자강운동기 한성부민회의 의무교육 시행과 성격」, 『중앙사론』 9, 중앙사학연구회, 1997, 65~66쪽 ; 김형목, 「사립흥화학교(1898~1911)의 근대교육사상 위치」, 『백산학보』 50, 백산학회, 1998, 293~294쪽.

15) 이효재, 「여성의 사회진출」, 『한국여성사; 개화기-1945』, 이대출판부, 1972, 50~57쪽 ; 김숙자, 「구한말 여성지의 구국교육론」, 『한국민족운동사연구』 2, 한국민족운동사연구회, 1988, 29~37쪽.

16) 『독립신문』 1896년 5월 12일 논설 「정부에서 인민교육을 ᄒᆞ여야」, 1899년 4월 2일 논설 「교육론」 ; 『협성회회보·미일신문』 1898년 2월 5일 논설 「인ᄌᆞ는 만히 교휵」, 4월 15일 「교휵을 힘쓴후에야 부강」 ; 『제국신문』 1899년 5월 8~10일 논설 「보통교육」.

생생하게 보여준다.17) 근대교육에 부정적인 유림들조차도 정세 변화에
따라 인식을 전환하고 있었다. 이른바 개신유학자들은 시무책 일환으로
근대교육 참여에 적극적인 입장이었다. 이들은 향교답이나 문중답을 바
탕으로 근대교육기관을 설립하는 데 앞장섰다. 그러나 제국주의 침략의
가속화에 따른 민중경제 파탄은 전반적인 근대교육 부진을 초래하고 말
았다.18)

을사늑약 전후로 국권침탈에 따른 위기의식은 각종 사회단체 조직과
더불어 자강운동 활성화로 이어졌다. 대한자강회는 주요 활동영역을 '근
대교육 시행과 민족자본 육성'으로 규정하였다. 곧 자강의 요체이자 목적
은 '교육진흥과 식산흥업'임을 밝혔다.19) 이에 근대교육운동은 시대상황
과 맞물려 국권회복 일환으로 전환되는 계기를 맞았다. 임원진은 「의무교
육실시건의서」와 「의무교육조례대요」를 정부에 제출하는 등 의무교육을
시급한 당면과제로서 부각시켰다. 이는 중추원 의결을 거쳐 각의에서 통
과되는 성과를 거두었다. 신문·잡지 등도 대서특필하는 등 홍보·지원을
아끼지 않았다. 나아가 의무교육은 노동자나 빈민 등을 우선적으로 실시
하라는 방법론까지 제시하고 나섰다.20)

이는 전통교육기관 폐쇄와 한문 폐지 주장 등으로 이어졌다. 한글에 대
한 옹호와 상용화 주장은 이러한 분위기에서 파생되었다. 종래의 사숙을

---

17) 『황성신문』 1899년 9월 25일 광고 「安東郡興化學校支校 學員募集廣告」 ; 김성
준, 「경남밀양 근대교육의 요람 정진학교 연구-이병희 사상과 그 일문의 창학이념
에 관련하여-」, 『국사관논총』 23, 국사편찬위원회, 1991 ; 김형목, 「사립흥화학교
(1898~1911)의 근대교육사상 위치」, 『백산학보』 50, 297쪽.

18) 김형목, 「대한제국기 인천지역 근대교육운동 주체와 성격」, 『인천학연구』 3, 인천
학연구원, 2004, 78~79쪽.

19) 편집부, 「大韓自强會趣旨書」『대한자강회월보』 1, 9~10쪽.

20) 『황성신문』 1908년 6월 6일 논설 「義務敎育先自貧民始」 ; 金鳳鎭, 「貧民에 對
한 敎育觀念」, 『기호흥학회월보』 11과 12, 7~9쪽과 2~4쪽.

폐지하고 이를 근대적인 교육기관으로 전환·활용 주장은 이와 무관하지 않았다.[21] 특히 자강론자와 일부 지방관 등은 근대교육 시행을 '의무적인' 사항으로 인식하는 분위기였다. 주민 부담이나 유지들 기부금에 의해 설립된 사립학교를 '의무학교'라 부르는 등 의무교육은 국권회복 차원에서 부각되었다.[22] 이는 일부 지역에 국한되지 않는 등 사회적인 주목을 받았다.

대한협회·서북학회·한성부민회·신민회·기호흥학회 등의 노력으로 1908년 말경을 전후로 근대교육운동은 '전성기'나 다름없었다.[23] 이에 교육자 양성을 위한 사범교육은 주요한 문제로서 대두되었다. 사립학교설립운동에 부응한 교사진 확보는 가장 시급한 과제이자 현안이었다. 각 학회나 지방자치제를 표방한 민회·민의소·민단소 등은 3개월 또는 6개월 속성과정의 사범과를 운영하는 등 시대상황에 부응하지 않을 수 없었다.[24] 대한협회의 사립학교연락회 운영은 대표적인 경우이다. 궁극적인 의도는 시대변화에 부응한 자질을 겸비한 교사진 확보였다.[25] 물론 교사

---

21) 『황성신문』1908년 8월 9일 논설「私塾을 宜一切打破」;『대한매일신보』1910년 5월 7일 논설「스슉을 기량홀 의론」; 김형목,「자강운동기 한성부민회의 의무교육 시행과 성격」, 88~89쪽.

22) 편집부,「학계휘문」,『기호흥학회월보』2, 50~51쪽 ;「학계휘문」,『기호흥학회월보』8, 64~66쪽.

23) 당시 설립된 사립학교 숫자는 문헌에 따라 많은 편차를 보인다. 이는「사립학교령」시행 이후 인가된 학교만을 대상으로 파악한 데서 비롯되었다. 분명한 사실은 최소한 5,000여 개교 이상의 사립학교가 설립·운영되었다(김형목,「사립흥화학교(1898~1911)의 근대교육사상 위치」, 290~291쪽). 설립·운영주체, 존속기간, 교과과정, 교사진, 운영비 등에 관한 문제는 앞으로 밝혀야 할 주요한 과제 중 하나이다.

24) 『황성신문』1908년 1월 10~11일 잡보「平壤學務會歷史」, 3월 19일 논설「最急者ㅣ 師範養成」;『대한매일신보』1908년 11월 3일 기서「학교는 잇셔도 교수가 업는 흔탄」, 12월 6일 논설「교육가 제공에게 경고흠」.

25) 편집부,「본회기사」,『기호흥학회월보』3, 50쪽 ;『황성신문』1908년 6월 23일 잡보「私校聯絡會組織」, 6월 26일 잡보「聯絡開會」, 6월 30일 잡보「私校聯絡」,

확보를 둘러싼 '과열된' 경쟁 방지도 여기에 내재되어 있었다. 유능하고 교사로서 적절한 자질을 갖춘 교사진 확보는 사립학교 운명을 좌우하는 주요한 요인 중 하나였다. 元泳義·張志淵·崔在學 등이 조직한 교사친목 회도 이러한 의도에서 비롯되었다.[26]

한편 통감부는 이러한 변화를 억압·통제하는 가운데 '차별화'된 동화주의에 입각한 교육정책을 추진하였다. 궁극적인 의도는 식민정책에 순응·복종하는 '식민지인간형' 창출이었다.[27] 각종 교육정책은 '민족교육'을 탄압하는 등 '시정개선'을 핑계로 하는 교육법령 정비에 박차를 가하였다. 「보통학교령」·「사립학교령」·「학회령」·「기부금품모집취체규칙」 등은 대표적인 법령이었다. 이리하여 상당수 사립학교는 설립된 지 불과 1~2년만에 폐교나 통폐합되는 비운을 맞았다.[28] 근대교육에 대한 기대와 달리 식민정책 강화는 한국근대사 전반에 대한 기형적인 구조와 인식을 창출하는 통로나 마찬가지였다.

2) 계몽단체의 활동

경기지방 근대교육은 초기에 공립소학교와 개신교 선교사업을 중심으로 추진되었다. 다른 지방과 마찬가지로 당시인 호응은 기대 이하 수준이었다.[29] 이에 개화자강론자들은 사립학교 설립을 통한 시세 변화에 적응

8월 9일 잡보 「敎師紹介所別設」, 8월 4~9일 광고 ; 『大韓每日申報』 1908년 8월 4~29일 광고 ; 『대한매일신보』 1908년 8월 19일 잡보 「교ㅅ쇼개소」.

26) 『황성신문』 1909년 8월 11일 잡보 「敎師親睦會」, 9월 4일 잡보 「敎師親睦」, 9월 18일 잡보 「敎師特別會」.

27) 정재철, 「통감부에 의한 제학교령 시행기의 교육」, 『일제의 대한국식민교육정책사』, 일지사, 1985.

28) 김형목, 「자강운동기 한성부민회의 의무교육 시행과 성격」, 76~77쪽.

29) 김형목, 「대한제국기 강화지역의 사립학교설립운동」, 『한국독립운동사연구』 24, 한국독립운동사연구소, 2005, 6~7쪽.

할 수 있는 근대교육 보급에 노력을 기울였다. '근대교육=시무책'은 이들
의 현실인식이나 마찬가지였다. 을사늑약에 따른 위기의식은 근대교육을
발흥시키는 요인이었다. 즉 자강단체의 지회 조직과 함께 근대교육의 중
요성을 인식한 유지들은 사립학교설립운동을 주도하였다. 지회원은 근대
교육운동과 문화계몽운동을 선도하는 인물이었다.30)

자강단체 지회가 조직되는 가운데 문화계몽운동은 지방으로 점차 확산
되었다. 1907년 7월까지 설립인가된 대한자강회 지회 25개소 중 경기도내
는 3개소였다.31) 1906년 8월 18일 남양군의 李昌會는 입회신청서를 본회
에 제출하였다. 본회는 시찰위원 金相範 보고에 따라 呂炳鉉 등이 찬성함
으로써 지회설립 認許를 받을 수 있었다. 초기 지회원은 37명에서 이듬해
1월에 43명으로 증가하였다.32) 이처럼 지회원 증가는 곧 문화계몽운동 진
전과 밀접한 연관성을 지니는 가운데 진행되었다. 인천과 강화는 1907년
1월과 3월에 각각 인가되었다. 강화 지회원은 48명이었으나, 인천은 70여
명 회원 중 지회장 鄭在洪 등 일부만 파악할 수 있을 뿐이다.33) 대한자강
회를 계승한 대한협회 지회는 100여 개소에 달할 정도로 인적인 증가를
가져왔다. 1908년 말까지 인가된 경기도 지회는 삼남지방과 달리 포천·장

---

30) 김도형, 『대한제국기 정치사상연구』, 지식산업사, 1994, 148~172쪽 ; 김형목, 「기호
    흥학회 경기도 지회 현황과 성격」, 『중앙사론』 12·13, 중앙사학연구회, 1999,
    76~80쪽.
31) 차선혜, 「구국계몽단체의 설립과 경기지역 지회」, 『경기도사(한말)』 6, 경기도사편
    찬위원회, 2004, 311~312쪽.
32) 편집부, 「본회회보」, 『대한자강회월보』 3, 44~45쪽 ; 「본회회보」, 『대한자강회월보』
    4, 41쪽 ; 「본회회보」, 『대한자강회월보』 6, 85~86쪽 ; 「본회회보」, 『대한자강회월
    보』 8, 71~72쪽.
33) 편집부, 「본회회보」, 『대한자강회월보』 7, 63쪽 ; 「본회회보」, 『대한자강회월보』 8,
    50쪽 : 「본회회보」, 『대한자강회월보』 9, 45쪽 ; 「본회회보」, 『대한자강회월보』 10,
    45~46쪽 ; 「회원명부」, 『대한자강회월보』 12, 67~68쪽 ; 김형목, 「대한제국기 인천
    지역 근대교육운동 주체와 성격」, 76~78쪽.

단·개성 등이었다.34)

한편 1908년 1월 설립된 기호흥학회는 경기도와 충청도 흥학을 목표로 삼았다. 이에 학업을 권장하는 한편 회보를 간행하여 일반 인사의 지식을 주입하는 등 관내 근대교육 발전에 크게 이바지하였다. 1909년 7월까지 설립인가된 18개 지회 중 경기도에는 광주·수원·양근·교하·강화·장단·풍덕 등 7개소에 이른다. 지회원은 각각 57·72·80·48·30·60·83명 등으로 대부분 이곳을 대표하는 인물들이었다.35) 연사들은 지방을 순회하는가 하면 신문이나 잡지 등을 통해 근대교육의 중요성을 역설하였다.

이러한 가운데 조직된 개성교육총회는 개성지역 사립학교설립운동을 주도하고 나섰다. 부윤 韓永源은 이러한 활동을 적극적으로 지원하였다.36) 회장 李健爀을 비롯한 회원들은 빈번한 강연회 개최 등을 통하여 근대교육의 중요성을 널리 알렸다. 보창학교지교를 비롯한 관내 사립학교에 대한 재정적인 지원도 이러한 목적에서 비롯되었다. 특히 지교 교감인 金基夏와 서기 金德洙 등은 자신의 가옥을 저당하여 학교운영비를 마련하는 등 매우 적극적인 입장이었다.37) 개국기원절을 맞아 관내 공·사립학교를 동원한 대대적인 경축행사는 학생들에게 민족정신을 일깨우는 계기였다. 학생과 주민 등 연합운동회 참여자는 1만여 명에 달할 정도로 인산인해를 이루었다.38) 참여학교와 학생수는 각각 공립소학교 42, 개성

---

34) 편집부, 『대한협회회보』 5, 57쪽과 65~66쪽 ; 『대한협회회보』 7, 62쪽과 64~66쪽.

35) 편집부, 『기호흥학회월보』 2, 61쪽~62 ; 『기호흥학회월보』 3, 53~55쪽 ; 『기호흥학회월보』 5, 47~48쪽과 50쪽 ; 『기호흥학회월보』 6, 57쪽 ; 『기호흥학회월보』 8, 68쪽 ; 『기호흥학회월보』 11, 52쪽 ; 김도형, 『대한제국기 정치사상연구』, 149~152쪽.

36) 『大韓每日申報』 1906년 6월 28일 잡보 「開城敎育總會趣旨書」, 1908년 2월 18일 잡보 「敎育界魔賊」, 2월 20일 잡보 「開城敎育會續問」 ; 『황성신문』 1906년 7월 2일 잡보 「靑開設校」.

37) 『大韓每日申報』 1907년 2월 21일 잡보 「賣舍補校」, 7월 13일 잡보 「總會紀念의 補助」, 1910년 5월 31일 잡보 「勞金請酬」.

학당 71, 배의학교 80, 중경의숙 38, 사령부야학교 40, 보창학교지교 68, 선죽학당 20명 등 360여 명에 달하였다. 이어 실시된 제등행렬도 참여자에게 자긍심 고취와 아울러 애국심을 일깨웠다. 사립학교에 대한 주민들 지원과 지대한 관심은 향학열을 고취시키는 요인이나 다름없었다.

노동자 권익 신장과 친목도모를 위한 노동학회의 경기지회와 각 군 단위로 지부도 설립되었다. 1908년 8월 15일 설립된 경기지회의 주요 간부는 회장 金思洪, 총무 宋秉斗로 노동자의 문명퇴치를 위한 노동야학 운영을 계획하였다.[39) 수원노동야학회지부도 이러한 취지에 따라 조직되었다. 趙榮鎬는 본부 승인을 받아 지회장에 선임되는 등 노동자에 대한 사회적인 관심을 촉발시켰다. 이들은 동조자를 규합하는 등 세력 확대를 도모하였다.[40) 물론 활동은 취지와 달리 일용노동자를 공급하는 '노무단체'로서 성격을 지닌다.

용인군 吳性善 등이 조직한 농업연구회는 농업기술 개량을 통한 농가부업 증대를 목적으로 삼았다.[41) 이는 단순한 농가수입 증대에만 머물지 않았다. 영평군수 李復榮과 유지 金東漢·李漢國·李洛基 등도 흥학회와 농상회 등을 조직하였다. 이들은 식산방침을 발전시키기 위한 일환으로 관내 10여 개 학교 지원에 나섰다.[42)

유지들도 근대교육 보급을 위한 계몽단체 조직·운영에 앞장섰다. 김포·통진·양천·부평 4개군 유지들은 四隣興學會를 조직한 후 긴밀한 협조 하에 사립학교 설립을 모색하였다.[43) 그런데 외형과 달리 일부 계몽단

38)『大韓每日申報』1906년 9월 11일 잡보「慶祝盛況」, 9월 23일 잡보「敬德宮慶祝」.
39)『황성신문』1908년 8월 21일 잡보「支會景況」; 김형목,「노동야학회」,『한국독립운동사사전(운동·단체편 Ⅰ)』3, 606~607쪽.
40)『황성신문』1908년 5월 22일 잡보「勞働支會」, 8월 30일 잡보「勞働慶祝」.
41)『황성신문』1909년 5월 11일 잡보「吳氏勸農」.
42)『황성신문』1909년 8월 1일 잡보「官民協意」, 8월 25일 잡보「寺土附校」.

체의 목적은 회원들 기득권 유지를 위한 방편이었다. 노동야학회나 사린
흥학회 활동가 중 일진회 회원인 사실은 이를 반증한다.44) 전국환은 학교
설립을 구실로 불법적인 행위를 서슴지 않았다. 그의 면관은 당시 지방관
의 이중적인 성격을 잘 보여준다.45)

3) 경기도내 의무교육 현황

국망에 대한 위기의식은 근대교육 확대 시행으로 나타났다. 자강단체
는 근대교육 활성화 방안으로 의무교육론을 제기하였다. '제한적인' 의무교
육은 군·면을 단위로 주민들 대대적인 참여하에 시행되는 계기를 맞았다.

이동휘는 강화군에 보창학교 본교를 설립한 이후 경기·서북지방 등지
에 지교를 설립·운영에 앞장섰다.46) 이곳 근대교육은 국권회복을 위한
교육구국운동 일환으로 시작되었다. 강화진위대장을 사임한 이후 그는
강대흠·황범주 등과 주민 부담에 의한 의무교육 시행에 적극적이었다.47)
면장·이장 등을 비롯한 유지 수백 명이 군청에 회집한 가운데 임시의장
이동휘 사회로 강화학무회 발기대회는 개최되었다. 당시 지방관의 의무
교육 실시에 대한 의지와 주민들 열의는 대단한 분위기였다.

---

43) 『大韓每日申報』 1908년 8월 12일 잡보 「花開四隣」 ; 『대한매일신보』 1908년 8월
12일 잡보 「ㅅ린학회발기」.

44) 김형목, 「대한제국기 인천지역 근대교육운동 주체와 성격」, 90·93쪽 ; 이용창, 『동
학·천도교단의 민회설립운동과 정치세력화 연구(1896~1906)』, 중앙대박사학위논
문, 2004, 219쪽.

45) 『황성신문』 1909년 3월 27일 잡보 「兩氏免官」.

46) 『황성신문』 1908년 7월 16일 잡보 「閉校復開」.

47) 홍영기, 「이동휘의 구국운동(1904~1907)에 관한 새로운 자료」, 『한국근현대사연구』
1, 한국근현대사연구회, 1994, 288~305쪽 ; 반병률, 『성재 이동휘 일대기』, 범우사,
1998, 66~74쪽.

　　江華郡에서 義務教育을 實施ᄒᆞ기 爲ᄒᆞ야 該郡紳士 李東暉 姜大欽 黃
範周諸氏가 發起ᄒᆞ고 郡內紳士及 面長里長 數百人이 今月 二十四日에
郡廳에 會集ᄒᆞ야 學務會를 組織ᄒᆞ야ᄂᆞᆫ딕 臨時會長 李東暉氏가 開會趣旨
을 說明ᄒᆞ고 本郡守 高青龍氏은 義務教育實施ᄒᆞᄂᆞᆫ딕 未開ᄒᆞᆫ 人民이 妨
害ᄒᆞᄂᆞᆫ者ᅵ 有ᄒᆞ면 雖强制라도 決斷코 實施乃已ᄒᆞᆨ다고 激切勤勉ᄒᆞ고
…(중략)… 各校塾經費ᄂᆞᆫ 各區域內 士民의 分擔ᄒᆞᆫ 義務錢穀과 志士의
特別義捐과 學徒의 月謝로 永遠維支케ᄒᆞᆫ다ᄒᆞ니 江華一郡이 我韓義務教
育實施의 訓導模範되기를 確信ᄒᆞᆨ더라.48)

　　즉 군수는 강제적인 방법을 동원한 의무교육 시행을 역설하고 나섰다.
이에 신사유지와 면장·이장 등도 호응하는 등 강화도내 근대교육은 도약
을 위한 새로운 '계기'를 마련한 셈이다. 당시 피선된 임원진은 회장 강대
흠, 부회장 趙尙錫, 총무 황범주 등이었다. 임원 선정 후 의무교육의 시급
성을 역설한 이동휘는 참석자로부터 열렬한 박수갈채를 받았다. 의무교
육 시행방안은 생활정도에 따라 주민 부담에 의한 사립학교 설립으로 이
어졌다.49)

　　의무교육 시행을 위한 주요 내용은 "첫째로 강화도내 16면 114개 마을
을 56개 학구로 나눈다. 둘째로 학구마다 사립학교를 설립한다.50) 셋째로
學齡兒童은 강제로 각 '구역학교'에 입학시킨다. 넷째로 15세 이상 20세

---

48) 『황성신문』 1908년 3월 8일 잡보 「江華義務教育」.
49) 『大韓每日申報』 1908년 3월 18일 잡보 「江郡학風」 ; 『황성신문』 1908년 3월 8일
　　잡보 「江華義務教育」.
50) 56개 학구에 필요한 의무학교는 56개교였다. 그런데 보창학교지교 21개교와 進明·
　　啓明·昌華·共化 등 25개교는 이미 설립되었다. 따라서 신설해야할 학교는 31개교
　　였다. 이처럼 1908년 이전 강화도에는 사립학교에 의한 근대교육이 널리 시행되고 있
　　었다. 당시 근대교육은 실력양성론에 매몰되는 등 현실에 안주하는 수준이었다. 보창
　　학교지교를 비롯한 이동휘가 주도한 의무학교는 상무정신을 고취하는 등 국권회복을
　　도모하고 있었다. 근대교육사상 이곳에 주목해야할 이유도 바로 여기에 있다.

이하 한문에 능숙한 자는 보창학교 중학과에 입학시킨다. 다섯째로 20세
이상 40세 이하 한문에 능한 자는 中成學校 사범속성과에 입학시킨다. 여
섯째로 학교경비는 주민들 생활정도에 따라 부과한 의무금, 유지들 의연
금, 학생 월사금 등으로 충당한다."는 등이었다. 의무교육은 민족지도자
와 교사 양성 등 긴밀한 관계·계획에 따라 입안·시행되었다.51) 보창학교
중학과와 중성학교 사범과 설치는 이를 반증한다. 또한 신·구학 절충은
이곳 지역적인 특성과 운영주체의 현실인식 등을 반영한 점에서 중요한
의미를 지닌다. 한문 능통자에 대한 우대책과 교사로서 양성은 이러한 현
지 분위기 속에서 이루어졌다.

남양군 서여제면 洪大必은 신교육을 위한 사숙 확장과 다수 신서적을
구입하였다. 유지신사 洪大臨·洪大晋 등은 이에 대한 지원을 아끼지 않
았다. 재학생은 일시에 70여 명이나 호응하는 등 성황을 이루었다. 운동
회 개최에 즈음하여 면장은 「애국가」를 작사할 정도로 적극적이었다. 洪
闓厚의 의무교육 주장에 호응한 주민들은 신·구교육을 절충하는 교과목
편성을 요청하였다.52) 이는 전통교육을 계승하려는 의지의 한 소산이었
다. 수원군 청호면 오산리(현 오산시 : 필자주) 시장 주민들은 明進學校를
설립한 후 소의 매매시 일정한 세금을 부과하여 이를 학교운영비로 충당
할 계획을 세웠다. 이러한 계획인가를 관청에 요구하는 등 여론 조성에
노력을 아끼지 않았다.53) 이는 상호 이해를 증진하는 가운데 주민들 의지
와 역량을 극대화시키는 구심점으로 작용하는 요인이었다.

포천군 유지들은 莘野義塾과 玉成義塾을 각각 靑城第一學校와 靑城

---

51) 김형목, 「기호흥학회 경기도 지회 현황과 성격」, 69쪽 ; 정숭교, 「대한제국기 지방학
   교의 설립주체와 재정」, 『한국문화』 22, 서울대 한국문화연구소, 1998, 298~300쪽.
52) 『만세보』 1907년 6월 2일 잡보 「南塾情況」.
53) 『大韓每日申報』 1908년 1월 14일 잡보 「牛稅補校」.

第二學校로 명칭 변경을 결정하였다. 이들은 이후 설립되는 사립학교를 각각 청성제삼학교·청성제사학교 등으로 명명하는 의견을 만장일치로 가결하였다. 1909년 佐儀里의 任憲宰는 청성제삼학교를 설립하는 등 주민들 향학열에 부응하고 나섰다.54) 이는 주민 부담에 의한 '의무학교'나 마찬가지였다. 근대교육에 대한 주민들의 적극적인 지원과 호응은 이와 맞물려 발전을 거듭하는 밑거름이었다.

시흥군 서면 주민들은 '의무학교'인 雲陽義塾을 설립하였다. 재정 궁핍으로 폐교 상황에 직면하자, 閔勳은 명예교사로서 자원하는 등 다양한 노력을 기울였다.55) 주민들도 생활 정도에 따라 의연금을 납부하는 등 지원을 아끼지 않았다. 개성의 光明學校는 목수·미장이 등 노동자 200여 명이 임금 중 일부를 공제하여 학교경비로 충당하였다.56) 자강단체는 이를 미담으로 널리 선전·홍보하는 등 지원을 아끼지 않았다. 이는 지방관들로 하여금 문화계몽운동에 적극적으로 동참시키는 '자극제'였다. 광주군 초월면 26개 동민들도 의무교육에 나섰다. 그런데 5개 동리에서 이를 반대하자, 나머지 주민들은 강력한 경고와 동시에 비협조적인 처사를 비난하였다.57)

지방관도 의무교육 일환으로 사립학교나 야학 설립에 앞장섰다. 남양군수 金寬鉉은 근대교육 보급 일환으로 養性學校를 공립보통학교와 통합시켰다. 그의 주도로 설립된 부설인 노동야학교 학생수는 50여 명에 달할 정도로 대성황이었다.58) 교육내실화를 위한 노력은 향학열을 고취로

---

54) 편집부, 「학계휘문, 莘玉兩塾聯合」, 『기호흥학회월보』 2, 51쪽 ; 「학계휘문, 靑城第三校」, 『기호흥학회월보』 9, 43쪽.
55) 편집부, 「학계휘문, 雲塾興旺」, 『기호흥학회월보』 8, 64쪽.
56) 편집부, 「학계휘문, 光明復明」, 『기호흥학회월보』 12, 45쪽.
57) 『황성신문』 1909년 1월 29일 잡보 「저교동임착임」.
58) 『황성신문』 1908년 9월 4일 잡보 「南郡日進」.

이어졌다. 용인군수도 郡會에서 면장과 이장의 월급 중 일부를 의연금으로 모금하는 등 의무교육 실시를 천명하였다.[59] 사숙·서당 등의 근대교육기관으로 전환은 이와 맞물려 진행되었다. 포천군수 崔斗榮은 각 면·이장을 소집한 회의에서 의무교육 실시를 결의하고 나섰다.[60] 대한협회 포천지회는 이를 지원·실행하는 데 앞장섰다. 이곳 의무교육은 모범적인 사례로서 당시 널리 칭송되었다. 경기도내 대한협회 지회가 주도한 근대교육 활성화는 이러한 분위기 속에서 진전되어 나갔다.[61]

진위군수 金英鎭은 유능한 교사진 확보책 일환으로 사범양성학교를 설립하는 등 근대교육운동 기반 확대를 도모하였다.[62] 관내 사립학교설립운동은 이를 계기로 내실화를 도모할 수 있었다. 장단군수 李奭宰는 관내 明新義塾 재정난 타개에 노력을 기울였다. 그는 전 군수와 유지·학부형은 물론 주민들을 회집시켜 근대교육의 긴급함을 역설하였다. 이에 감화된 주민들은 즉석에서 학교운영비를 모금하고 나섰다.[63] 교하군 지석리 申鳳均은 민속이 우매하고 교육이 부진함에 군수와 상의한 후 宣城學校를 설립하였다. 이와 동시에 학교 내에 3개월 과정의 사범속성과를 설치하는 등 교사 양성을 위한 계획도 세웠다. 목적은 졸업생으로 하여금 각 면·리 단위에 설립할 예정인 '의무학교' 교사로서 활용함이었다.[64] 이처럼 의무교육은 교사 양성과 함께 실시되는 등 국권회복을 도모하고 있었다.

한편 지방관의 근대교육 동참은 지방자치제와 무관하지 않았다. 문맹

59) 『황성신문』 1908년 10월 20일 잡보 「龍郡義務敎育」.
60) 『황성신문』 1909년 1월 20일 잡보 「抱川郡郡廳會議所條件」, 9월 11일 잡보 「佇見感覺」 ; 편집부, 「학계휘문, 抱倅有人」, 『기호흥학회월보』 9, 43쪽.
61) 『황성신문』 1909년 2월 21일 잡보 「熱誠哉아 頑固哉아」.
62) 『황성신문』 1908년 3월 7일 잡보 「振郡振學」
63) 편집부, 「학계휘문, 長倅興學」, 『기호흥학회월보』 9, 42쪽.
64) 『황성신문』 1908년 1월 12일 잡보 「申氏熱心」.

타파를 통한 민지계발은 이를 위한 '준비단계'로서 인식되는 분위기였다. 지방자치제를 표방한 각종 단체의 의무교육 주장은 이러한 인식에서 비롯되었다. 이는 서구사회의 국민국가(일명 민족국가) 건설을 위한 밑거름처럼, 우리에게도 그대로 유입·정착되는 과정을 겪었다. 당시 '뜨거운 감자'로 널리 회자된 '국민' '민족' '애국' '국가' '애국심' 등은 이를 반증한다.[65]

그런 만큼 이들에게 사립학교·야학·강습소 등을 통한 의무교육은 시급한 현안으로서 부각되지 않을 수 없었다. 경기도내 사립학교설립운동 급진전은 이와 맞물려 진행되었다. 대한제국기 도내에 설립된 사립학교 현황은 <표 1>과 같다.

〈표 1〉 대한제국기 경기도 사립학교현황[66]

연도	1899	1900	1901	1902	1903	1904	1905	1906	1907	1908	1909	1910	연대미상
설립수	6	5	4	5	3	4	14	24	35	85	38	21	11

<표 1>에 나타난 바처럼, 1905년을 기점으로 사립학교설립운동은 큰 변화를 보인다. 초기에는 매년 3~6개교 설립될 정도로 미진하였다. 1906년 이후에는 매년 20개교 이상 설립되는 상황이었다. 특히 가장 활발한 1908년에는 무려 85개교나 설립되었다. 「사립학교령」·「학회령」 시행으로 많은

---

65) 이화여대 한국문화연구원, 『근대계몽기 지식 개념의 수용과 그 변용』, 소명출판사, 2004.

66) <표 1>은 다음과 같은 자료를 참고하였다.
참고한 자료는 『독립신문』·『협성회회보·믹일신문』·『제국신문』·『시사총보』·『황성신문』·『大韓每日申報(국한문혼용판)』·『대한매일신보(한글판)』·『만세보』·『경향신문』·『대한민보』·『매일신보』·『기호흥학회월보』·『대한자강회월보』·『경기교육사』·『경기도사』·『경기도항일독립운동사』와 각종 시지·군지 등이다. 야학교나 지교로 기록된 경우와 일진회가 운영한 학교는 포함시켰다. 다만 야학·야학과나 일본어 보급을 위한 '일어학교' 등은 가능한 제외하였다. 물론 일부 통계에 누락된 학교도 있다. 그런데 전체적인 경향성 파악에는 별다른 문제점이 없다고 생각한다.

사립학교가 통·폐합된 1910년 7월 1일 현재 도내 학교수는 각종학교 139개
교, 종교학교 44개교 등 183개교였다.67) 이는 북한지역을 제외한 남한에
서 가장 많은 사립학교가 운영된 사실을 실증적으로 보여준다.

반면 사립학교설립운동을 추진하는 과정에서 문제점도 드러났다. 일부
지방관은 학교설립을 핑계로 주민에 대한 수탈을 주저하지 않았다. 통진
군수 沈在昇은 향교답과 양사재답을 방매한 다음 文簿 일부와 『소학』 몇
권만을 마련한 후 나머지는 착복하였다.68) 당시 지방관의 불법적인 수탈
중 하나는 바로 사립학교 설립과 관련되어 있었다. 광주군수 吳泰泳은 廣
達學校를 보조하기 위해 매호에 정조 2두씩을 강제로 할당하는 등 무리
를 일으켰다.69) 근대교육에 비판적인 유력자의 방해책동도 있었다. 광주
군 일부 인사들은 주민을 선동하여 학교설립을 방해하는 한편 조력자들
을 협박하였다.70)

의무교육에 의한 사립학교설립운동 확산에 따라 근대교육에 대한 관심
은 고조되었다. 그러나 일제의 경제적인 침탈로 민중이나 이들 자제의 교
육기회는 결코 '쉬운' 문제가 아니었다. 이에 자강론자들은 사립학교 부
설이나 독립된 야학(교)·야학과·강습소 등을 통한 실력배양에 노력하였
다. 양주군 고양주면의 紫陽學校,71) 광주군 중대면 송파의 廣成學校,72)
강화군 하도면 尼山義塾73) 등은 주·야학을 겸설한 대표적인 사립학교이

---

67) 김상기, 「한말 사립학교의 교육이념과 교육구국운동」, 『청계사학』 1, 정신문화연구
    원, 1984, 74~75쪽.
68) 『만세보』 1906년 11월 21일 잡보 「通倅肥己」.
69) 『대한민보』 1910년 2월 27일 지방잡사 「强制義捐」.
70) 『만세보』 1906년 11월 27일 잡보 「沮戱敎育」.
71) 편집부, 「학계휘문, 紫陽有校」, 『기호흥학회월보』 12, 45쪽.
72) 편집부, 「학계휘문, 敎師有人」, 『기호흥학회월보』 11, 50쪽.
73) 편집부, 「학계휘문, 尼山復興」, 『기호흥학회월보』 8, 65쪽.

다. 사립학교설립운동은 노력과 달리 커다란 성과를 거둘 수 없었다.[74)]
일본어나 산술 등을 조금만 알아도 마치 학문에 정통한 것처럼 행세하는
'왜곡된' 분위기는 이를 반증한다.

   교사 월급을 포함한 학교운영비 확보와 적합한 자질을 갖춘 교사진 충
원 등도 결코 간단한 문제가 아니었다. 더욱이 일제의 '교묘한' 법령정비
로 근대교육은 엄청난 탄압을 받았다. 이에 자강론자들은 사립학교설립
운동에서 점차 야학운동으로 '방향전환'을 모색하지 않을 수 없었다.[75)]
야학운동은 실력양성에 부합될 뿐만 아니라 자신들의 활동영역을 도모할
수 있는 기반이기 때문이다.

3. 야학 설립현황과 특성

   경기지방 최초 야학은 1898년 인천에 설립된 영어야학이다.[76)] 독립협
회 자매단체인 박문협회는 계몽활동을 위한 일환으로 영어 보급에 노력
하였다. 교장은 박문협회장, 교사는 회원인 李學仁·姜準 등이었다. 영어
학교는 개항지라는 지역적인 특성과 현실적인 필요성 등과 맞물려 발전
을 거듭할 수 있었다. 이곳 향학열은 죄수들에서 찾아볼 수 있다. 백범 김구
는 인천감옥소에 수감 중 죄수 양봉구와 함께 죄수들에게 근대학문을 가르
쳤다. 『독립신문』은 이를 극찬하는 등 야학에 대한 관심을 환기시켰다.[77)]

---

74) 『황성신문』 1908년 9월 15일 논설 「勸告各地方私立學校」; 『대한매일신보』 1908년
    11월 3일 기서 「학교는 잇셔도 교소가 업는 흔탄」.
75) 김형목, 『1910년 전후 야학운동의 실태와 기능』, 중앙대박사학위논문, 2001, 51~58쪽.
76) 『독립신문』 1898년 6월 24일자, 7월 25일 잡보 「학교설립」; 신용하, 『독립협회 연
    구』, 일조각, 1975, 118쪽.
77) 『독립신문』 1898년 2월 15일자 외방통신; 김형목, 「대한제국기 인천지역 근대교

金敎源도 유지신사와 선교사 도움을 받아 야학인 수제학교를 설립하였다. 교과목은 경사·지지·산술·영어 등이었다. 해관에 재직 중인 이학인·姜信穆 등은 명예교사로 자원하는 등 향학열을 고취시켰다. 博文學校로 교명을 바꾼 이후 이는 인천을 대표하는 근대교육기관으로서 발전할 수 있었다.[78]

을사늑약 이후 야학은 야학운동으로 전개되는 등 발전적인 양상을 보여준다. 경기지방도 이러한 경향성에서 크게 벗어나지 않았다. 야학 설립은 개인 단독이나 여러 사람의 협력인 경우가 대부분이었다. 군수·하급관리나 지방유지들은 이를 추진하는 주체나 다름없었다. 1906년 草芝보통학교는 군주사 李敏善에 의하여 설립되었다. 그의 열성과 교사 趙澄玉·劉轍洙 등의 노력으로 교세는 발전을 거듭할 수 있었다. 1909년 개최된 운동회의 병식체조는 주민들로 하여금 근대교육에 관심을 고조시키는 계기였다. 당시 新英야학교도 안산군 와리면 신각리 유지들에 의하여 설립되었다. 咸元植은 학교운영비를 포함한 경비 일체를 전담하였다.[79] 야학에 대한 반응이 예상보다 좋아지자, 그와 李奎信은 1909년 신영학교를 설립하기에 이르렀다. 이들은 교사로 鄭雲曄을 초빙하는 한편 단독 교사건물을 신축하는 등 향학열을 고취시켰다.[80] 그는 주민들을 설득하여 국채보상운동에 적극적으로 참여하였다. 그의 부인도 은반지와 은비녀를 의연하는 등 지원을 아끼지 않았다.[81]

인천 郭重根·全圭永 등도 박문학교 내에 영어·일어·산술을 중심으로

육운동 주체와 성격」, 81쪽.
78) 『황성신문』 1900년 9월 15일 잡보 「仁港創校」, 10월 6일 잡보 「改稱博文」.
79) 『대한매일신보』 1909년 2월 17일 잡보 「함씨열심」 ; 『大韓每日申報』 1909년 2월 18일 잡보 「咸氏美擧」.
80) 『大韓每日申報』 1908년 12월 1일 잡보 「咸氏熱心」.
81) 『大韓每日申報』 1907년 6월 25일 광고 「安山郡瓦里面新角里」.

하는 야학을 설립하였다. 이들은 張箕彬 등과 더불어 운영자·교사로서
역할을 마다하지 않았다. 생도는 30여 명에 달할 정도로 대대적인 호응을
받았다. 박문학교는 영어를 중심으로 하는 야학인 수제학교 후신이었
다.82) 학생들 중 직접 야학 설립은 물론 교사로서 자원하는 경우도 있었
다. 인천 다소면 송림동 부근에 거주하는 許還·李甲奎·李明浩·申永愚
등은 노동자 교육기관인 이문학교가 폐지되자, 이를 복설하고 교육을 하
기에 이르렀다.83) 마을 주민이나 유지들이 연합하여 야학을 설립하였다.
구읍면 관청리의 金在玉·河錫炫·蔡龍明·鄭泰俊 등은 야학교를 설립한
다음 농업에 종사하는 청년자제 30여 명을 가르쳤다.84)

양근 汾院公立普通學校의 수석교사 鄭慶時와 교감 池圭植, 학감 李鍾
晟 등도 부근 노동자에게 야학과 입학을 권유하였다. 초동목수 40여 명은
직접 야학을 설립하기에 이르렀다. 이러한 활동으로 생도는 160여 명에
달하는 등 성황을 이루었다.85) 이처럼 근대교육은 야학을 통하여 지방사
회로 점차 파급되는 계기를 맞았다.

주민들 지원을 바탕으로 야학운동도 대대적으로 전개되었다. 이는 사
립학교설립운동과 마찬가지로 취지서를 선전하는 가운데 진전되는 계기
를 맞았다. 교하군 宣成夜學은 대표적인 경우이다.

   ···(상략)··· 交通爭雄ᄒ야 生存競爭ᄒ고 優勝劣敗ᄒᄂ 世界를 當ᄒ야
   大而國家와 小而身家에 自保自存ᄒ 方策을 講究ᄒ랴면 我同胞靑年이 敎

---

82) 『황성신문』1902년 4월 25일 잡보 「校樣漸旺」, 1903년 9월 8~9일 광고, 1907년
    12월 18일 잡보 「仁港夜學」, 1908년 6월 24일 잡보 「兩校運動盛況」.
83) 『대한매일신보』1910년 4월 9일 학계 「잘ᄒᄂ 일이야」.
84) 『대한매일신보』1910년 2월 20일 학계 「야학교설립」 ; 『大韓每日申報』1910년
    2월 23일 학계 「夜學刱校」.
85) 『황성신문』1908년 2월 18일 잡보 「汾校夜學」 ; 『大韓每日申報』1908년 2월 22일
    「樵童設校」.

育을 開發ᄒ야 人才를 養成ᄒ고 民智를 啓發ᄒᆷ이 實노 國家를 保全ᄒ고 生命을 鞏固ᄒᆯ 基礎라. 所以로 本郡守 尹公이 敎育方針을 經年硏究ᄒ야 本郡內衙에 宣城學校를 設立ᄒ고 師範速成科와 普通高等科와 尋常小學科를 三種으로 分置ᄒ고 舊式先生과 靑年子弟와 幼少兒童을 募集ᄒ고 賢明敎師를 延聘ᄒ야 熱心敎育이러니 師範科ᄂ 期限이 已滿ᄒ야 各面各里에 分出設校ᄒ니 速成之效ᄂ 已爲著見矣오. 普通 尋常 兩科ᄂ 方今 熱誠敎授이러니 觀感所發에 近方勞働年少者ㅣ 相聚而言ᄒ야 曰雖一日 受學이라도 死無餘恨이라ᄒ니 本校敎師 鄭泰鎬 尹應秀 兩氏가 聞此說話ᄒ고 暢然而警이다가 勃然而起曰 當此時代ᄒ야 如此感發之人을 何以不敎也ㅣ리오 趁設夜學一科ᄒ고 使之入學케ᄒ라. 敎師ᄂ 吾當自擔ᄒ리라ᄒ니 其翌夜에 上學者ㅣ 爲二十餘人이오 其後에 夜夜增加ᄒ니 盡是貧窮樵牧之類라 身無可着之衣ᄒ고 口嫌有昧之物이나 愛國之心은 一層激昂ᄒ야 晝則勞働ᄒ고 夜則上學ᄒ니 嘉尙趣旨가 如他逈異라. …(하략)…86)

생존경쟁시대에 즈음하여 국가와 개인을 스스로 보존하는 방책은 교육을 통한 인재양성과 민지계발임을 밝히고 있다. 곧 시세 변화에 따른 시무책은 근대교육이다. 군수는 선성학교 내에 사범속성과·고등보통과·심상소학과 등 다양한 교육과정을 개설하였다. 또한 근로청소년을 위하여 야학을 설립하니 이틀만에 20여 명이나 출석하는 등 경내에 향학열을 고취시켰다. 특히 노동자교육을 위해 각 면·리마다 학교를 세우는 한편 이들을 교육하기 위한 사범속성과를 동시에 운영한다고 밝혔다. 통진군 양릉면 養興學校 내에 汾陽夜學(일명 통진야학 : 필자주)을 설립할 때에도 취지서를 발표하였다.87) 취지서 주요 내용은 선성야학과 매우 유사하다. 이는 주민들로부터 적극적인 지원과 관심을 촉발시키는 유효한 수단이었다.

한편 개인 단독으로 야학을 설립한 후 모든 운영비를 담당하는 경우도

---

86) 『황성신문』 1908년 6월 24일 잡보 「宣城夜學」.
87) 『황성신문』 1908년 12월 25일 잡보 「通津夜學」 ; 편집부, 「학계휘문, 汾陽經試」, 『기호흥학회월보』 7, 39쪽.

있었다. 시흥군 서면 소하리에 거주하는 李淵哲은 1907년 국문야학교를 설립한 후 교사로 활동하였다.[88] 그는 직접 야학교재를 만드는 등 열성적이었다. 동군 중종리 안윤서는 부근 4개 동리에 국문야학교 설립은 물론 경비까지 부담하였다. 그는 한 곳에 국문교과서 50권씩과 칠판·분필·목종 등을 마련하는 한편 4일을 주기로 순회교수할 정도로 열성을 아끼지 않았다.[89] 동군 동면 일직리 梁柱鶴은 1908년 보통야학교 설립을 주도하는 한편 兪庚濬을 교사로 초빙하고 경비 일체를 부담하였다.[90] 야학이 운영난에 직면하자, 주민들 의연금과 명예교사 자원 등으로 학도는 40명에 달하는 등 발전할 수 있는 토대를 마련하였다. 시흥군은 개인 단독으로 야학이 설립된 대표적인 지역이다.

　파주군 광탄면 沈相怡도 민지계발을 위해 廣信夜學校를 설립·운영하자, 야학생이 일시에 50~60명에 달하는 성황을 이루었다.[91] 교동군수 郭璨도 보교과정을 중심으로 하는 노동야학교를 세웠다. 그는 자신의 월급 중 일부로 학교운영비는 물론 교과서를 구입·기증하는 등 야학생들에 대한 지원을 아끼지 않았다.[92] 이외에 군수들이 설립한 야학은 대부분 이러한 범주에 속하는 경우가 많았다.

---

88)『대한매일신보』1908년 1월 9일 잡보「리씨열심」;『大韓每日申報』1908년 1월 12일 잡보「리氏熱心」.

89)『대한매일신보』1908년 2월 28일 잡보「영등포학교」.

90)『대한민보』1910년 3월 18일 교육계「勉之勉之」;『대한매일신보』1910년 4월 2일 학계「량씨집야학교」;『大韓每日申報』1910년 4월 2일 학계「日直夜校」;『황성신문』1910년 5월 11일 잡보「隆塾具隆」; 편집부,「학계휘문, 雲塾興旺」,『기호흥학회월보』8, 64쪽.

91)『대한매일신보』1910년 1월 22일 학계「광신야학교 설립」;『大韓每日申報』1910년 1월 27일 학계『廣灘夜學』.

92)『대한매일신보』1908년 10월 23일 잡보「곽씨권학」;『大韓每日申報』1908년 10월 24일 잡보「兼則善政」;『황성신문』1908년 10월 24일 잡보「喬倅奬學」.

한편 1907년 말부터 경기지역은 다른 지역보다 일찍이 국문야학이 성행하였다. 『대한매일신보』는 다음과 같은 격찬을 아끼지 않았다.

> 룡희이년에 새로 긔시흔지 오십일이 못되여 이 나라안에 세가지 큰 깃븐 쇼식이 하늘에서 오는 복음과 곳치 랑쟈흔듸 첫재는 각도 각군에 국문학교가 날마다 증가ᄒ니 이는 한국사름의 나라ᄉ정신을 발달홀 쥬의니 흔가지 크게 환영홀 쇼식이오. …(중략)… 이것을 깃거워홈은 다만 그 국문학교만 위ᄒ야 깃거워홈도 아니며 흥학회만 위ᄒ야 깃거워홈도 아니며 로동ᄒ는 졔씨만 위ᄒ야 깃거워ᄒ는 것도 아니라 곳 한국의 전졍을 위ᄒ야 크게 츔을 츄며 크게 찬성홀 일이니 대뎌 세가지 깃븐 쇼식이 새희의 새둘과 곳치 둥구며 새봄에 새풀과 곳치 싹이 나니 텬하에 뎨일 깃븐 쇼식이 이보담 지날 것이 엇지 잇스리오.[93]

이리하여 야학은 전국적으로 널리 성행하는 계기를 맞았다. 서울 급수상들의 야학설립 요구에 서북학회는 이를 실행하였다. 이를 전후하여 초동야학·국문야학 등은 각지에 우후죽순처럼 운영되기에 이르렀다.[94] 신문·잡지 등은 우리 역사상 초유의 일이라면서 이를 대대적으로 보도하였다. 이에 야학 운영자들은 고무되는 등 사회적인 분위기를 반전시켰다.

박은식은 노동자들 스스로 설립한 사립학교나 야학은 장차 근대교육을 보급하는 중심기관으로서 발전을 기원하였다. 그는 "한국 장래 희망은 노동자들의 향학열에 달려 있다"며 극찬을 아끼지 않다.[95] 자강론자들에 대한 분발 촉구는 이러한 의도와 맞물려 있었다.

93) 『대한매일신보』 1908년 2월 20일 논설 「한국로동쟈의 긔원될만흔일」 ; 『大韓每日申報』 1908년 2월 16일 논설 「韓國勞働界의 新紀元」.

94) 김형목, 「1906~1910년 서울지역 야학운동의 전개 양상과 실태」, 『향토서울』 59, 서울특별시사편찬위원회, 1999, 177~178쪽.

95) 『황성신문』 1908년 2월 20일 논설 「勸勉勞働同胞夜學」 ; 박은식, 「勞動同胞의 夜學」, 『서북학회월보』 15, 19~20쪽.

今日 我韓 學界에 第一 好消息이 發現호니 卽我西北學會에 汲水商의
夜學請願이 是也라. 蓋此汲水商 諸氏는 素無一厘之恒產호고 又乏他種之
營業일식 流離漂泊으로 京師에 住着호야 托身無所호고 糊口沒策이라.
於是漢城各處에 源源不竭호는 井泉을 汲取호야 許多人命의 飲料를 供給
홀식 自晨至昏에 轆轤軋軋호야 暫不休息이라. 分錢零金을 藉此取得호야
以延朝夕호니 其生活의 困難과 身世의 凄凉이 果何如哉아. 乃於今日에
慨然奮發호야 互相協議에 晝而勞動호고 夜而上學호기로 本學會를 對호
야 實心懇求호며 實力做去호니 是는 時局의 情勢를 觀念홈이오 國民의
義務를 感覺홈이오 自家의 成立을 志願홈이니 果是世界奇聞이오 今古罕
事라. 孰不喝采懽迎이며 孰不熱心持導哉아. …(중략)… 嗚呼라 我二千萬
同胞여. 彼汲水商의 身分으로도 若是乎 開明目的과 發達思想으로 學業
에 注意호야 勤勉不怠호느니 凡我同胞의 耳가 有호고 目이 有호고 心知
가 有혼 者면 엇지 此에 對호야 觀感興起홀 思想이 無호리오. 我全國社
會에 上流와 中流와 下流를 勿論호고 無不受敎호야 普通學問과 普通知
識이 無不發達호는 日에는 吾人의 自由를 可以獲得이오 吾國의 自立을
可以克復이니 嗚呼라 其念之勉之어다.96)

사회적인 반향은 대단하였다. 국내뿐만 아니라 러시아 연해주 한인사
회에서 발간된 『해조신문』에도 보도되었다.97) 황성신문사는 물장수야학
이 한국인 노동자들 '신기원'이라고 격찬하였다.

이와 관련하여 미주 한인사회의 변화를 소개하는 가운데 논설에서 서
울 물장수들의 향학열을 언급했다. "近日 某郡某鄕에 樵牧夜學과 西北學
會에 汲水商夜學이 屢揭報紙矣라. 凡社會中 月評이 咸曰 此는 我韓普通
開明에 最好消息이라호는딕 本記者는 此에 對호야 特別혼 期望이 有홈
으로 申此勸勉호노라. …(하략)…"98) 나아가 물장수야학이 더욱 발전을

---

96) 박은식, 「勞働同胞의 夜學」, 『서우』 15, 1908, 19~20쪽; 박은식전서편찬위원회,
　　『박은식전서』 하, 97~98쪽에 재수록.
97) 『해조신문』 1908년 4월 1일 본국통신 「汲商夜學」, 4월 26일 본국통신 「勞働夜學會」.

거듭하여 문명사회를 건설하는데 초석이 되기를 희망하였다.

이처럼 대한제국기 경기도에는 우후죽순처럼 야학이 설립되었다. 이를
정리하면

〈표 2〉대한제국기 경기도 야학일람표[99]

야 학 명	위 치	설 립 자	교 사 진	교 과 목	학생수	출 전
영어야학	인천	박문협회	이학인·강준	영어 전문	수십명	독1898.6.24,7.4, 7.25;협1898.6.9, 7.2,7.22 황1903.9.8
감리서 학교	인천 감옥내	김창수·양봉구	좌동	근대학문	20	독1898.2.15
수제학교	인천	김교원·전학인	강준·강신 목·이학인	경사·지지 산술·영어	70	황1900.9.15,10.6, 1902.4.25
신영 야학교	안산 와리면 신각리	유지신사		보교과정		대1909.2.17 大1909.2.18 3년전 설립
야학과	김포 읍내	李性植	金陵學校 교원	보교과정	다수	大1906.7.8
박문야학	인천 박문학교 내	郭重根·全圭永	설립자외· 張箕彬	영어·일어·산술	30	황1907.12.18 1년전 설립
사령부 야학교	개성	유지제씨	좌동	보교과정	45	大1906.9.11,9.23
초동야학	남양읍	유지신사	朴潤榮;사립 보흥학교사 무원	보교과정	초동목수; 29(50)	황1907.2.1, 1908.9.4 대1908.4.8,9.4 大1908.4.9
면리교숙 속성과	교하 각 면·리	윤기섭(군수)	유지제씨	보교과정		황1907.12.14

---

98) 『황성신문』 1908년 2월 20일 논설 「勸勉勞働同胞夜學」..

99) 설립일자는 기사 내용이 확실한 경우를 제외하고 보도된 날짜를 기준으로 정하였
다. <표 2>의 독은 『독립신문』, 협은 『협성회회보』, 황은 『황성신문』, 대는 『대한
매일신보(한글판)』, 大는 『大韓每日申報(국한문판)』, 민은 『대한민보』, 경은 『경
향신문』, 만은 『만세보』, 기월은 『기호흥학회월보』, 동은 『동아일보』 등이다. 그런
데 교하군수 윤기섭이 각 면·리에 세운 속성학교는 정확한 숫자를 알 수 없어 1개
야학으로 정리하였다.

야 학 명	위 치	설 립 자	교 사 진	교 과 목	학 생 수	출 전
야학과	광주 중대 파	유지제씨	金昌鎭		주야;100	『기월』11,50쪽
국문 야학교	시흥 서면 소하리	이연철; 군주사, 서면면장	좌동	국문번역 교수	30	대1908.1.9 大1910.1.26 동1923.10.6
지석리 야학교	교하 지석리	申鳳均·군수	좌동	보고과정	수십명	황1908.1.12
분원 야학교; 자신학교	양근 분원	초동 40명	鄭慶時;보통 학교교사	〃	40~50명	황1908.2.18 大1908.2.22 대1908.2.23
국문 야학교	시흥 중종리; 4개 동리	안윤서	좌동	국문		대1908.2.28
국문야학; 노동야학	강화 보창학 교(31개소)	보창학교지교	학우회 지교교사	국문·한문·산술	계;500	황1908.3.10 大1908.3.5 『기월』12,46쪽
분양야학	통진 양능면	조동선(군수)	申鍾協 白孝元(순검)	보고과정	40~50	황1908.4.2 大1908.6.16 『기월』7,39쪽
초동 야학교	광주 역촌 광흥학교내	鄭允夏·南一祐	좌동	〃	80	大1908.4.8,5.10 황1908.5.22, 8.11;대1908.4.8
선성야학	교하	유지인사	鄭泰鎬 尹應秀	국문·한문·산술	노동자제;20	황1908.1.12,6.24
초목야학	광주 염곡	유지제씨	좌동		40	대·大1908.6.6
야학과	강화 사기동	계명의숙	계명의숙 교사	보고과정	주야;100	대·大1908.6.6
청년 야학교	광주 퇴촌 족자동	朴齊先	좌동			大1908.4.11
초동야학; 7개처	안산	공보교·기독학 교·삼산학교 상급반 학생	좌동	보고과정	다수	대1908.5.22 大1908.5.22,7.17
목동학교	광주 경안 덕곡리	유지제씨	좌동	국어·한문 산술·계몽	다수	大1908.5.10
목동학교	광주 경안 태봉리	한산학교	한산학교 교사	국어·한문 산술·계몽	다수	大1908.5.10
목동학교	광주 경안 전기리	유지제씨	좌동	국어·한문 산술·계몽	34	大1908.5.10
야학과	광주 언주	광언학교	광언학교 교사	보고과정	주야;90	대1908.8.5 大1908.7.17,8.5
상업 야학교	개성	개성학회	임원진	상업일반		大1908.6.17

야 학 명	위 치	설 립 자	교 사 진	교 과 목	학생수	출 전
보창 야학교	풍덕 영정포	金公善·李聖學	보창학교 교사	보교과정	20	황1908.7.16 大1908.2.5,7.17, 8.9,11.17,1909.12. 30;『기월』4,41쪽
평촌 야학교	광주 언주 평촌	金國培	좌동		주야;40	대·大1908.7.15
노동 야학교	부평	全國煥(군수)	桂昌學校 교사	국문·한문 각과정	초동목수;70	황1908.9.13,9.19 大1908.9.16
초동 야학교; 개진학교	광주 오포 양촌리	黃顯在·柳冕永	황의명	국문·한문·산술 본국역사·지지	40	大1908.9.25 대1908.9.17
노동야학 강습소; 노동 야학교	강화	李允文·李完 求·劉鉉基·朱 元植·金永祚	柳景根 方永秀	보교과정		大·대1908.9.29 『기월』10,36쪽
안성 강습소	안성	吳圭泳·李起 鎔·金泓·鄭庠 敎	좌동			대·大1908.9.30
야학교	안성 남면 신촌	강태범(성균관 학생)·김정필	강태범	보교과정	30	대·大1908.10.9
노동 야학교	교동	곽찬(군수)	좌동	보교과정		대1908.10.23 황1908.10.24, 1910.5.11 大1908.10.24
노동 야학과	양평	李殷哲(군주 사)·李承德 (우편취급소)	좌동	국문으로 번역하여 교수	40	황1908.7.3,11.14 대1908.11.15 『기월』1,44쪽
화도의숙	인천 화도리	초동목부	조경찬		다수	대1908.10.24 大1908.10.25, 11.14
보성야학	가평	보성학교	李元鍾 李昶穆	어학		대1908.10.30 大1908.5.9,11.1
광희 야학교	통진 읍내	白孝元(순사)· 李能夏(주사)	李能夏	보통학문	초동목수;40	황1908.11.24, 12.23 대1908.12.18, 1909.1.27 大1908.12.19, 1909.1.27
분양학교 지교;분양 야학교	통진 월여곳면 조강리	이능하	교장;이능하, 교감;이석하		70	대1908.12.18, 1909.1.27 大1908.12.19,

야학명	위치	설립자	교사진	교과목	학생수	출전
						1909.1.13
명신 야학교	인천 신창동	명신학교	명신학교 교사	보교과정	30	대1908.11.26
노동 야학교	남양 상도	이창회(대한 자강회);교장				大1908.12.22
야학과	강화 하도	니산의숙	朴吉秉 李泰榮 咸明植	보교과정	주야;100	『기월』8, 65~66쪽
노동 야학교	양주 상도 가오실	유지제씨	좌동		50	大1909.5.13
보통 야학교	시흥 서면 일직리 사랑방	梁柱鶴	梁柱鳳(교감) ·權轍榮 (학감)· 兪庚濬(교사)	보교과정	40	민1910.3.18 대1910.4.2 (1908년 설립) 大1910.4.2 황1910.5.11 『기월』8,64쪽
초동 야학교	안산 칠방면 속달리	鄭圭大(이장)· 高鎭國(전의관)	좌동	보교과정	40	大1909.1.1
노동 야학회	진위	柳俊弘 (우편국주사)	柳定基 金正賢	보교과정	50	대·大1909.2.14
노동야학; 7개소	고양 한지 왕십리	유지제씨	좌동		240	대·大1909.3.14
노동 야학교	이천 초면 대대리	노동자 20~30명	崔基正 崔穀珣	보교과정	30	대·大1909.3.18
상업 야학교; 맹동의숙	개성	맹동의숙	맹동의 숙교사	상업일반	주야:100	大1910.4.5 황1910.4.10
노동 야학과	인천 신지면 진명의숙내	鄭炯澤·鄭禹澤	鄭禹澤	보교과정	30	大1909.4.27 대1909.4.28 『기월』10,38쪽
청교 강습소	포천 청성 제일학교내	청성학교	청성학교 교사	札書·창가·수학		민1909.7.27 황1909.11.14, 1910.1.26 『기월』7,40쪽
노동 야학교	진위 동명의 숙내	金晋熙	李在英	보교과정	주야;80	大1909.11.18
농업야학 교;농림 야학교	안산	趙重恩(군수) 鄭顯哲·嚴柱 漢·趙秉植·任 甲準	좌동	〃	40	황1909.12.14 민1909.12.14
법률	수원 삼일학	삼일학교	임면수(교장)	법률·경제	50~60	민1909.12.15

야 학 명	위 치	설 립 자	교 사 진	교 과 목	학 생 수	출 전
야학교	교내		·林益相(주사)·具滋旭(군주사)			대1909.12.14 大1907.7.18, 1909.12.18 황1909.12.14
노동 야학교	이천	閔仲植(면장)	좌동	보교과정		민1909.12.18
초동야학	적성 서면 답곡리	郭永崙·都永民·郭相億	좌동		40	황1909.12.22
양주 야학교	양주 군청내	朴永大(군수)	군청관리	토지가옥증명서 규칙등실무	면에서 2인을 선발	황1910.1.1
합일 야학교	강화 위량 흥천동	합일학교	田炳奎·金容夏	보교과정	20	대1910.1.8,5.7 大1910.1.8,5.6
노동 야학교	양천	李浩升(군수)	좌동	보교과정	40	대1910.1.11 민1910.1.12 大1910.1.6,1.15
광신 야학교	파주 광탄	沈相恪(怡)	좌동	보교과정	50~60	대1910.1.22,1.26 大1910.1.27
야학교	남양 보흥학 교내	黃潤東 (재무주사)	좌동	일어·산술		大1910.1.28 대1910.1.27
경동 야학교	양주 구지 사로리	金奎朝(輯)	좌동	보교과정	30	대1910.1.23 大1910.1.28
야학교	인천 구읍 관청리	金在玉·河錫炫·崔京鉉·鄭泰俊·채룡명	좌동	보교과정	30	대1910.2.20 大1910.2.22
야학과	개성	開城學堂	학당교사	보교과정		황1910.3.31
노동야학; 이문학교	인천 다소 송림동	許還·李甲全·李明浩·趙在榮등	좌동	보교과정	50	대·大1910.4.9 황1910.3.18
노동 야학교	죽산 근삼 두평	李夒夏·李範遵	좌동	보교과정		황1910.5.4 大1910.5.4
노동 야학교	남양 신리 사곳동	洪在亮·辛宗益	辛驥夏	보교과정	30	大1910.5.5 대1910.5.6
야학교	가평 가릉 향교리	보성학교	보성학교교사	보교과정		大대1910.5.29 1910.5.31
하기 강습소	개성 배의학 교내	동지청년회	좌동	전문과정	다수	황1910.8.20
야학과	양주 고양주 웅마장리	유지제씨	좌동	보교과정	다수	『기월』11,45쪽
야학과	양주 고양주 율리	유지제씨	좌동	보교과정	다수	『기월』11,45쪽

야학명	위 치	설 립 자	교 사 진	교 과 목	학 생 수	출 전
야학과	양주 고양주 신천리	유지제씨	좌동	보교과정	다수	『기월』11,45쪽

    <표 2>는 대한제국기 경기지방 야학운동 현황을 정리한 부분이다. 이는 당시 설립된 모든 야학을 의미하지 않는다. 그러나 '비교적' 널리 알려진 야학은 대부분 파악되었다고 생각한다. 이를 통하여 나타난 특징은 다음과 같이 요약할 수 있다.

    첫째, 사립학교설립운동과 마찬가지로 1908년 야학은 가장 많이 설립되었다. 이는 서울과 다른 양상을 보여준다. 서울은 「사립학교령」 시행 이후 사립학교 설립이 여의치 않자, 야학운동으로 방향을 전환한 것과 대조를 이룬다. 그런 만큼 경기도는 사립학교설립운동과 야학운동이 동시에 진행된 사실을 의미한다. 다른 지방도 마찬가지 양상이었다.[100] 이는 지역적인 특성을 반영한 점에서 주목할 부분이다.

    둘째, 국문야학이 '비교적' 일찍부터 시행된 점이다. 서울은 1908년 하반기에 국문야학이 실시된 데 비하여, 경기도는 1907년 말부터였다. 교재도 설립자가 직접 만들어 배부하는 등 한글 상용화에 노력하였다.[101] 시흥군 서면 소하리 이연철이 설립한 국문야학교, 동군 중종리 안윤서가 4개 동리에 각각 설립한 국문야학교, 포천군 신야의숙 임원들이 사창촌과 좌석지·만교리 2곳에 설립한 야학 등은 대표적이다.[102] 물론 노동야학 대

---

100) 김형목, 「한말 해서지방 야학운동의 실태와 운영주체」, 『백산학보』 61, 백산학회, 2001, 225~236쪽 ; 김형목, 「한말 충청도 야학운동의 주체와 이념」, 『한국독립운동사연구』 18, 한국독립운동사연구소, 2002, 37~49쪽.

101) 김형목, 「한말 국문야학의 성행 배경과 성격」, 『한국독립운동사연구』 20, 한국독립운동사연구소, 2003, 161~164쪽.

102) 『대한매일신보』 1908년 1월 9일 잡보 「리씨열심」, 2월 28일 잡보 「영등포학교」 ; 『大韓每日申報』 1908년 1월 12일 잡보 「리氏熱心」, 1월 22일 잡보 「國文學校

부분도 교육내용이나 교과목 등 국문야학과 크게 다르지 않았다. 당시 '노동야학=국문야학'으로 인식은 이를 반증한다.

셋째, 야학 설립주체나 교사진은 거의 전·현직 관리이거나 교사 등이었다. 설립자 중 교사를 병행하는 경우도 70% 이상을 차지하는 등 자강론자들은 중심세력이나 마찬가지였다. 특히 지방관 중 군수는 설립자·후원자나 교사로서 야학운동의 중심적인 역할을 담당하였다. 이들은 계몽단체 지회 설립과 운영 등에 깊이 관여한 인물들이었다. 특히 강화도는 보창학교지교 부설로 노동야학·국문야학을 운영하는 등 도내 야학운동 중심지였다.103) 이는 사립학교처럼 의무교육 일환으로 시행되었다.

넷째, 노동자 스스로가 야학을 설립한 사실이다. 물론 이러한 야학은 소수에 불과하다. 이는 민중이 사회구성원으로서 자각한 점에서 중요한 의미를 지닌다. 즉 민중은 지난한 투쟁을 통해 시세변화를 인식하는 한편 자신들 교육문제를 스스로 해결한 점이다. 자구책은 바로 야학임을 의미한다. 야학운동이 지닌 다양성은 여기에서 엿볼 수 있다. 3·1운동 이후 문자 습득이나 해득인 문해교육 차원을 넘어 변혁운동과 관련성은 이러한 역사적인 연원에서 비롯되었다.104) 민중층 성장은 이를 통하여 부분적이나마 파악할 수 있다.

다섯째, 현지 사정이나 여건 등을 감안한 교과목 편성이다. 인천은 일찍부터 영어를 중심으로 야학을 운영하였다. 이는 개항지라는 지역적인 특성을 반영한다. 영어야학·수제학교 등은 대표적인 경우이다. 일제 침략 강화와 더불어 일어도 주요한 교과목으로 편성되었다. 또한 개성은 상업

蔚興」.

103) 김형목, 「대한제국기 강화지역의 사립학교설립운동」, 10~12쪽.
104) 김민남·조정봉, 「1930년대 칠곡지역 야학 재발견」, 『중등교육연구』 42, 경북대 중등교육연구소, 1998, 26~30쪽.

도시답게 상업야학(일명 점원야학 : 필자주)을 설립하였다. 이는 개성상
업회의소와 개성학회 임원 등을 중심으로 추진되었다.[105] 관리들 양성과
실무교육을 병행한 야학도 시행되었다. 양주군청에서 실시한 야학은 이
를 반증한다. 이처럼 교과목은 피교육자나 현지여건 등을 고려하는 등 다
양한 과정 속에서 이루어졌다.

　여섯째, 지역적인 편재성을 들 수 있다. 인천·강화·수원·개성·광주 등
지는 사립학교설립운동과 야학운동은 활발하게 전개되었다. 이를 제외한
대부분 지역은 부진한 상황에서 크게 벗어나지 않았다. 계몽단체 조직이
나 활동상도 이와 밀접한 관련성을 지닌다. 이는 운동주체의 역량을 반영
하는 부분이다.

　마지막으로 여자야학이 전무하다는 점이다. 여자교육의 중요성은『독
립신문』·『제국신문』 등에서 일찍이 주장되었지만, 전반적으로 부진한 상
황을 면치 못하였다. 여성차별의 인습이 강고한 현실에서 야학을 통한 여
성교육은 상당히 제한적일 수밖에 없었다. 더욱이 오후 10시를 전후한 심
야에야 수업이 끝나는 야학에 성숙한 여자들이 다닌다는 것은 거의 금기
나 다름없었다.[106] 여자야학은 1910년대 일부 운영되다가 비로소 1920년
대 여성운동의 활성화와 더불어 진전될 수 있었다.

---

105)『大韓每日申報』1908년 6월 17일 잡보「商界熱心」, 1910년 4월 5일 학계「三
　　仁進興」;『황성신문』1910년 4월 10일 잡보「三校卒業과 進級」.
106)『대한민보』1909년 6월 19일 잡보「女子夜學」.

4. 야학규모와 운영주체

1) 야학규모와 교과목

야학규모는 교사진·운영비·야학생수·교사의 크기 등 여러 부분에 걸쳐 파악해야만 실상을 알 수 있다. 하지만 대부분 교과목과 야학생수 정도만을 파악할 수 있는 실정이다. 야학은 다른 교육기관의 부설이거나 공공건물에 설립되는 경우가 많았다. 개인 집에 설립된 경우는 소수에 불과하였다. 그런 만큼 규모·체제 등은 정규 교육기관에 비해 '상대적'으로 미비한 수준이었다.

반면 교과과정과 교사진 구성 등이 제도권 교육기관에 비해 전혀 미흡하지 않는 야학도 있었다. 1908년 광주군 오포면 양촌리 유지신사 黃顯在·柳冕永 등이 설립한 초동야학교인 開進學校는 대표적인 경우이다. 임원진으로 교장은 군수인 吳泰永, 부교장은 黃義明, 교감은 黃任永, 학감은 柳根永 등이었다. 교과목은 국문·한문·산술·본국역사·본국지리 등 공립보통학교와 유사하였다. 학생수는 40여 명에 달할 정도로 대단한 호응을 빚었다.107) <표 2>를 토대로 야학생수를 정리하면 <표 3>과 같다.

〈표 3〉 경기도내 야학규모108)

야학생수	20명 이하	20~40명	40~60명	60~80명	80명 이상	계
야 학 수	32	38	25	3	1	99

---

107) 『대한매일신보』1908년 9월 17일 잡보 「쵸동야학」 ; 『大韓每日申報』1908년 9월 25일 잡보 「樵童夜校」.

108) 다수나 수십명은 20~40명, 주야학인 경우에는 1/2로 각각 처리하였다. 보창학교지교나 안산군·고양군은 평균적인 수치임을 밝혀둔다.

즉 20명 이하는 32개소, 20~40명 이하는 38개소, 40~60명 이하는 25개
소, 60명 이상은 3개소, 80명 이상 1개소 등이었다. 60명 이하가 절대다수
를 차지한다. 이는 서울지역의 야학규모보다 소규모로 운영된 사실을 의
미한다. 60명 이상인 비교적 대규모인 야학은 4개소에 불과할 뿐이었다.
이러한 원인은 여러 측면에서 기인되었다. 주요한 원인은 야학운동보다
사립학교설립운동에 치중된 당시 상황과 연관성을 지닌다. 의무교육 일
환인 야학도 사립학교 부설인 사실에서 엿볼 수 있다.

교과목은 문맹퇴치가 목적인 만큼 보통학교 과정을 위주로 편성되었
다. 국어·산술·한문·역사·지리·습자 등은 주요한 교과목이었다. 일부는
창가·체조 등을 가르치는 등 다양하게 편성되었다. 다만 국문야학처럼 한
글만을 교수하는 경우도 적지 않았다. 이는 야학 성격과 아울러 궁극적인
의도를 보여주는 대목이다.

> …(상략)… 於是에 不拘年限ᄒ고 才藝를 隨ᄒ야 兩科로 分ᄒ야 立課
> 教授ᄒ니 國文 漢文 筭術也ㅣ라 大抵 國文者ᄂ 祖國之文일쑨더러 學習
> 도 簡易ᄒ고 使用도 便利ᄒ며 漢文者ᄂ 性理之學과 倫理之常이 具載昭
> 昭ᄒ며 筭術者ᄂ 民生日用事物에 筭術로 以ᄒ야 成ᄒ지 안ᄂ者ㅣ 無ᄒ
> 니 此皆人人이 所當先習也ㅣ오 至於普通合課ᄒ야ᄂ 才藝에 進就을 因ᄒ
> 야 取次教授ᄒ리니 今日如此 貧窮樵牧之類가 異日에 安知不爲國家棟梁
> 之用也아 所以로 教師가 父兄會를 勸設ᄒ고 教育에 急務를 懇切說明ᄒ
> 니 所受學徒가 熱誠做業ᄒ야 煥有導養之力ᄒ고 蔚有開發之效ᄒ니. …
> (하략)…109)

즉 국어는 '나라말'로 배우기 쉽고 사용하기 편리하다. 한문은 인간윤
리를 밝히는 학문이다. 산술은 일상사에 가장 필요한 교과목이라고 주장

---

109) 『황성신문』 1908년 6월 24일 잡보 「宣城夜學」.

하였다. 이는 야학운동 취지와 교과목 편성에 대하여 가장 분명하게 입장
을 밝힌 부분이다. 나아가 국어에 대한 강조는 민족의식·국가정신을 일께
우는 원천으로서 인식하였다. 국문야학에 대한 긍정적인 평가는 이와 무
관하지 않다.

　　　근릭에 교육의 경황이 증가흠을 쓰라서 국문의 발달을 더욱 지촉ㅎㄴ딕
　　혹 전혀 국문과로만 초동목슈를 ㄱ르치는 학교도 잇고 혹 쥬야학을 ㄴ호와
　　야학에는 국문 흔 과정만 강습ㅎ는 학교도 잇스며 혹 여러 학과中에 특별
　　히 국문 흔 과정만 두고 ㄱ르치는 학교도 잇셔서 각쳐에서 오는 편지와 전
　　설을 이로 응졉홀 겨를이 업스니 본긔쟈는 이런 잡보를 게직ㅎ기에 ㅈ미가
　　잇도다. …(중략)… 그러흔즉 지금 혼몽흔 동포를 쟝ㄹ 문명흔 디경에 흠
　　씌 니르게홀 쟈는 오직 이 국문학교ㅣ니 국문학교가 흔개만 더ㅎ면 이 나
　　라 문화가 흔거름을 더 나아갈 거시오. 국문학교가 흔곳에만 더 늘면 이 나
　　라 힝복도 일층 더홀지니 국문학교를 발긔ㅎ는 졔공은 힘쓸지어다.[110]

　국문야학이 다른 어떤 교육기관보다 우선적인 시행을 강조하고 있다.
한글은 문맹퇴치를 통한 실력배양의 지름길임과 동시에 민족정신 고취에
유효한 수단이기 때문이다. 한말 한글연구는 이러한 취지에서 진행되었다.
국문연구소 목적은 한글연구 심화와 상용화를 위한 대안 마련에 있었다.
　포천군 청성제일학교 내에 설립된 청교강습소는 서찰·창가 등을 교과
목으로 채택하였다.[111] 인천 박문야학, 남양군 보흥학교 부설 야학 등은
영어·일어 등 어학을 가르쳤다. 경기도 야학 중 일어를 교수한 야학은 소

110) 『대한매일신보』 1908년 1월 29일 논설 「국문학교의 증가」 ; 『大韓每日申報』
　　　1908년 1월 30일 논설 「國文學校 日增」.
111) 『대한민보』 1909년 7월 27일 학계기문 「靑校講習」 ; 『황성신문』 1909년 11월
　　　14일 잡보 「靑城聯合運動」, 1910년 1월 26일 잡보 「靑校試驗」 ; 편집부, 「학계
　　　휘문, 靑城曙光」, 『기호흥학회월보』 7, 46쪽.

수로 서울의 70% 이상인 것과 극명하게 대조된다. 이는 문자 습득과 해독이 우선적인 과제로서 설정된 사실을 반증한다. 반면 특수한 목적에 따라 시행된 야학은 교과목 구성의 특성을 나타내었다. 수원군 삼일학교 내에 설립된 야학은 법률·경제를 주요 교과목으로 편성하였다.112) 군주사인 林益相과 具滋旭 등은 이를 전담제로 담당하였다. 강화군 보창학교 내에 상업에 종사하는 점원을 위해 이동휘가 설립한 야학은 산술과 어학을 중시하였다.113) 양주 군청에서 설립한 양주야학은 실무에 필요한 보고규칙과 토지가옥증명서규칙 등을 가르쳤다. 하지만 대다수 야학은 보통학교 과정이 일반적인 교과목이었다.

한편 운영비나 교육기간 등에 관한 상황은 거의 알 수 없다. 다만 농한기를 이용한 경우에는 일시적으로 운영된 반면 6개월에서 2년인 경우도 있었다. 수업료나 교재비 등 교육비는 전부 무료였다. 심지어 교재나 학용품 등도 설립자·운영자가 부담하는 형편이었다. 일부는 주민 의연금이나 부담에 의하여 이를 지원하였다.

2) 운영주체의 성격

야학 설립주체는 다양한 계층이 망라되었다. 특히 지방관인 군수 등은 야학 설립·운영에 매우 적극적인 입장이었다. 부평군수 전국환은 노동야학교인 계창학교를 설립하고 국한문과 보통학교 과정을 교수하자, 초동목수 70여 명이 호응하는 등 교세가 날로 번성하였다.114) 그는 인천을 대

---

112) 『대한매일신보』 1909년 12월 14일 잡보 「량씨열심」 ; 『大韓每日申報』 1907년 7월 18일 잡보 「三校決心」·「姜氏助校」, 1909년 12월 18일 학계 「兩氏有志」 ; 『황성신문』 1909년 12월 14일 잡보 「道郡主事熱心」 ; 편집부, 「학계휘문, 學界獻身」, 『기호흥학회월보』 7, 38쪽.

113) 『大韓每日申報』 1908년 3월 5일 잡보 「夜校復興」.

114) 『황성신문』 1908년 9월 13일 잡보 「富倅勤勸」, 9월 19일 잡보 「桂昌益昌」 ; 『大

표하는 영화학교가 재정적인 곤경에 처하자 의연금을 쾌척하는 등 근대
교육 보급에 앞장섰다. 이는 근대문명론에 경도된 인식과 무관하지 않다.
관료로 출발은 일진회 회원이라는 당시 정치·사회적인 배경에서 비롯되
었다.

교동군수 곽찬은 교과서 일체와 모든 운영비를 부담하였다. 이에 청소
년들은 수십 명이나 호응하는 등 향학열을 고취시켰다.[115] 안산군수 조중
은은 유지신사 정현철·엄주한·조병식 등과 함께 농업야학교를 설립하였
다. 학도 40여 명은 이에 화답하는 등 성황을 이루었다.[116] 이러한 소식에
접한 『유년필독』 저자인 현채는 교과서 3질을 우송하여 학생들의 면학분
위기를 고조시켰다. 양주군수 朴永大는 군청사 안에 야학교를 설립한 후
면별로 2명씩 자제들을 선발하여 보고규칙과 토지가옥증명규칙 등 행정
실무에 필요한 사항을 가르쳤다.[117]

하급관리들이 주민이나 지방관 협력에 의한 야학도 설립되었다. 통진
군수 조동선은 분양학교를 설립하는 등 근대교육 보급에 열성을 기울였
다. 순검인 백효원은 신종협과 더불어 야학을 설립하였다. 이에 45명이나
호응하는 등 인근에는 거리를 방황하는 아동이 전무할 정도였다.[118] 양평
군주사 이은철과 우편취급소 이승덕은 의병전쟁으로 거의 폐교에 직면한
용문학교를 복구한 다음 부설로 일어야학속성과를 세웠다. 이들은 노동

　　韓每日申報』1908년 9월 16일 잡보「桂昌校의 夜學」, 10월 3일 광고「仁川永化
　　學校義捐金人員氏名」.
115) 『대한매일신보』 1908년 10월 23일 잡보「곽씨권학」 ; 『황성신문』 1908년 10월
　　24일 잡보「喬倅獎學」 ; 『大韓每日申報』1908년 10월 24일 잡보「喬則善政」.
116) 『황성신문』 1909년 12월 14일 잡보「安郡農學」 ; 『대한민보』 1909년 12월 14일
　　학계기문「安山農校」.
117) 『황성신문』 1910년 1월 1일 잡보「楊郡文明」.
118) 『황성신문』 1908년 4월 2일 잡보「汾陽闡明」 ; 편집부, 「학계휘문, 汾陽經試」,
　　『기호흥학회월보』 7, 38쪽.

야학과를 설립한 후 한글 교재를 만들어 교육하였다. 40여 명 호응에 부응하여 장차 각 동리 단위로 야학을 운영할 계획도 세웠다.[119] 진위군 전 우편국주사 유준홍은 자기 사랑을 수리한 후 노동야학회를 창설하였다. 이어 교사로 유정기·김정현 등을 초빙하는 등 내실화도 도모하고 나섰다.[120] 설립자와 교사들의 열성은 개학한 지 보름만에 50여 명 출석으로 나타났다. 남양군 재무주사 황윤동은 보흥학교 안에 야학을 특설하고 일어와 산술을 위주로 교수하였다. 5~6개월이 지난 현재 성적은 현저하게 진전되었다.[121] 이천군내 면장인 민중식도 자기집에 야학을 단독으로 세웠다. 청소년은 이에 호응하는 등 발전을 거듭할 수 있었다.[122]

학생들도 직접 야학 설립과 교사로서 자원하고 나섰다. 안성군 남면 신촌에 거주하는 강태범은 성균관학생으로 여름방학을 이용하여 자기 고향에서 30여 명의 초동을 모집한 후 김정필과 함께 야학을 실시하였다. 물론 이들은 경비의 대부분을 자담하는 동시에 무보수로 교수하였다.[123] 인천 다소면 송림동 부근에 거주하는 허환·이갑규·이명호·신영우 등은 노동자 교육기관인 이문학교가 폐지되자, 이를 복설하고 교육을 하기에 이르렀다.[124]

---

119) 『황성신문』 1908년 7월 3일 잡보 「龍門再開」, 11월 14일 잡보 「勞動科兼設」·「教授其人」 ; 『大韓每日申報』 1908년 11월 15일 잡보 「龍門의 勞働」 ; 편집부, 「학계휘문, 龍門再開」, 『기호흥학회월보』 1, 44쪽.

120) 『大韓每日申報』 1909년 2월 14일 학계 「柳氏熱心」 ; 『대한매일신보』 1909년 2월 14일 잡보 「류씨열심」.

121) 『大韓每日申報』 1910년 1월 28일 학계 「南校良績」.

122) 『대한민보』 1909년 12월 18일 학계기문 「利川勞働教育」.

123) 『大韓每日申報』 1908년 10월 9일 잡보 「學勤教勤」 ; 『대한매일신보』 1908년 10월 9일 잡보 「강씨열심」.

124) 『대한매일신보』 1910년 4월 9일 학계 「잘ᄒᆞᄂᆞᆫ 일이야」 ; 『大韓每日申報』 1910년 4월 9일 학계 「其志甚善」.

마을 주민과 유지들도 협력하여 야학을 설립하였다. 인천 구읍면 관청리의 김재옥·하석현·채룡명·정태준 등은 야학교를 설립한 다음 농업에 종사하는 청년자제 30여 명을 교육하는데 앞장섰다.[125] 남양군 신리면 사곳동 辛宗益은 사숙을 개량서당으로 변경하였다. 이에 홍재량 등은 사숙 부설로 노동야학교를 세웠다. 보통학교교사인 신기하는 명예교사로서 자원하자, 학생은 일시에 30여 명이나 출석하는 성황이었다.[126] 가평군 가릉보성학교 부설인 야학교 생도들은 통학에 상당한 불편을 느꼈다. 이에 주민들은 공동 부담으로 장명등을 세우는 등 편의를 제공함으로써 향학열을 고취시켰다.[127]

유지신사나 교원 등이 단독으로 야학을 운영하는 경우도 적지 않았다. 양주군 구지면 사로리 金奎集(朝?)는 노동자에게 지식을 보급하고자 경동야학교를 설립하였다. 그는 경비 부담은 물론 교사 역할까지 마다하지 않았다.[128] 군내 계몽활동은 이를 계기로 더욱 활성화되어 나갔다.

노동자들이 직접 설립하는 야학도 있었다. 양근군 분원 등지의 초동목수 40~50명은 분원공립보통학교가 설립된 후 부설로 야학과를 운영하는 것에 자극을 받아 자신학교를 설립하고 주경야독에 앞장서는 등 모범을 보였다.[129] 이천군 초면 대대리의 노동자 30여 명은 사립일신학교 내에

---

125) 『대한매일신보』 1910년 2월 20일 학계 「야학교설립」 ; 『大韓每日申報』 1910년 2월 23일 학계 「夜學剏設」.

126) 『대한매일신보』 1910년 5월 6일 학계 「스숙에 신학문」 ; 『大韓每日申報』 5월 5일 학계 「私塾新學科」.

127) 『大韓每日申報』 1910년 5월 29일 학계 「勸學之意」와 「嘉校運動」 ; 『대한매일신보』 1910년 5월 31일 학계 「그리히야지」.

128) 『대한매일신보』 1910년 1월 23일 학계 「야학교설립」 ; 『大韓每日申報』 1910년 1월 28일 학계 「金氏剏校」.

129) 『大韓每日申報』 1908년 2월 22일 잡보 「樵童設校」 ; 『대한매일신보』 1908년 2월 23일 잡보 「초동학업」.

야학교를 설립하자, 학생수가 일시에 30명에 달하였다. 이에 崔基正과 崔毅珣을 교사로 초빙하는 등 교육의 내실화를 위한 노력을 아끼지 않았다.130) 이러한 사실은 노동자들이 점차 사회의 구성원으로 성장함을 의미한다.

한편 李浩升은 한학을 수학한 후 홍릉참봉, 내무 주사, 상호도감 낭청, 능도감 낭청, 양천군수를 역임한 인물이다.131) 양천군수로 부임한 그는 관내 학교에 교과서를 무료 배부하는 등 교육운동에 열성적이었다. 그는 직접 노동야학을 설립한 후 스스로 교수하는 한편 운영비도 월급으로 충당하였다.132) 이는 관내 사립학교설립운동을 추동시키는 요인이나 마찬가지였다.

李奭宰는 1898년 판임6등으로 관계에 진출하여 군부주사를 거쳐 안산군수로 부임하였다.133) 그는 유지들을 효유하여 안산공립보통학교의 발전책을 도모하였다. 학교 내에 야학과를 설립하여 초동목수 50여 명을 모집·교수하는데 지원을 아끼지 않았다. 이에 재무서장 李聖儀, 찬성장 嚴柱漢, 부훈도 李源璜 등은 각 면에 사립학교 설립을 계획하는 등 교육운동을 널리 확산시킬 수 있었다.134)

申鍾協은 1894년 두위영군사마로 관직에 진출한 후 경산군수·중추원의관 등을 역임하였다. 그는 1900년 관직을 사임하고 향리인 통진군 양릉

---

130) 『대한매일신보』 1909년 3월 18일 잡보「로동쟈셜교」; 『大韓每日申報』 1909년 3월 18일 학계「勞働設校」.
131) 국사편찬위원회, 『대한제국관원이력서』, 탐구당, 1972, 102·693·832쪽 ; 『황성신문』 1909년 6월 23일 잡보「紀念撮影」.
132) 『대한매일신보』 1910년 1월 1일 잡보「교과서긔부」, 1월 11일 학계「리씨열심」 ; 『대한민보』 1910년 1월 12일 교육계「陽倅敎熱」.
133) 국사편찬위원회, 「이석재」, 『대한제국관원이력서』, 699쪽.
134) 『황성신문』 1908년 4월 30일 잡보「安倅獎學」와 광고「公立安山郡普通學校補助人員落成宴時」, 7월 5일 잡보「安倅興學」.

면 곡촌동에서 생활하고 있었다.135) 군수 趙東善이 汾陽學校를 설립하여
60여 생도를 모집·교수하자, 이에 자극을 받은 유지들은 汾南學校를 설
립하는 등 교육열이 고조되었다. 신종협은 순검 白孝元과 야학을 설립한
후 초동목수 40~50명을 모집·교수하는 등 교육열 고조에 부응하였다.136)
　박영대는 장흥군수·양주군수 등을 역임한 지방관이었다.137) 특히 장흥
군수 재임시 무명잡세 혁파와 기생과 여흥을 금지하는 등 모범적인 인물
로 주민들은 그를 '七佩名郡守'로 불렀다. 곧 주민들은 그에게 절대적인
신임을 보였다. 그는 재임 중 실업과 교육 등을 장려하는 민지계발에 노
력하였다. 무명잡세 혁파는 관내 학교재정 확충을 위한 일환에서 비롯되
었다.138) 그는 관내 유지들로 하여금 사립학교 설립을 권유하는 데 앞장
섰다. 각 학교에 대한 순시도 이러한 인식의 일환에서 비롯되었다.139) 광
진리에는 직접 廣明學校를 설립하여 생도 40여 명을 가르치는 등 근대교
육 보급에 열성을 다하였다.140) 민지계발을 통한 근대화는 궁극적인 이상
사회로 인식되었다. 일본유학생에 대한 의연금 동참은 문명사회를 수립
하려는 일환이었다.141)
　이동휘의 교육진흥책은 관내 사립학교 운영·유지로 귀결되었다. 그는

---

135) 국사편찬위원회,「신종협」,『대한제국관원이력서』, 359쪽.
136)『황성신문』1908년 4월 2일 잡보「汾陽闡明」;『大韓每日申報』1908년 6월 16일
　　잡보「汾校運動盛況」; 편집부,「학계휘문, 汾陽經試」『기호흥학회월보』7, 39쪽.
137)『황성신문』1908년 3월 6일 잡보「七佩名郡守」, 1909년 4월 11일 잡보「楊倅
　　勸勉」.
138)『황성신문』1908년 12월 2일 잡보「火太革罷」, 1909년 2월 27일 잡보「出於班
　　習」, 4월 11일 잡보「陽倅勸勉」.
139)『大韓每日申報』1909년 6월 25일 학계「楊守巡學」;『황성신문』1909년 4월
　　11일 잡보「楊倅勸勉」.
140)『황성신문』1909년 3월 27일 잡보「廣津設校」.
141)『황성신문』1907년 6월 19일 광고「日本窮學生義捐人員金額」.

육영사업에 몰두하는 한편 의병전쟁을 지원하는 등 문무겸전에 입각한 민족교육을 실시하였다. 특히 학교 유지책으로 각 학교마다 학부형계를 조직하는 등 남다른 관심을 보였다. 이에 보창학교는 민족교육을 대표하는 근대교육기관으로 부각되었다. 이는 인근 지역으로 곧바로 파급되었다. 통진군 汾陽學校는 김포·강화 등지에 소재한 13개와 더불어 운동회를 개최하였다.142) 통진지역 사립학교설립운동도 이를 전후하여 활성화되었다.

개성교육총회 위로회는 이동휘의 사회적인 영향력을 보여준다. 위로연에 참석한 회원은 50여 명에 달하였다.143) 주요 인사는 회장 韓敎學을 비롯한 林圭永·劉元杓·崔文鉉·尹應斗 등이었다. 이들은 보창학교지교를 설립할 뿐만 아니라 이를 후원할 찬무회도 조직하였다. 이동휘 구속으로 지교가 경영난에 처하자, 개성교육총회는 운영비 절반을 부담하기로 결의할 정도였다. 특히 관내 사립학교에 대한 장기적인 후원 계획도 수립하는 등 교육운동을 주도하고 나섰다.144) 개성·풍덕·장단·함흥 등지의 지교 설립은 근대교육사상 그의 영향력을 유감없이 보여준다.145)

한편 야학 교사 역시 설립자가 일반적으로 담당하였다. 즉 노동자들이 직접 설립한 야학을 제외하고는 모두 이러한 범주에 속하는 양상이었다. 물론 학교 내에 부설인 경우는 그 학교에 재직하는 교사가 무보수 봉사로 야학은 교육적인 내실화를 기하는 등 발전 기반을 확충할 수 있었다. 또한 군수나 하급관리도 여가를 이용하여 명예교사로서 지원을 아끼지 않

---

142) 『황성신문』 1908년 6월 9일 잡보 「汾校運動盛況」 ; 『大韓每日申報』 1908년 6월 16일 잡보 「汾校運動盛況」.

143) 『大韓每日申報』 1908년 1월 9일 잡보 「李氏慰勞」.

144) 『大韓每日申報』 1908년 1월 15일 잡보 「普昌校中興」.

145) 『大韓每日申報』 1906년 5월 4일 잡보 「院舍許借」, 5월 26일 잡보 「老物爲魔」, 6월 17일 잡보 「貞洞美以美敎會의 寄函」, 6월 23일 잡보 「開城興學」 ; 『황성신문』 1908년 12월 2일 잡보 「北方의 兩魔」.

았다.

교사수는 단독이거나 2~3인 경우가 가장 많았다. 제도권 교육기관과 같은 경우에는 6~7명에 달한 경우도 있었다. 이는 극히 이례적인 극소수에 불과할 뿐이었다. 야학규모와 관계없이 시행된 교과전담제는 학습능률 도모에 크게 이바지하였다. 이는 야학생들에게 향학열 고취와 아울러 자신의 미래를 스스로 설계할 수 있는 계기나 마찬가지였다. 자신과 타자에 대한 상호 인식은 새로운 사회질서에 따른 인간관계를 인식하는 밑거름으로 작용할 수 있었다.

경기도내 야학운동은 다양한 계층의 참여·지원 속에서 진전을 거듭하였다. 야학을 통한 근대교육 수혜자는 공립보통학교와 견줄 수 있는 상황이었다. 교육내용도 현지 여건이나 피교육자 구성 등을 고려하여 매우 다양하게 편성되었다. 이는 사회경제적인 변화와 더불어 노동자에 대한 인식을 새롭게 하는 계기였다. 각처에 설립된 노동학교 명칭은 이를 반증한다.146) 나아가 야학운동은 견고한 인습 타파에 일익을 담당하였다. 도내 유지들 중 노비 해방에 따른 새로운 인간관계 형성도 이와 무관하지 않다.147) 일제강점기 문화운동 나양성은 이러한 역사적인 연원과 무관하지 않다. 대한제국기 야학운동은 이후 발전과 변질을 거듭하는 가운데 일제강점기로 접목되었기 때문이다.148)

---

146) 『황성신문』 1909년 3월 31일 잡보 「沈氏善心」.
147) 『황성신문』 1908년 11월 8일 잡보 「朴氏慈善」, 12월 4일 잡보 「申氏慈善」, 1909년 4월 13일 잡보 「洞立木碑」.
148) 김형목, 『대한제국기 야학운동』, 14~17쪽.

5. 맺음말

경기지역 야학운동은 근대교육운동과 더불어 시작되었지만, 초기에는 자강론자들이 사립학교설립운동에 치중하는 등 크게 주목을 받지 못하였다. 그러나 한글연구 심화에 따른 한글이 지닌 민족정신 고취와 짧은 시간에 문맹퇴치 성과를 거둘 수 있는 교육적인 효과로 1908년 이후 급속하게 확산되었다. 특히 「사립학교령」·「기부금품모집취체규칙」 등으로 많은 사학이 재정난으로 통·폐합되는 상황에서 야학은 '상대적인' 자율성을 보장받았다.

야학은 사립학교설립운동과 달리 1908~9년을 정점으로 증가하는 추세였다. 경기도내에 1906년부터 1910년까지 최소한 100개소 이상 야학은 설립·운영되었다. 물론 교하군수 윤기섭이 면리마다 세운 야학속성과 등을 감안한다면, 이보다 많았다는 사실은 쉽게 추측할 수 있다. 이는 사립학교설립운동과 야학운동이 동시에 진행됨을 의미한다. 지역별 특성이나 시기별 변화상은 이러한 가운데 드러난다.

야학 설립주체와 교사는 전·현직 관리와 재직 중인 교사들이 대다수를 차지하였다. 소수에 불과하나 일부 보통학교 고학년도 이를 담당하였다. 다만 계몽단체가 직접 설립한 경우는 그리 많지 않았다. 양근군 분원야학과 이천군 노동야학처럼 노동자들 스스로가 직접 야학을 설립하는 등 문맹퇴치에 앞장섰다.

명칭은 야학과·노동야학·국문야학 등이 절대다수를 차지하였다. 개진학교·이문학교·자신학교 등 학교명을 사용한 경우도 적지 않았다. 의숙·사숙 등 전통교육기관 명칭도 겸용하고 있었다. 반면 여자야학은 전무하는 등 야학을 통한 여성교육은 전반적으로 미흡한 상황이었다. 이는 3·1운동 이후 성행한 여자야학과 극명한 대조를 보여준다.

규모는 60명 이하가 절대다수를 차지하였다. 60명 이상인 경우는 극소수에 불과할 정도로 대부분 소규모였다. 단독으로 교사 건물을 확보한 경우는 드물었다. 대부분은 학교 부설이거나 공공 회관 등을 활용하였다. 이러한 사실을 통해 야학은 사립학교보다 소규모임을 알 수 있다. 운영비 조달은 개인이 단독으로 부담하는 경우와 주민이나 유지들의 기부금에 의존하는 경우 등이었다.

수업료는 전부 무료였다. 심지어 교재나 필기구까지도 야학생들에게 무료로 지급하는 상황이었다. 주요 교과목은 보통학교 과정과 비슷하였다. 다만 문맹퇴치에 중점을 둔 국문야학은 한글을 중심으로 가르쳤다. 반면 하급관리 양성을 위한 실무교육을 시행한 경우도 있었다. 상업종사자에 대한 부기·주산·상업일반 등의 교과목 편성은 이와 무관하지 않다. 또한 영어·일본어 등 어학도 피교육자 구성에 따라 편성되었다.

이처럼 야학운동은 근대교육 보급을 위한 교육운동의 중심 영역이었다. 특히 심화된 한글 연구가 국문야학을 통해 실현되는 등 사회교육 현장으로 활용될 수 있었다. 야학운동회는 주민들을 단결시키는 화합 장소로서, 또한 주민생활의 향상을 꾀하는 강연회장으로 널리 이용되었다. 여론은 이러한 가운데 조성되는 등 민중생활에 영향을 미쳤다. 이는 1920년대 이른바 '문화정치' 시행과 더불어 실력양성운동의 굳건한 토대를 마련한 점에서 중요한 의미를 지닌다.

제4장 기호흥학회 경기도 지회 현황과 성격

1. 머리말

러일전쟁 이후 식민지화에 대한 위기의식은 의병전쟁과 자강운동의 활성화로 표출되었다. 특히 '內修自强'이나 '內修外學'에 근거한 자강단체의 조직·활동은 활성화되는 계기를 맞았다. 각종 학회나 민회·민단소·농무회·노동야학회 등은 연설회·토론회·강연회 개최와 잡지를 발간하는 등 민중계몽에 노력하였다. 또한 선각자들에 의해 산발적으로 제기된 의무교육론은 대한자강회를 필두로 각 학회에 의해 제기되었다.

이는 교육열 고조와 결부되면서 사립학교설립운동을 통한 교육구국운동으로 이어졌다. 500호를 기준으로 하는 학구에 의한 의무교육도 지역에 따라 시행되는 등 교육열을 고조시켰다.[1] 지방에서 이를 주도한 단체는 자강단체의 지회나 이른바 지방자치제를 표방한 민회·농무회·교육회 등이었다.

지금까지 자강운동은 각 분야별 활발한 연구로 추진 주체나 성격 등을 규명하는 성과를 거두었다.[2] 그러나 지회 연구는 거의 진척되지 않은 실

---

1) 이송희, 「서우학회의 애국계몽운동과 사상」, 『한국학보』 26 ; 조항래 편저, 『1900년대의 애국계몽운동연구』, 아세아문화사, 1993, 326~327쪽에 재수록 ; 김형목, 「자강운동기 한성부민회의 의무교육 시행과 성격」, 『중앙사론』 9, 중앙사학연구회, 1997, 88~98쪽.
2) 최근까지 자강운동의 연구 동향과 앞으로 과제는 다음을 참고하라.
   최기영, 「한말 애국계몽운동의 연구현황과 전망」, 『한국사론』 25, 국사편찬위원회, 1995, 373~414쪽 ; 김도형, 「애국계몽운동에 대한 연구동향과 과제」, 『한민족독립

정이다. 곧 지회 활동상이나 주요 인물에 대한 분석은 극히 제한되어 있
다. 나아가 본회 활동방침이 지역사회에서 그대로 관철되어 나간 것처럼
인식하는 수준이다. 경기도와 충청남·북도의 흥학을 기치로 내건 기호흥
학회 지회 역시 예외는 아니다.3) 그런데 지회 활동은 본회와는 달리 현지
의 주·객관적인 여건과 정세에 따라 독립전쟁론자인 의병과 대립하거나
상호 협력을 모색하는 등 다양하게 전개되었다. 심지어 사안에 따라 일진
회 지회나 지회원 등과 제휴하는 경우도 있었다.4) 이리하여 자강론자는
물론 자강운동에 대한 이해를 혼란스럽게 한다. 이 글은 기존 연구 성과
를 토대로 경기도에 조직된 기호흥학회 지회 현황과 운영 주체의 활동 파
악에 중점을 두었다.

운동사-한민족독립운동사의 회고와 전망-』12, 국사편찬위원회, 1993 ; 김도형, 「계
몽운동과 의병전쟁」,『한국역사입문』③, 한국역사연구회, 1996, 238~247쪽.
자강운동론을 계열·차별화시킨 연구는 이후 식민지시기 이른바 실력양성운동에 입
각한 문화운동을 이해하는데 시사하는 바가 크다(박찬승,「한말 자강운동론의 각
계열과 성격」,『한국사연구』46, 한국사연구회, 1990 ; 박찬승,『한국근대정치사상
사연구』, 역사비평사, 1991에 재수록). 또한 대한협회 지회에 관한 사례연구도 다양
한 자강운동의 실태를 보여준다(유영렬,「대한협회 지회연구」,『국사관논총』67, 국
사편찬위원회, 1996 ; 박민영,「1908년 경성의병의 편성과 대한협회 경성지회」,『한
국근현대사연구』4, 한국근현대사연구회, 1996 ; 김기승,「대한협회 안동지회」,『안
동사학』4, 안동대, 1999).
3) 이현종,「기호흥학회의 조직과 활동」,『사학연구』22, 한국사학회, 1969 ; 이송희,
「기호흥학회」,『대한제국말기 애국계몽학회연구』, 이화여대박사학위논문, 1985 ;
조항래 편저,『1900년대의 애국계몽운동연구』, 1993 ; 김도형,「문화계몽운동의 지방
확산과 성격」,『대한제국기의 정치사상연구』, 지식산업사, 1994 ; 정관,「기호흥학회
의 활동」,『구한말기 민족계몽운동연구』, 형설출판사, 1995 ; 차선혜,「애국계몽단체
의 설립과 교육구국운동」,『경기도항일독립운동사』, 경기도사편찬위원회, 1995.
4) 친일단체의 '대명사'인 일진회 지회도 抗租運動(『황성신문』1906년 4월 4일 잡보
「善山民擾」, 12월 1일 잡보「因稅起擾」)을 주도하거나 사립학교 설립을 통한 근대
교육 시행에 노력하였다(『황성신문』1905년 10월 5일 잡보「一進設校數」, 1908년
1월 26일 잡보「金海朝陽」;『매일신보』1910년 9월 28일 잡보「會校附設」).

먼저 1908년 4월부터 기호흥학회가 광주군지회를 시작으로 지회를 인허한 배경을 파악하였다. 기호흥학회는 대한협회처럼 설립 초기부터 지회 설립인가를 계획하고 있었다. 흥학과 민중계몽은 본회 활동만으로 이를 실행하기에 역부족인 상황이었다. 더욱이 확대된 의병전쟁과 친일세력 발호는 이들에게 활동영역 확대·강화를 위한 동조세력 확보가 급선무였다. 지회 설립인가를 추진한 주요 배경은 여기에서 찾아진다. 이어 지회 현황과 활동상을 살펴보았다. 나아가 지회 운영 주체의 구성과 성격 등을 규명하였다. 마지막으로 지회 활동이 민족운동사에서 차지하는 위치를 살펴보았다. 이러한 과정에서 자강단체를 이해하는데 조그마한 도움이 되기를 바란다.

2. 지회의 조직 배경

이른바 을사늑약 체결은 일제의 조선에 대한 식민지화를 노골적으로 드러낸 '충격적인' 사건이었다. 조병세·민영환 등을 비롯한 우국지사들 순국으로 이어졌다.5) 초기에 활동을 하다가 해산한 의병들은 세력을 재규합하는 등 의병전쟁은 전국적으로 확산되었다. 이와 더불어 교육진흥을 통한 국권회복을 기치로 한 각종 자강단체도 조직·확대되기에 이르렀다. 헌정연구회·대한자강회·대한협회·서우·한북흥학회·호남학회·교남학회 등 정치사회단체·학회와 한성부민회·마산민의소·고령민의소·강경민회·김해농무회·갈산농무회 등 지방자치제를 표방한 단체는 대표적이

---

5) 독립운동사편찬위원회, 『독립운동사(의열투쟁사)』 7, 독립유공자사업기금운용위원회, 1979, 116~143쪽 ; 김형목, 「사립흥화학교(1898~1911)의 근대교육사상 위치」, 『백산학보』 50, 백산학회, 1998, 297~298쪽.

다. 목적은 "근대교육의 시행과 殖産興業"을 통한 개인 능력의 배양이었다.

대한자강회는 의무교육 시행을 건의하여 각의에서 통과되었다. 통감부는 "時勢와 民度"를 구실로 이를 거부하는 한편 식민지 노예교육에 박차를 가하였다. 난간을 타개하는 방안은 지회 설립을 통한 계몽운동 기반을 확충하는 문제로 귀결되는 상황을 맞았다.6) 특히 유생층이 시세 변화를 인식하는 가운데 계몽론자로 전환함으로써 이러한 분위기를 확산시켰다. 이들의 노력과 민중 교육열 고조로 자강운동기에 무려 6,000여 개 사립학교가 설립·운영되는 등 교육구국운동의 '전성기'를 맞았다.7) 이들에게 근대교육은 모순된 현실을 타개하는 동시에 국권회복을 도모할 수 있는 시무책으로 인식되었다.

기호흥학회도 경기도와 충청도의 흥학과 민중계몽을 위해 1908년 1월 19일 창립되었다.8) 본회는 "경기도와 충청남·북도에 흥학을 목적함과 前條의 목적을 실현하고자, 학업을 권장하며 회보 간행으로 일반인사의 지식을 注入하여 경기도와 충청남·북도 각 군에 교육을 발전케함"이라고 천명하였다.9) 「본회취지서」에 나타난 창립 배경은 다음과 같다.

---

6) 김도형, 『대한제국기의 정치사상연구』, 146~150쪽. 대한자강회나 서우 등은 창립 초기 지회나 분회의 설립에 소극적인 입장이었다. 이는 민중에 대한 불신과 지회에 대한 관리·통제문제에서 비롯되었다. 1907년 후반 이후 입장 변화는 의병전쟁의 전면적인 확산과 더불어 친일적인 인물에 대한 공격과 무관하지 않다.

7) 김형목, 「사립흥화학교(1898~1911)의 근대교육사상 위치」, 289~290쪽 ; 김형목, 「자강운동기 한성부민회의 의무교육 시행과 성격」, 76쪽.

8) 편집부, 「본회기사, 會事一覽」, 『기호흥학회월보(이하 『월보』로 표기함)』 1, 44쪽 ; 『황성신문』 1908년 1월 18일 잡보 「畿湖學會」·「畿湖興學會」, 1월 22일 논설 「祝賀畿湖興學會」 ; 『大韓每日申報』 1908년 1월 18일 광고, 잡보 「畿湖學會」·「畿湖興學會」 ; 金允植, 『속음청사』 하, 국사편찬위원회, 1960, 240·250쪽.

9) 『월보』 6, 「회중기사, 본회규칙」, 53쪽.

惟畿湖ᄂ 文化之樞오 俊彦之鄕이니 一國之中心이오 全域之範式이라. 幟究厥初컨딕 人物之盛이 燦然可觀일싀 坐廟堂籌石劃者도 于是焉出ᄒ며 棲嚴阿講正義者도 于是焉萃ᄒ야 …(중략)… 不農不商에 武斷鄕曲ᄒ고 不學不敎에 罵人求新者ㅣ 非畿湖人歟아 階玆人心이 渙散에 上下가 離德ᄒ고 學校가 不興에 習俗이 野昧ᄒ고 實業이 不振에 國力이 瘠削ᄒ고 政治가 紊亂에 主權이 外移ᄒ니 此皆畿湖人所不可逭之責也ㅣ라 靜言思之호니 始也恍然타가 中以悚然이오 終焉奮然이라. …(중략)… 盖一片之精神이 不外乎振興學問一事也ㅣ라 擬欲建設學校ᄒ야 養成俊又ᄒ고 派遣各地ᄒ야 敎育全國靑年ᄒ노니 此誠不可少褪之急務也夫인져 嗚呼ㅣ라 世變之劇에 桑田이 幾作碧海而區區一會가 纔起於至痛極苦之今日ᄒ니 吁亦晩矣로다. …(중략)… 惟我畿湖內 有情有性之一般人士ᄂ 本會目的을 一心戮力ᄒ야 期復已墜國權ᄒ고 誓活已死之民族哉어다.10)

기호지방은 문화의 중추요, 뛰어난 선비의 고향이니 나라의 중심이자 전국의 範式이다. 인물이 찬연하니 조정의 주요 관리들은 이곳에서 태어나고 선산에 묻혔다. 그런데 不農不商·不學不敎·人心渙散·上下離德·學校不興·習俗野昧·實業不振·國利瘠削·政治紊亂·主權外移한 상황은 어찌 기호인의 책임이 아니겠는가. 그런 만큼 학문 진흥과 학교 설립으로 청년교육에 노력함은 시급한 과제이다. 기호인사들은 본회 목적에 따라 일심으로 더욱 노력하여 국권회복을 기약하는 동시에 민족 부활을 꾀하고자 맹서하였다. 이들에게 청년교육은 시세 변화에 적응하는 능력을 배양함과 아울러 국권회복을 도모하는 방편이었다.

이러한 상황에도 기호인들은 책임감을 통감하기는 커녕 수수방관적인 태도로 일관한다고 비판하는 동시에 분발을 촉구하고 나섰다.11) 나아가

---

10) 『월보』1, 「본회취지서」, 1~2쪽 ; 『황성신문』1908년 1월 18일 잡보 「畿湖興學會」 ;
   『大韓每日申報』1908년 1월 18일 「畿湖興學會」.
11) 『황성신문』1908년 3월 18일 「논설, 陋哉라 湖中士大夫」 ; 李範世, 「警告我畿
   湖人士」, 『월보』2, 22~24쪽 ; 金成喜, 「畿湖興學會의 責任」, 『월보』3, 7~8쪽

활동 영역은 "기호지방에 한정하지 않는 국가적이며, 정치적이 아니라 교육적임"을 거듭 강조하였다.

> …(상략)…(一) 本會精神은 是國家的이오 非畿湖的이라. 揭教育之幟ᄒ고 大呼於國之中曰 我將進興全國之學問ᄒ리라ᄒ면 其志ᄂ 雖曰可敬이나 其事ᄂ 豈不甚難哉아 當此文化煩劇之時代ᄒ야 不遵分業合力(始也分業ᄒ고 終焉合力)之原理ᄒ고 貿然以單勢簿力으로 欲獨當浩瀚無涯之事業則 其亦不知量者矣로다. 吾等이 如始思量에 以此起見ᄒ야 就全國興學之事業 而思欲分擔 其一方之力ᄒ노니 其精神은 斷斷然不外乎 國家二子也ᅵ라 皆敢有分門別戶에 歧視他方之意思哉아. (二) 本會精神은 是教育的이오 非政治的이라. 國何以興고 曰有教育故며 國何以亡고 曰無教育故ᅵ니 大哉라 教育이여 吾等이 當此之時ᄒ야 捨教育二字ᄒ고 其將何歸리오 必當實施教育ᄒ고 振興教育ᄒ야 期獲教育之美果홀지니 是乃吾等之至願也며 正本會之精神也라 若非排擊政府ᄒ고 評論時事ᄒ야 軼出興學之範圍에 思作一國之政黨者 則非本會所 目的也夫인저. 據上所陳ᄒ면 本會之精神이 不外乎 教育的 國家精神也ᅵ라 嗟我同胞여 其亞觀感而奮起哉어다.12)

즉 학문 진흥을 위한 계획과 의도는 좋지만, 이를 실행하는 일은 대단히 어렵다. 문화가 煩劇한 시대에 처하여, 단독으로 無涯한 사업을 시행함은 실상을 제대로 이해하지 못한 데서 비롯되었다. 국가 흥망은 교육에 달려 있고, 교육 진흥만이 좋은 결과를 거둘 수 있다. 따라서 정치적인 활동보다는 오직 교육을 통한 국가정신의 고취에 분기할 것을 강조하였다. 흥학과 민지계발을 위한 구체적인 활동 방향은 다음과 같이 제시되었다.

; 李璣鉉, 「設興學會의 原因」, 『월보』 3, 9~12쪽 ; 沈雨澄, 「興學講究의 必要」, 『월보』 4, 9~11쪽.

12) 鄭永澤, 「興學講究; 本會精神」, 『월보』 1, 12~13쪽.

첫째로 학교를 건설하여 인재를 양성한다. 둘째로 인재를 각지에 파견하여 전국 청년을 교육한다. 셋째로 회보를 발간하여 일반인사에게 지식을 전파한다.[13)

우승열패와 적자생존이 지배하는 치열한 생존경쟁시대에서 살아 남을 수 있는 능력 배양이 재삼 강조되었다.[14) 즉 체육교육이나 상무정신 고취와 같은 장차 實戰을 위한 교육내용은 미약할 수밖에 없었다. 서우나 한북흥학회 나아가 서북학회의 교육관이 '독립전쟁론'으로 발전한 것과는 대조를 이룬다.[15) 그러나 지회에서 이루어진 교육활동은 연합대운동회에서 병식체조를 실시하는 등 상무정신을 고취시켰다(후술함).

본회 조직을 정비한 후, 기호흥학회는 교육운동을 포함한 계몽운동 확산을 위해 지회 설립에 노력하였다. 이에 본회는 취지와 활동 방향 등을 각지로 발송하기에 이르렀다. 지방인사들에게 흥학을 위한 학교 설립에 적극적인 동참을 호소하는 내용이 대부분이었다.[16)

…(상략)… 亦應贊成也라. 第念各郡鄕校는 多士藏收之所오 一鄕首善之地니 理宜設立學校ᄒᆞ야 培養人材ᄒᆞ고 啓導文明ᄒᆞ야 爲之標準ᄒᆞ야 使村里貿昧로 皆能知所慕效ᄒᆞ고 爭相興起ᄒᆞ야 絃誦之聲이 達于四境ᄒᆞ면 可以事半而功倍矣어늘 側耳已久에 寥寥無聞ᄒᆞ니 是誠寒心者也로다 且學校之設이 每患無材ᄒᆞᄂᆞ니 毋論某郡ᄒᆞ고 鄕校所有財産이 槩可成立一

---

13) 『월보』1, 「본회기사, 地方에 發送ᄒᆞᆫ 公函」, 48쪽.
14) 洪明裕, 「告我靑年」, 『월보』4, 7~9쪽 ; 柳靖鉉, 「時勢論」, 『월보』5, 5~7쪽.
15) 신용하, 『박은식의 사회사상연구』, 서울대출판부, 1982, 62~66쪽 ; 이송희, 『대한제국말기 애국계몽학회연구』, 134쪽.
16) 『월보』1, 「本會記事, 地方에 發送ᄒᆞᆫ 公函」, 48쪽 ; 『大韓每日申報』1908년 4월 9일 잡보 「畿湖興學會에서 畿湖人士에게 發送ᄒᆞᆫ 全文이 如左ᄒᆞ니」 ; 『황성신문』 1908년 4월 7일 잡보 「興學會勸諭, 畿湖興學會에서 一般人士에게 勸諭홈이 如左ᄒᆞ니」.

校어늘 不此之爲ᄒ고 徒作校中消融之資ᄒ니 豈非名實之不相副耶아. 閣
下가 職在分憂ᄒ야 興學一事가 爲今日報答 國恩之第一事件니 幸須諒此
ᄒ야 招集校任ᄒ야 調査校財ᄒ고 開諭時宜ᄒ며 指示方針ᄒ야 鄕校內에
亟圖不日設校ᄒ며 幷置學會ᄒ야 振興敎育이면 爲國家幸甚이라. …(이하
생략)…17)

향교는 '一鄕首善之地'로서 인재를 배양하고 문명을 계도하는 중심지
이다. 향교 재산만으로도 충분히 학교를 설립할 수 있으니, 군수는 관내
에 학교를 설립하여 인재를 양성함으로써 국가에 보답하는 자세는 당연
한 임무이다. 이는 시세 변화에 맞게 향교를 근대적인 교육기관으로 전환
하여 흥학을 도모한다는 취지였다.18) 바로 기호흥학회의 취지 실현은 각
지에 학교를 설립하는 동시에 공통적인 목표를 향해 나아갈 때에만 비로
소 가능하다고 보았다.19)

이들은 급격한 변화보다 '적절한' 타협 속에서 자신들의 목적을 점진적
으로 관철시키려는 입장이었다. 『기호흥학회월보』의 보급과 대금 징수에
대한 협조를 군수에게 요청한 사실은 이러한 입장을 분명하게 보여준
다.20) 또한 권유위원을 파견하여 회원의 모집과 더불어 지회설립을 권유
하였다. 지회나 지회원의 확보 없는 계몽운동은 사실상 불가능하였기 때
문이다. 즉 본회 정신에서 밝힌 바처럼, 학교 설립을 통한 근대교육은 한
두 사람의 힘으로 불가능할 뿐만 아니라 주민들의 참여·후원이 절대적인
요인이었다. 당시 각 단체가 운영한 본교나 지교에 대한 인가 등은 이러
한 분위기를 반증한다.

---

17) 『월보』 3, 「會中記事, 公函各郡守」, 51~52쪽.
18) 李起憲, 「興學講究, 學問은 不可不叅互新舊」, 『월보』 6, 3~5쪽.
19) 李喆柱, 「흥학강구, 學校를 聯絡然後에 方有學會之實效」, 『월보』 5, 7~8쪽.
20) 『월보』 9, 「회중기사, 公函各支會所在郡守」, 45~46쪽 ; 『월보』 10, 「회중기사,
公函各郡守及直員」, 39~40쪽.

서우학회는 의무교육에 대비하여 야학으로 속성사범과를 설립하였다. 입학자격은 한문에 소양이 있는 25세 이상 40세 미만이며, 교과목은 지지·역사·산술·법률·물리학·교육학·영어·일어·작문 등이었다.[21] 평양군수 白樂均은 의무교육 시행을 위한 일환으로 사범강습소를 설립하는 한편 군내에 17개소의 사립학교를 설립하였다. 그는 사범강습소 졸업생을 장차 각 면에 설립한 사립학교 교사로서 충원할 계획이었다.[22] 대한협회 해주지회는 學區에 의한 의무교육 시행을 道와 郡에 건의하였다.[23] 정부도 관립사범학교를 설립하는 등 근대교육의 보급을 위한 노력을 아끼지 않았다.[24] 서북학회는 서북지방에 소재한 사립학교를 협성학교지교로서 70여 개교를 인가하였다.[25] 지교에 대한 우수한 교원 확보의 일환으로 서북학회도 일찍이 야학사범과를 속성과정으로 설립·운영하였다. 각지에서 우후죽순처럼 설립되는 사립학교에 졸업생을 교사로 충원하는 한편 지교 등에도 파견하는 등 조직적·통일적인 교육운동을 모색하고 있었다.

서울에서는 지방자치제의 일환으로 한성부민회의 각 坊會가 의무교육을 시행하였다. 관진방회·정경방회 등은 11개 사립학교를 통해 주민의 부담에 의한 의무교육 시행을 주노하기에 이르렀다.[26] 이 외에 서울에서 의무교육을 실시한 학교는 華東學校·養閨義塾·興英學校·靑蓮學校·彰明學校·仁明義塾·新明學校·玄成學校·養生義塾 등이었다.[27] 이를 실행하

---

21) 『황성신문』 1906년 12월 25일 잡보 「西友設校」.
22) 『황성신문』1907년 11월 13일 잡보 「浿倅興學」, 1908년 1월 10~11일 잡보 「平壤 學務會歷史」 ; 국사편찬위원회, 『대한제국관원이력서』, 탐구당, 1972, 435쪽.
23) 편집부, 「會中歷史(海州)」, 『대한협회회보』 12, 1909.3, 56쪽.
24) 『황성신문』 1907년 12월 3일 논설 「師範學校의 落成」, 12월 4일 잡보 「師範校落成式」, 1908년 3월 19일 논설 「最急者 ㅣ 師範養成」.
25) 신용하, 『박은식의 사회사상연구』, 1982, 62~66쪽 ; 이송희, 『대한제국말기 애국계몽학회연구』, 81~82쪽.
26) 김형목, 「자강운동기 한성부민회의 의무교육 시행과 성격」, 88~94쪽.

는 조직으로 洞名이나 학교명을 사용한 찬무회·의무교육회 등이 조직·운
영되었다. 근대교육은 바로 사회구성원 각자에게 의무적인 '사항'으로 인
식되는 상황이었다.

　신민회와 연계된 이동휘는 보창학교를 설립한 이래 강화도에만 56개에
달하는 지교를 설립하는 등 의무교육을 실시하였다. 특히 각 지교에 야학
을 운영하는 등 근대교육 시행을 위한 현실적인 대안을 제시하는 계기였
다.28) 이리하여 강화도를 포함한 서북지방에 무려 100여 개교 이상의 지
교를 설립하거나 인가하는 등 비교적 일찍이 근대교육이 널리 보급될 수
있었다.29) 또한 신민회는 安岳郡勉學會·海西敎育總會·平壤靑年勸獎會·
練學會·同濟會 등 학회를 설립하였다. 이처럼 각 자강단체는 사립학교설
립운동을 주도할 수 있는 저변을 구축하였으나, 교사 양성을 위한 사범교
육은 급박한 사회문제로 대두되기에 이르렀다.30)

　기호흥학회도 역시 畿湖學校31)를 설립·운영하는 등 교육운동을 통한
국권회복에 노력하였다. 요원의 불길처럼 확산되는 사립학교설립운동에

---

27)『월보』1,「학계휘문, 八洞義務, 義務實施」, 44쪽 ;『월보』2,「학계휘문, 靑蓮會
　　組織, 彰明校費義務」, 50쪽과「학계휘문, 義務敎育會任員, 51쪽 :『월보』6,「학
　　계휘문, 新明日進」, 50쪽 :『월보』7,「學界彙聞, 玄成將成」, 40쪽 ;『월보』11,
　　「학계휘문, 養生敎授」, 49쪽 ;『大韓每日申報』1908년 9월 30일 잡보「義務盛
　　擧」·「東幕各洞의 曙光」.
28) 김형목,「한말 경기지역 야학운동의 배경과 실태」,『중앙사론』10·11합집, 중앙사
　　학연구회, 1998, 187쪽.
29) 신용하,「신민회의 독립군기지 창건운동」,『한국문화』4 ; 김방,「이동휘연구」,『국
　　사관논총』18, 국사편찬위원회, 1990, 46~53쪽 ; 반병률,「이동휘와 한말 민족운동」,
　　『한국사연구』87, 한국사연구회, 1994, 46~53쪽.
30)『황성신문』1908년 11월 12일 논설「全義郡人士의 義務敎育」.
31) 기호학교는 유길준이 흥사단 내에 설립한 융희학교와 1910년 합병한 후 1911년 중
　　앙학교로 개칭하였다(『매일신보』1910년 10월 26일 잡보「兩校合設協議」, 1911년
　　1월 20일 잡보「兩校倂合報告). 이 학교의 변천사와 성격 등에 대한 규명도 근대교
　　육사상 주요한 과제이다.

부응하는 가장 시급한 과제는 교사 양성이었다.32) 1908년 6월 설립된 기호학교 사범학과의 교과목은 修身·敎育·學校管理法·地文及地誌·歷史·物理·化學·博物·算術·語學·經濟·法學·農學大要·圖畫·音樂·體操 등이었다.33) 교육기간은 본과 3년과 특별과 18개월로 장차 졸업생들은 각지 사립학교 교사로 파견할 계획이었다.

본회는 기호학교의 지교에 대한 설립인가를 계획하는 동시에 기호지방 각 사립학교에 대한 교무지도를 실시하였다.34) 이는 조직적·통일적인 교육을 통한 교육적인 효과를 극대화하려는 방안이었다. 기호학교지교에 대한 설립인가된 사례는 金蘭義塾 1개교에 불과하다.35) 다만 충북 제천군 薄明學校가 제천군지회의 학교라는 사실에서 '지교적인' 성격을 엿볼 수 있을 뿐이다.36)

당시 대한협회 교육부는 서울 내외 40여 개교 사립학교를 망라한 사립학교연락회를 조직하였다.37) 대한협회 덕원지회도 덕원군 내 각 학교교원연락회 조직과 6개월 속성과의 사범강습소 설치 등을 가결했다.38) 이러한 움직임은 연합운동회를 개최하는 등 지역민에 대한 교육의 중요성

---

32) 李埈鎔, 「師範敎育이 爲興之急先務」, 『월보』 2, 1쪽 ;『황성신문』 1908년 6월 4일 논설 「賀畿湖設校」.
33) 『월보』 1, 「本會記事, 本會에서 畿湖學校를 設立흔 記事」, 49쪽 ;『大韓每日申報』 1908년 5월 27일 잡보 「會移校接」. 교과목은 이후 농업학·삼림학·地文學 등이 추가되는 등 약간 변동되었다(『황성신문』 1908년 8월 4~16일 광고 「學員募集廣告」).
34) 『황성신문』 1909년 12월 8일 잡보 「永郡喜信」, 1910년 2월 17일 잡보 「勸諭委員派送議」.
35) 『월보』 9, 「회중기사」, 44쪽.
36) 『월보』 12 「회중기사, 會事一覽」, 46~47쪽.
37) 『황성신문』 1908년 6월 23일 잡보 「私校聯絡會組織」, 6월 26일 잡보 「聯絡開會」, 6월 30일 잡보 「私校聯絡」.
38) 편집부, 『대한협회회보』 12, 55쪽.

을 인식시키는 계기로 작용하였다. 그런 만큼 기호흥학회도 지교 설립이나 지교 인가에 비중을 두지 않을 수 없었다. 이는 지방관리와 유지들에 대한 협조를 요청하는 가운데 이루어졌다.39)

기호흥학회는 또한 사무실 내 교사소개소를 두어 각 지방의 교사 수급을 위한 활동도 병행하였다.40) 분야는 보통학·어학과 각종 기술학 등이었다. 이후 측량강습소·농림강습소·어학강습소를 운영하는 등 본회는 실업교육과 어학을 중시하였다.

이와 더불어 기관지인 학보 발간으로 새로운 사조를 소개하는 동시에 민지계발을 위한 민중계몽도 병행되었다. 1908년 8월부터 발간된『기호흥학회월보』41) 체제는「興學講究」·「學海集成」·「學界彙聞」등으로 민중에게 교육이념이나 교육활동을 소개하는 경우가 많았다. 각지에서 전개되는 사립학교설립운동을 소개함으로써 기호지방 유지제씨의 분발을 촉구하고 나섰다. 특히 주민 부담에 의한 학교 설립은 물론이고 의무교육 실시를 강력하게 주장하였다.42) 그런데 학보에 대한 궁극적인 독자층은 기호지방 인사들로, 지회 설립이나 지회원의 확보에 의해 성과는 결정될 수밖에 없었다. 이는 문화운동을 지향한 모든 단체들의 지향점이었다. 각 단체들이 기관지를 발행하게 된 궁극적인 목적은 바로 이러한 이유에서

---

39)『월보』3,「회중기사」, 51쪽 ;『월보』10,「회중기사, 公函各郡郡守及直員」, 39~41쪽.

40)『월보』3,「본회기사, 會事一覽」, 50쪽 ;『황성신문』1908년 8월 4~5일 광고, 8월 12일 잡보「教師紹介」;『大韓每日申報』1908년 8월 29일 광고.

41) 이현종,「구한말 정치·사회·학회·회사·언론단체 조사자료」,『아세아학보』2, 아세아학술연구회, 1966, 105~106쪽. 당시 발간된 부수는『교육월보』4,000부,『대한협회회보』2,300부,『서북학회월보』1,360부,『호남학보』3,000부,『기호흥학회월보』2,000부 등이었다.

42) 鄭國采,「國民教育論」,『월보』9, 7~9쪽 ; 金鎭鳳,「貧民에 對흔 教育觀念」,『월보』11호와 12호, 7~9쪽과 2~4쪽.

비롯되었다.

이른바 개신유학자의 인식 변화도 지회 설립을 촉진하는 계기였다. 지회의 운영 주체가 대다수 전·현직 관료라는 사실은 이를 뒷받침한다. 특히 수원군지회장인 金宗漢43)과 서기 李夏榮,44) 강화군지회원인 柳景根45) 등이 대표적인 인물이다. 문중을 중심으로 설립된 이른바 '가족학교'46)는 당시 상황을 극명하게 보여준다. 또한 의병전쟁의 현실적인 한계를 인식한 독립전쟁론자의 '경험적인' 반성에서 비롯되는 경우도 있었다.47)

한편 군대해산 이후 '전면전'으로 확산된 의병전쟁은 자강론자들과 갈등·긴장관계를 조성시켰다. 대다수 의병진은 근대교육을 일제 침략의 '앞잡이'로 인식하여 적대적인 행동을 서슴지 않았다. 많은 학교는 의병진의 공격을 받아 교사가 소실되거나 선생들이 피살되는 등 폐교의 비운을 맞았다.48) 이러한 상황은 민중들로 하여금 동요와 함께 사회적인 불안을 가중시켰고, 결국 자강론자들에게 커다란 위기의식으로 다가왔다. 민중층의 안정과 세력 확보는 이들에게 긴급히 해결해야할 과제였다. 이는 곧 지회 설립을 촉진시키는 배경으로 작용하지 않을 수 없었다.

---

43) 경기도인물지편찬위원회, 『경기인물지』상, 경기도, 1990, 320쪽.
44) 국사편찬위원회, 『대한제국관원이력서』, 766쪽.
45) 경기도인물지편찬위원회, 『경기인물지』상, 917쪽.
46) 『황성신문』1908년 5월 13일 잡보「開明花樹」, 5월 14일 논설「高靈申氏의 學界影響」.
47) 김정미, 「이상룡의 국권회복운동론」, 『한국근현대사연구』11, 한국근현대사학회, 1999, 226~227쪽.
48) 양근·용인·죽산·양주·강화군 등지의 의병전쟁이 격렬한 곳에서 이러한 현상은 다반사로 일어났다. 강화도의 경우 이동휘가 의병진을 지원하는 등 자강론자와 독립전쟁론자와 협력 관계를 유지하였다. 그러나 의병진 내부와 의병진 상호간의 대립으로 이를 무마하기에는 역부족이었다(김도형,「한말 의병전쟁의 민중적 성격」,『한국민족주의론』III, 창작과비평사, 1985 ; 한국민족운동사연구회 편,『의병전쟁연구(상)』, 지식산업사, 1990, 197~204쪽에 재수록).

3. 지회 현황과 운영주체

1) 지회 현황

지회 설립 규정은 "本會는 漢城에 置ᄒ고 支會는 京畿道及 忠淸南北道에 隨宜設立홈."이라고 하였다.[49] 회원 자격[50]은 대한제국 남자로서 경기도와 충청남·북도 내에 본적이나 주거하는 만 20세 이상인 품행이 단정한 사람이었다. 회원은 月捐金 10전씩을 납부하는 통상회원, 60원에서 300원을 기부하는 특별회원, 300원 이상에 해당하는 기부자인 특별찬성회원 등으로 구분되었다. 회원은 본회 230여 명과 지회회원이 950여 명 등 총 1,180여 명이었다.[51] 지역적인 협소성과 서울에 인근한 지리적인 위치 등을 감안하더라도, 서북학회 2,400여 명과 대한협회가 최소 7,000여 명[52]에서 최고 70,000여 명[53]에 달한 사실과 대비된다. 이는 기호지방의

---

49) 『월보』 6, 「회중기사, 본회규칙－名稱, 目的及 位置－」, 53쪽.

50) 『월보』 6, 「회중기사, 본회규칙」, 54~55쪽.

51) 이송희, 『대한제국말기 애국계몽학회연구』, 124쪽. 이송희는 본회원 255명과 지회원 971명으로 파악하였다. 그런데 임원진이 회원과 중복되는 등 실제는 이보다 약간 적었다. 지회원은 청주 40명, 광주 57명, 서산 75명, 수원 54명, 공주 30명, 양근 59명, 해미 36명, 목천 71명, 장단 60명, 연산 34명, 당진 32명, 교하 49명, 강화 30명, 홍주 77명, 충주 103명, 청양 54명, 풍덕 62, 제천 33명이었다. 물론 이들 중 동일한 인물로 추정되는 경우도 적지 않았다. 연산군·공주군·당진군·강화군지회 등은 초기 회원수이므로 실제 회원은 이보다 약간 많았다고 볼 수 있다.

52) 김항구, 『대한협회(1907-19100) 연구』, 단국대박사학위논문, 1992, 83~84쪽. 근거에 대한 구체적인 신빙성은 미약하다. 본회 회원이나 지회원 등이 상당수 중복되기 때문이다. 즉 지회원 중 상당수는 본회 회원과 지회의 임원으로 나타나는 등 3~4번 중복되는 경우도 적지 않았다.

53) 李相龍, 「與大韓協會本會」, 『石洲遺稿』, 74~75쪽. 회원수는 너무 과도하게 많다. 자신들의 활동을 보다 확대하려는 의도에서 각 단체의 '경쟁적'인 활동이 초래한 결과이다. 이는 우호적인 모든 사람을 회원으로 인식하는 당시 분위기를 반영하고 있다.

자강운동이 다른 지방에 비해 '상대적인' 미약한 실상을 그대로 나타내는 부분이다.

지회 청원은 1908년 4월 광주군 유지들에 의해 제기되었다. 지회 설립 인가 청원에 대하여, 본회는 권유위원의 시찰보고에 준하여 통상회·특별 총회 등을 통해 認許하였다.54) 시찰보고서의 주요한 내용은 회원수, 지금 까지 활동상, 앞으로 전망 등이었다. 기호흥학회가 설립된 이후 1909년 7월 까지 인가된 지회는 총 18개소였다.55) 즉 경기 7개, 충북 3개, 충남 8개의 지회가 각각 인가되었다.

기호흥학회 지회 중 처음으로 설립인가를 받은 지회는 광주군지회였 다. 1908년 4월 12일 통상회에서 권유를 중지하고 지회 설립을 인허하였 다.56) 지회장 李胤鍾, 부회장 安爔, 총무 石瓊煥, 회계원 趙成俊·李東鉉, 서기원 金敎悅·金顯承, 교육부장 康元達, 재정부장 石璣煥, 간사원 石東 煥 외 9명, 평의원 宣永淳 외 14명 등으로 초기 지회원은 모두 44명이었 다.57) 이후 활동의 강화와 더불어 57명으로 증가하였다.58)

수원군지회는 崔成大 등 39인이 청원하자, 권유위원 2인을 파견·시찰 한 후 동년 6월 14일 李舜夏의 동의로 가결되었다.59) 지회장 金宗漢, 부

54) 『월보』 2, 「본회기사, 會事一覽」, 56~58쪽 ; 『월보』 3, 「본회기사, 회사일람」, 50~ 51쪽.

55) 지회의 설립 현황은 약간의 차이가 있다. 강화군지회가 누락된 반면 양주지회가 설 립된 것으로 파악하였는데, 양주군지회 설립에 관한 기사는 알 수 없다(김도형, 『대 한제국기의 정치사상연구』, 148쪽).

56) 『월보』 1, 「본회기사, 회사일람」, 46쪽.

57) 『월보』 1, 「회중기사, 각지방지회회원씨명부(광주군)」, 55쪽.

58) 『월보』 1, 「회중기사, 각지방지회회원씨명부(광주군)」, 55쪽 ; 『월보』 2, 「본회기 사, 지회임원급회원명부(광주군)」, 61쪽.

59) 『월보』 2, 「본회기사, 회사일람」, 57쪽 ; 『황성신문』 1908년 6월 10일 잡보 「勸諭 發行」.

회장 李啓煥, 총무 崔東弼, 서기 李夏榮, 회계 李容熙, 간사원 池河永·崔鍾淳·崔松, 교육부장 朴箕陽, 재정부장 吳喆善, 평의원 李鍾岳 외 14인, 회원 李聖儀 외 47인 등이나 실제 지회원은 54인이었다.[60]

동년 7월 12일 양근군지회도 설립인가를 받았다.[61] 지회장 金裕定, 부회장 李敬濂, 총무 李殷哲, 회계원 南相岳, 서기 李鍾稷, 간사 南鍾熙, 평의원 呂運亨 외 14인, 회원 成樂允 외 56인이었다.[62] 양근군지회원은 실제로 총 59명이었다.

장단군지회는 취지서를 널리 홍보하는 등 주민들의 적극적인 관심을 유도하는 가운데 조직되었다. 이 「흥학취지서」는 지회 중 현존하는 유일한 기록이다.

> 泰西哲學士가 云人必有社會活動底氣像然後에 自由義務와 愛國思想이 油然而生이라하니 …(中略)… 個人個人之方寸이 聯絡固結然後에 乃可曰團體而個人個人을 不可家喩而戶說일시 必先立一大敎育社會하야 集天下聰俊子弟하야 以自由義務와 愛國思想으로 誘之導之하며 鼓之動之하야 浸漬乎肺腑하며 注灌於腦髓然後에야 無一日不團體하며 無一人不團體하야 可以成人人團體리니 然則 團體之體가 寔在乎敎育一欵은 不待智者而可辨矣라. …(중략)… 僉君子는 同聲響應하야 固結一團體力이면 將絶之國脉을 可以扶持오 已失之民權을 可以回復이니. …(하략)…[63]

즉 사람은 활발한 사회활동 이후 자유에 대한 의무와 애국사상이 표출된다. 개개인이 단결하여 학교를 세워 총준자제를 가르침으로써 이러한 문제 해결은 가능하다. 그러므로 뜻있는 사람들은 단체를 조직하여 국가

---

60) 『월보』 2, 「본회기사, 支會任員及會員名簿(水原郡)」, 61~62쪽.
61) 『월보』 2, 「본회기사, 會事一覽」, 58쪽.
62) 『월보』 3, 「회중기사, 支會任員及會員名簿(陽根郡)」, 55쪽.
63) 『월보』 3, 「회중기사, 長湍郡興學會支會趣旨書」, 53~54쪽.

를 보존하는 한편 실추된 民權을 회복하자고 호소하였다. 이러한 노력으로 장단군지회는 동년 8월 9일 통상총회에서 劉秉珌의 동의로 인허되었다.[64] 지회장 尹用求, 부회장 尹宗九, 총무 劉海林, 회계 張敎煥, 간사 尹命善·尹熙善, 서기 尹常求·李殷集, 찬무원 兪龍濬 외 15명, 평의원 李民夏 외 9명, 회원 李純夏 외 48명이나 실제 지회원은 60명이었다.[65] 임원진과 회원 등은 대한협회의 장단군지회를 기반으로 확대·계승하고 있었다.[66] 장단군은 서북학회의 지회를 조직하는 등 지회 활동이 매우 활발한 상황을 엿볼 수 있다. 이들에 대한 구체적인 명단을 파악할 수 없으나, 대한협회 지회원을 통하여 대다수는 기호흥학회 지회원에 포함되었다고 볼 수 있다. 이어 지회장 尹容九의 보고는 동년 9월 27일 특별총회에서 통과되었으며,[67] 이후 지속적으로 지회 활동을 본회에 보고하였다.

강화군지회 설립을 위한 발기인들은 이미 學務會를 조직·활동하고 있었다. 이러한 활동에 군수인 韓永福의 지원과 유지신사들이 동참하는 등 지회 발기일에 90여 명이 참석하는 성황을 이루었다.[68] 당시 상황을 직접 목격한 흥학권유위원 趙琬九의 시찰 결과에 따라 동년 10월 26일 劉秉珌의 동의로 인허를 받을 수 있었다. 지회의 임원진이나 부서 조직은 전혀 알 수 없고, 회원은 黃範周 등 30명이었다.[69] 이들은 보창학교와 지교의 임원인 사실에서 상당수는 신민회 회원임을 알 수 있다.

교하군지회는 지회장 具永祖, 부회장 金思說, 총무 鄭泰永, 서기 尹應

64) 『월보』 3, 「회중기사; 會事一覽」, 51쪽.
65) 『월보』 5, 「회중기사, 支會任員及會員名簿(長湍郡)」, 50쪽.
66) 『대한협회회보』 8, 「회원명부, 長湍支會任員」, 69쪽 ; 『대한협회회보』 9, 「회원명부, 長湍支會」, 71쪽.
67) 『월보』 4, 「회중기사, 회사일람」, 52쪽.
68) 『월보』 5, 「회중기사, 회사일람」, 47~48쪽.
69) 『월보』 5, 「회중기사, 지회임원급회원명부(강화군)」, 57쪽.

秀, 회계 金洪斗, 평의장 李秉濂, 평의원 李鍾殷 외 14명, 간사원 崔秉洙 외 7명, 찬무장 朴準秀, 찬무부장 신용달 등 회원은 49인이었다.[70] 32명 의 회원으로 출발한 교하군지회는 이후 회원의 증가와 더불어 점차 활성화되었다.[71]

풍덕군지회는 1909년 3월 30일 임시총회에서 유병필의 동의로 설립이 인가되었다.[72] 지회장 李斗植, 부회장 申鍾億, 총무 李鍾學, 교육부장 李 禎珪, 재정부장 柳衡魯, 회계 李根悌, 서기 尹泰爀, 간사 高仁淳·李仁榮, 평의장 李鍾濂, 평의원 李雨稙 외 11명, 찬무장 李淵敎, 찬무원 吳鳳祥 외 8명, 회원 張爰植 외 21명 등 62명이었다.[73] 초기에는 49명의 회원으로 출발하였다. 기호흥학회 경기도의 지회 현황을 정리하면 <표 1>과 같다.

〈표 1〉 기호흥학회 경기도 지회 현황

지회명	임 원 진	회원수	인가년월일
광주	회장;李胤鍾, 부회장;安爆, 총무;石瓊煥, 교육부장;康元達, 재정부장;石 璣煥, 회계;趙成俊·李東鉉, 서기;金敎悅·金顯承, 간사;石東煥, 평의원; 宣永淳	57	1908. 4.12
수원	회장;金宗漢, 부회장;李啓煥, 총무;崔東弼, 서기;李夏榮, 간사;崔鍾淳, 교육부장;朴箕陽, 회계;李容熙, 재정부장; 吳喆善, 회계;李容熙, 평의원; 李鍾岳	54	1908. 6.14
양근	회장;金裕定, 부회장;李敬濂, 총무;李殷哲, 회계;南相岳, 서기;李鍾稷, 간사;南鍾熙, 평의원;呂運亨	59	1908. 7.12
장단	회장;尹用求, 부회장;尹宗九, 총무;劉海林, 회계;張敎煥, 간사;尹命善, 서기;尹常求·李殷集, 찬무원;兪龍瀣, 평의원;李民夏	60	1908. 9.13
교하	회장;具永祖, 부회장;金思說, 총무;鄭泰永, 서기;尹應秀, 회계;金洪斗, 평의장;李秉濂, 평의원;李鍾殷, 간사;崔秉洙, 찬무부장;신용달, 찬무장;	49	1908.10.11

70) 『월보』6, 「회중기사, 지회임원급회원명부(교하군)」, 57쪽 ; 『월보』8, 「회중기사, 지회임원급회원명부(교하군)」, 68쪽.

71) 『월보』9, 「회중기사」, 45쪽.

72) 『월보』9, 「회중기사」, 45쪽.

73) 『월보』9, 「회중기사, 지회회원급회원명부(풍덕군)」, 49쪽 ; 『월보』11, 「회중기사, 지회회원급회원명부(풍덕군)」, 52쪽.

	朴準秀		
강화		30	1908.10.26
풍덕	회장;李斗植, 부회장;申鍾億, 총무;李鍾學, 교육부장;李 禎珪, 재정부 장;柳衡魯, 회계;李根悌, 서기; 尹泰爀, 간사;高仁淳·李仁榮, 평의장;李 鍾濂, 평의원;李雨稙, 찬무장;李淵敎, 찬무원;吳鳳祥	62	1909. 3.30

<표 1>에 나타난 바처럼, 경기도의 지회원은 371명이었다. 강화군지회 원은 초기 상황이 파악된 만큼 이보다 약간 증가하였다고 짐작할 수 있 다. 따라서 지회원은 400여 명 전후로 생각된다.

지회 조직체제는 지회장, 부회장, 총무, 서기, 교육부, 재정부, 회계, 간 사, 찬무원, 평의원 등으로 구성되었다. 강화군지회의 조직은 알 수 없으 나, 이러한 체제에서 크게 벗어나지 않았다고 보인다. 다만 교하군지회와 풍덕군지회는 평의장·찬무장을 각각 두는 등 약간 조직을 확대한 정도에 불과하다. 이러한 체제는 본회와 매우 유사한 회장제[74]로 지회 조직에 관 한 방침이 그대로 실행됨을 의미한다. 그러나 지회 활동은 본회와 동일한 방향으로 진행되지 않았는데, 각 지회의 객관적인 정세를 반영하기 때문 이다.

한편 운영비는 회비와 기부금·의연금 등으로 충당되었다. 물론 지회 운영비의 규모나 사용처에 대한 사항은 전혀 알 수 없지만, 대다수는 학 교에 대한 지원금으로 충당되었다고 보인다. 그런데 본회도 만성적인 재 정난에 직면하여 회비와 월보의 대금을 독촉하는 상황이었다. 특히 지회 중 가장 활발하게 활동한 충남 홍주군지회도 재정난 타개를 본회에 호소 하고 있었다.[75] 이는 지회 활동을 약화시키는 가장 중요한 요인으로 작용 하였다. 기부금 모금에 대한 통제는 자강론자들의 합법적인 문화운동마 저도 제약하기에 이르렀다.

---

74) 『월보』 1, 「본회기사, 본회임원명부」, 50쪽.
75) 『월보』 9, 「회중기사, 洪州郡支會報告書」, 47쪽.

2) 지회원의 활동

지회원을 포함한 지회의 주요 활동은 교육운동 지원과 계몽활동이었
다. 지회원의 활동 중 대표적인 몇 사례만 살펴보고자 한다.

광주군은 일찍이 군수 吳泰永과 유지 兪鎭衡의 열성으로 흥학 분위기
를 조성할 수 있었다. 이러한 과정에서 유림들의 저항도 만만치 않았
다.76) 이때 지회원 郭允煥·元性範은 水西學校의 임원으로 全完一·朴壽
汝 등과 학교 부근의 龍德寺에서 운동회를 개최했다. 이들은 주민들에게
입학을 권유하는 등 교육보급에 전력을 다하였다.77) 鄭允夏·南一祐 등은
초동야학교를 설립하여 80여 명을 모집·교수하는 등 이에 부응하기에 이
르렀다.78) 또한 오포면 양촌리에 거주하는 지회원 柳冕永은 黃顯在 등과
초동야학을 설립하여 開進學校라 명명하였다.79) 교장은 군수인 오태영,
부교장은 지회원인 黃羲明, 교감은 黃任永, 학감은 자신이 맡는 등 제도
권 교육기관에 버금가는 체제였다. 지회원인 康元達은 私立廣興學校 교
사로 주·야학을 열성적으로 교수하는 등 주민들의 칭송을 받았다.80) 이
들의 노력으로 광주군 일대에 교육열이 고조되어 나갔다.

양근군 분원에 거주하는 樵童 40여 명은 일찍이 근대교육의 필요성을
절감하고 스스로 自新學校를 설립·운영하였다.81) 또한 분원공립보통학
교 수교사 鄭慶時, 교감 池奎植, 학감 李鍾晟 등도 본교 내에 야학과를

---

76) 『황성신문』1906년 11월 27일 잡보「廣州妨校起뇨」;『대한민보』1910년 2월 27
   일 지방잡사「强制義捐」.
77) 『황성신문』1908년 5월 20일 잡보「水西運動」.
78) 『황성신문』1908년 5월 22일 잡보「夜學發展」.
79) 『大韓每日申報』1908년 9월 25일 잡보「樵童夜校」.
80) 『황성신문』1909년 1월 17일 잡보「挽執敎師」;『월보』7,「학계휘문, 落淚挽執」,
   39~40쪽.
81) 『大韓每日申報』1908년 2월 22일 잡보「樵童設校」;『대한매일신보』1908년 2월
   23일 잡보「초동학업」.

설립하여 보통학교 과정을 노동자에게 교수하고 있었다.82) 이에 군주사
로서 양근군지회 총무인 李殷哲은 군수 鄭元模의 지원 속에서 전년도 의
병전쟁의 와중에 소실된 龍門學校 중건에 노력하였다.83) 그의 활동에 자
극을 받은 주민들은 대대적인 후원을 아끼지 않았다. 그는 우편취급소주
임인 지회원 李承德과 함께 이 학교 내에 노동야학과를 설립하여 40여
명을 교수하는 한편 각 마을마다 야학교 설립계획을 세웠다. 이들은 수업
생들의 수준에 적합한 교재를 직접 만들어 가르쳤다.84) 이승덕은 같은 장
소에 일어야학과를 설립·교수하였다.85) 1908년 11월 양근군지회와 유지
呂運弘·閔泳好 등의 후원으로 개최된 연합대운동회는 장관을 이루었다.
각 학교가 연합한 軟式體操는 정돈된 대오와 민첩한 행동으로 주민들의
탄성을 자아내었다.86) 이를 통하여 주민들 상호간 단결심 고취와 체육교
육의 중요성을 인식시켰다.

풍덕군수 李允鍾의 활동으로 많은 사립학교가 설립되는 등 관내의 교
육열은 고조되었다.87) 그런데 풍덕군에 설립된 사립학교는 보창학교지교
로 운영되는 상황이었다. 이 중 領井浦 보창학교가 경영난에 직면하자,
유지 金公善·李聖學 등은 해결책을 모색하였다.88) 이들은 야학 운영을
통해 주민들의 적극적인 동참을 유도할 수 있었다. 또한 의병전쟁의 격화
로 폐교에 직면하였으나, 교사 李東植이 각 가정을 방문하는 등 학교 유

---

82) 『황성신문』 1908년 2월 18일 잡보 「汾校夜學」.
83) 『황성신문』 1908년 7월 3일 잡보 「龍門再開」 ; 『월보』 1, 「학계휘문, 龍門再開」,
   44쪽.
84) 『황성신문』 1908년 11월 14일 잡보 「勞動科兼設」.
85) 『황성신문』 1908년 11월 14일 잡보 「教授其人」.
86) 『황성신문』 1908년 11월 14일 잡보 「楊校運動」.
87) 『월보』 4, 「학계휘문, 豊郡興學」, 41~42쪽 ; 『월보』 5, 「학계휘문, 普校試績」, 45쪽.
88) 『황성신문』 1908년 7월 16일 잡보 「閉校復開」.

지에 노력을 아끼지 않았다.[89] 이에 지회원 洪承玉은 군내 10여 개교에 필요한 교재와 물품을 서울에서 원가로 구입·공급하는 등 적극적으로 도왔다.[90]

교하군수 尹覺燮은 申鳳均 등 유지와 함께 읍내에 宣城學校를 설립한 후 사범속성과·보통고등과·심상과를 교수하였다.[91] 3개월 속성인 사범과 졸업생은 각 동리에 설립된 학교의 교사로 충원할 계획이었다. 운영자들은 현실적인 여건을 감안하여 야학을 중심으로 흥학을 도모하였다.[92] 교하군지회 서기인 尹應秀 등이 선성학교 교사로 활동하는 한편 父兄會를 조직하여 지속적인 지원을 아끼지 않았다. 특히 운동회 개최는 주민들에게 야학을 통한 근대교육의 관심을 촉발시켰다.[93] 이는 곧 주민들의 부담에 의한 의무교육이 각 동리를 단위로 학교 설립과 더불어 실시되는 계기였다.

장단군은 군수 李奭宰의 지원과 지회원들의 열성으로 근대교육은 점차 보급되었다. 이석재는 안산군수 재직시에도 관내에 사립학교 설립을 주도한 인물이었다.[94] 장단의 明新義塾이 재정난에 직면하자, 그는 유지들과 학부형을 소집한 후 학교 유지책을 강구하였다. 이에 면장이자 지회원인 鄭善好는 전군수 徐丙昭 등과 함께 재정적인 기반 확충을 꾀할 수 있었다.[95]

---

89) 『월보』 7, 「학계휘문, 李氏熱心」, 38~39쪽.
90) 『월보』 11, 「학계휘문, 洪氏美擧」, 48쪽.
91) 『황성신문』 1907년 12월 14일 잡보 「交倅興學」, 1908년 1월 12일 잡보 「申氏熱心」.
92) 『황성신문』 1908년 6월 24일 잡보 「宣城夜學」.
93) 『황성신문』 1908년 5월 10일 잡보 「宣城運動」.
94) 『황성신문』 1908년 7월 5일 잡보 「安倅興學」; 국사편찬위원회, 『대한제국관원이력서』, 699쪽.
95) 『월보』 9, 「학계휘문, 長倅興學」, 42쪽.

수원군지회 서기 李夏榮과 평의원이자 지회원인 林勉洙96)는 국채보상
운동을 위한 국한문취지서를 발간하였다.97) 지회장인 金宗漢은 13도 대
표로 구성된 국채보상련합회의소 의장에 추대되는 등 전국적인 활동을
이끌었다.98) 이에 지회원 車裕舜은 나성규 등과 열성적인 활동을 전개하
는 계기를 마련하기에 이르렀다. 이들의 노력은 성공적인 사례로 소개되
었다.99) 이리하여 경기도 내 국채보상운동은 단체에 의해 보다 조직적으
로 진전될 수 있었다.

한편 수원군 지회원들은 교육운동을 주도하였다. 상당수가 삼일학교나
수원강습소의 임원이거나 설립자로 운영 주체였다. 김종한은 명륜학교를
설립한 후 학부에 승인을 요구하였으며,100) 임면수는 삼일학교장으로 역
임하였다. 특히 폐교에 직면한 삼일녀학교를 지회원인 이하영·차유순 등
의 노력으로 학부로부터 인가를 받을 수 있었다. 또 지회원 趙榮鎬는 노
동야학회 수원지회를 설립하는 등 야학을 통한 교육운동에 앞장섰다. 노
동야학회 지회장인 그는 황제폐하즉위기념경축회를 개최하는 등 주민들
에게 우리나라가 자주독립국임을 일깨웠다.101) 이러한 분위기는 삼일학
교 내에 법률과 경제를 중심으로 한 야학의 설립으로 이어졌다.102)

강화도는 지리적인 위치로 인하여 일찍부터 근대문물이 유입되는 통로

---

96) 이승언, 『한말 일제하 수원기사색인집』, 수원문화원, 1996, 11쪽 ; 경기도사편찬위
    원회, 『경기인물지』하, 245쪽. 임근수는 수원군지회 평의원이자 삼일학교장인 임
    면수이다(『월보』 7, 「학계휘문, 學界獻身」, 44쪽).
97) 『大韓每日申報』 1907년 3월 9일 잡보 「奮發義氣」.
98) 『황성신문』 1907년 4월 8일 잡보 「任員組織」, 4월 11일 잡보 「國債報償聯合會
    議所」.
99) 『大韓每日申報』 1907년 6월 11일 잡보 「兩貝熱心」.
100) 『월보』 6, 「학계휘문; 明倫請願」, 51쪽.
101) 『황성신문』 1908년 5월 22일 잡보 「勞働支會」, 8월 30일 잡보 「勞働慶祝」.
102) 『대한민보』 1909년 12월 15일 학계기문 「三一校進就」.

였다. 특히 선교사들과 이동휘의 활동으로 많은 학교가 설립·운영되기에 이르렀다. 1908년 초에 이미 학구에 의한 의무교육이 각 동리 단위로 실시되었다.103) 강화도 내에 설립된 56개 보창학교지교는 당시 상황을 분명히 보여준다. 각 지교를 망라한 연합대운동회는 수천 명이 운집하는 등 주민들의 최대 관심사였다.104) 1908년 5월에 개최된 운동회는 통진·김포·장단 등지에서 무려 80여 개교가 참가하는 성황을 이루었다.105) 이를 주도한 인물들이 바로 신민회 회원과 기호흥학회 지회원이었다. 또 보창학교지교마다 국문야학을 운영하는 등 주민들이 동참하는 가운데 교육열은 고조되었다. 지회원이자 월호보창학교장인 柳景根은 劉鉉基·金永祚 등이 설립한 노동야학강습소의 명예교사로서 활동하였다.106)

이처럼 경기도의 교육운동은 지회원들의 활동으로 더욱 활성화되는 계기를 맞았다. 지회원들 스스로가 사립학교를 설립·지원하는 등 교육운동의 주체였다. 더욱이 운동회나 강연회 개최는 민중의 근대교육에 대한 관심을 고조시켰다. 이러한 가운데 민중은 시세 변화를 인식하는 동시에 "아는 것이 힘이고, 배워야 산다"라는 평범한 사실을 자각하기에 이르렀다. 교육열 고조는 민중교육론의 '현실적인' 대안인 학구에 의한 의무교육 시행과 더불어 야학운동을 촉진시켰다. 당시 경기도 내에 설립된 100여 개 야학은 이를 실증적으로 보여준다.107)

---

103) 『황성신문』 1908년 2월 22일 잡보 「普昌再昌」, 3월 10일 잡보 「兼設夜學」.
104) 『만세보』 1907년 5월 19일 잡보 「昌校運動會」, 5월 25일 잡보 「發憤削髮」.
105) 『황성신문』 1908년 5월 12일 잡보 「普昌運動」.
106) 『大韓每日申報』 1908년 3월 5일 잡보 「夜校復興」 ; 『황성신문』 1908년 3월 10일 잡보 「兼設夜學」 ; 『월보』 10, 「학계휘문, 普昌卒業」, 36쪽.
107) 김형목, 「한말 경기지역 야학운동의 배경과 실태」, 187~189쪽.

4. 민족운동사상의 위치

사립학교설립운동을 통한 교육구국운동 확산과 더불어 지방관들은 흥학을 자신들의 '막중한' 직무로 인식하는 분위기였다. 지방관의 상당수는 계몽단체 지회를 설립하거나 사립학교를 직접 설립·지원하였다. 이들의 노력으로 1910년 8월까지 6,000여 개교에 달하는 사립학교가 설립되는 등 교육열은 고조되었다.[108] 교육운동은 가히 '전성기'를 맞았다. 근대교육 시행과 흥학은 곧 국권회복으로 인식하는 사회분위기를 조성시켰다. 이를 주도한 주체가 바로 각종 학회의 지회원이었다.

사립학교설립운동을 국권회복의 일환으로 간파한 일제는 「사립학교령」을 공포한 후 사립학교에 대한 통제권을 강화하였다.[109] 특히 이른바 '모범학교'를 지정한 후 식민지교육 체제로 편입을 서슴지 않았다. 이어 유지들의 기부금이나 주민들 부담에 의존하는 사립학교의 운영비 조달을 원천적으로 봉쇄하는 「기부금품모집취체규칙」을 반포하였다.[110] 또한 「지방비법」의 실시도 사립학교의 재정난을 가중시키는 주요한 요인이었다. 기호흥학회를 비롯한 계몽단체는 사립하교유지를 위한 방인을 강구하기에 이르렀다. 五學會研究會는 「기부금품모집취체규칙」의 사립학교 적용 유보를 학부에 요청하였다.[111] 이러한 노력도 통감부에 의해 거절됨으로써 통·폐합되는 학교가 속출되는 상황이었다. 이른바 강제병합을 전

---

108) 김형목, 「사립흥화학교(1898~1911)의 근대교육사상 위치」, 289~290쪽 ; 김형목, 「자강운동기 한성부민회의 의무교육 시행과 성격」, 76쪽.

109) 『관보』 1908년 9월 1일 「私立學校令」 ; 『월보』 4, 「私立學校令」, 277~279쪽 ; 국사편찬위원회, 『고종시대사』 6, 772쪽 ; 황현, 『매천야록』, 468쪽.

110) 『관보』 1909년 3월 1일 「寄附金品募集取締規則」 ; 국사편찬위원회, 『고종시대사』 6, 823쪽.

111) 『大韓每日申報』 1910년 3월 3일 잡보 「五學總會」, 3월 20일 잡보 「五學會研究會」 ; 『황성신문』 1910년 2월 20일 잡보 「各學會聯合總會」.

후한 시기 종교계의 각종학교를 포함한 학교는 2,200여 개교였다.[112]

일제의 탄압에도 교육운동이 지속적으로 전개될 수 있었던 배경은 바로 지회원을 포함한 지방유지들의 열성적인 활동이었다. 이들이 추진한 주민 부담에 의한 의무교육의 시행이 바로 그것이다. 즉 개인에 의한 사립학교 설립보다는 다수의 힘에 의한 대중운동으로 확산시켰다. 결국 주민들이 이에 동참으로써 일제의 폭압적인 상황에 맞서 굳건한 기반을 구축할 수 있었다.

한편 이들의 활동은 사회적인 위치나 계급적인 속성상 관청과 타협 속에서 전개되었다. 이러한 지적은 군수가 자강운동 중 특히 교육운동을 주도한 점과 본회 임원진이나 회원의 상당수가 전·현직 관리라는 사실에서 어느 정도 타당성을 지닌다. 하지만 근본적인 원인은 당시 교육정책과도 무관하지 않다. 즉 근대교육의 확산을 위해 정부는 공립보통학교에 학무위원회 설치를 규정하였다.[113] 취지는 다음과 같다.

> 學部에서 漢城府尹과 各觀察使에게 訓ᄒ되 土地情況에 依ᄒ야 必要홈을 應ᄒ야 普通學校所在地에 學務委員을 寘ᄒ고 普通敎育이 普及發達케 홈을 圖홈은 方今 急先務이기로 今回 學務委員規程準則을 左와 如히 定ᄒ 所以라. 觀察使及 漢城府尹은 此趣旨를 深諒ᄒ야 適當히 本準則을 據ᄒ야 規程을 制定ᄒ고 幷히 實施홀 期日을 定ᄒ야 斯速히 大臣에게 報告ᄒ랴ᄒ얏ᄂ디 其規程準則이 如左ᄒ더라.[114]

---

112) 조선총독부, 『朝鮮總督府施政年報(明治四十三年)』, 1912, 356~357쪽 ; 『경향신문』 1910년 7월 1일 일일특보 「전국안에 ᄉ립학교가」, 8월 5일 국내잡보 「전국학도 수효」.

113) 『황성신문』 1908년 6월 12일 잡보 「地方學務會」. 이는 당시 교육정책과 관련하여 매우 시사하는 바가 크다. 궁극적인 의도는 식민지교육정책 강화를 위한 한 방편으로 생각한다. 군수나 공립보통학교장을 위원회 당연직으로 규정한 사실에서 알 수 있다. 그러나 각 지역의 학무위원이 어떤 인물로 구성되었는가 하는 점은 자강운동의 지역적인 차별성을 이해하는 데 중요한 요인이다.

즉 지방관을 중심으로 대대적인 보통교육을 실시하려는 의도였다. 이러
한 상황에서 자강단체는 관청과 대립 관계를 조성할 필요가 없었다. 8개조
로 구성된 이 법령과 자신들의 목적이 부합되기 때문이다.[115) 결국 각지
에 조직된 학무위원회에 자강론자들이 대다수 포함되었다.

지회원은 지방자치제 실시를 위한 노력도 병행하였다. 의무교육의 시
행은 단순한 교육운동의 차원을 벗어나 사회운동의 일환이었다. 곧 교육
운동을 통해 민지가 계발되면 이를 바탕으로 지방자치제를 모색하였다.
풍덕군의 경우는 한성부민회의 영향을 받아 面會를 조직·운영하는 상황
이었다.[116) 구체적인 규약 등은 알 수 없으나, 興學勸農을 표방한 점에서
대체적인 윤곽을 알 수 있다. 한성부민회가 방회를 중심으로 실시한 의무
교육은 바로 지방자치제의 한 과정이었다. 교육운동으로 民意를 결집한
후 이를 기반으로 지방자치제를 시행하려는 의도였다. 대한협회 안동지
회는 그러한 성격을 가장 분명하게 보여준다.[117)

5. 맺음말

기호지방의 흥학과 민지 계발을 표방한 기호흥학회는 조직과 더불어
지회 설립에 박차를 가하였다. 대한협회·대한자강회 등의 활동은 기호인
들에게 시세 변화에 대한 인식을 일깨우는 계기였다. 1909년 7월까지 설
립인가된 지회는 경기 7, 충남 8, 충북 3 등 18개소에 달하였다. 경기도

---

114) 『황성신문』 1908년 6월 23일 잡보 「學訓漢尹各觀察」.
115) 송병기외 편저, 『한말근대법령자료집』 Ⅵ, 국회도서관, 1974, 486~487쪽 ; 『황성
　　신문』 1908년 6월 23일 잡보 「學訓漢尹各觀察」.
116) 『황성신문』 1909년 4월 4일 잡보 「豊郡自治制發展」.
117) 김기승, 「대한협회 안동지회」, 71~74쪽.

내 지회원은 400여 명이었다.

본회가 지회를 설립한 배경은 자강운동의 확산을 통한 영역 확대였다. 교육운동을 중심으로 전개된 계몽운동은 지역민들의 적극적인 동참에 의해 성패가 좌우될 수밖에 없었다. 또한 사립학교설립운동과 더불어 확산된 교육열은 소기의 성과를 거두기에 기반이 취약하였다. 단지 열의만 고조되었을뿐 지속적인 학교 운영을 위한 방침이나 학생들을 교수할 '적임자'도 제대로 확보하지 못하는 상황이었다. 기호학교지교 설립과 교사소개소 운영은 이러한 과제를 해결하려는 의도였다. 곧 조직적·통일적인 교육이 현실적인 급선무로 다가왔다. 자강단체가 주도한 각지에 사범학교나 사범강습소를 운영한 사실은 이를 반증한다. 이와 더불어 의병전쟁의 와중에서 동요하는 민중층을 수습하는 문제였다. 나아가 개신유학자들이 시세 변화를 인식함으로써 새로운 민족운동 영역의 필요성에서 비롯되었다.

지회원의 주요활동은 역시 교육운동이었다. 본회의 실무교육 중시와는 달리 지회는 연합대운동회를 개최하는 등 상무정신을 고취시켰다. 운동회는 지역민에게 근대교육의 필요성과 중요성을 일깨우는 계기였다. 수천 명이 운집하는 등 인산인해를 이룬 광경은 새로운 민중문화를 창출하는 장소이자 주민들 의견을 결집하는 공간이었다. 이를 바탕으로 주민들 부담에 의한 의무교육이 실시될 수 있었다. 「사립학교령」 시행 하에서 교육운동이 지속적으로 추진된 배경은 바로 이러한 기반에서 가능하였다.

물론 이들의 활동은 합법적인 영역 내에서 이루어졌다. 이는 이들의 계급적인 속성을 일정 부분 반영하지만, 궁극적인 요인은 당시 교육정책과 일정한 관련성을 지닌 점이다. 근대교육의 광범위한 보급을 위한 학무위원회 조직이 바로 그것이다. 자강론자들의 목적과 부합되는 교육정책이 추진되는 현실에서 구태여 대립·긴장관계를 조성할 필요성이 없었다.

이러한 활동은 단순한 교육운동의 차원을 넘어 지방자치제를 꾀하려는 의도였다. 풍덕군지회가 실시한 지방자치제는 당시 상황을 분명하게 보여준다. 따라서 지회 활동은 교육운동 차원에서만 이해하지 말고 새로운 변화에 부응하는 문화운동 차원에서 이해할 필요성이 제기된다.

제2부 지역별 사례연구

제1장 대한제국기 강화지역의 사립학교설립운동

1. 머리말

　강화도는 지리적인 위치로 인하여 '침략과 저항'을 상징하는 지역 중 하나이다. 특히 근대사회로 들어오면서 "외세 침략은 강화도로부터 시작되었다"고 해도 과언이 아니다. 일본에게 강제 개항의 빌미를 제공한 운양호사건은 강화도 해역에서 발생하였다. 더불어 서구 문물이 유입되는 창구도 바로 이곳이었다. 강화도는 '비교적' 일찍부터 외세에 저항하는 현장이자 근대교육을 시행하는 등 근대사에서 주목되는 지역 중 하나이다. 1907년 이후 치열하게 전개된 의병전쟁 와중에 보창학교지교를 통한 의무교육은 이를 반증한다.

　근대교육을 주도한 인물은 개신교 선교사와 신도들이었다. 목사 趙元時(George H. Jones)와 전도사 朴能一 등은 대표적인 인물이다. 이러한 상황에서 강화진위대장에 부임한 이동휘는 이곳을 근대교육 '중심지'로 일신시켰다. 보창학교(초기 육영학원 : 필자주)는 이동휘를 중심으로 한 유지들 지원·후원에 따라 당시를 대표하는 '민족교육기관'으로 발전을 거듭할 수 있었다.[1] 강화도내와 서북지방을 중심으로 설립된 100여 보창학

---

[1] 고택, 「군대해산」, 『신동아』 65, 1970년 1월호, 360~361쪽.
　　저자는 약력에서 1900년 사립보창학교에 입학하여 1902년 졸업하였다고 한다. 또한 육영학교를 보창학교 후신으로 서술하는 한편 을사늑약 체결 당시 자신은 보창학교에 재학 중이었다는 등 모순되는 부분이 적지 않다. 우선 1900년 당시 강화도에 설립된 유일한 근대교육기관은 강화부 공립소학교 밖에 없었다. 1905년 당시 보

교지교는 이러한 사실을 분명하게 보여준다. 외래문물을 수용할 수 있었
던 분위기는 강화학파 후예들 활동·영향력 등을 결코 무시할 수 없다. 이
들은 직접 사숙·의숙 등 전통교육기관을 근대교육기관으로 전환하는데
앞장섰다.

　근대교육사상 중요한 위치를 차지하는 강화도 근대교육운동 연구는 사
례나 국내에서 이동휘 활동 등과 관련하여 부분적으로 언급될 뿐이다.2)
궁극적인 요인은 연구자의 강화지역에 대한 관심·인식 부족에서 찾을 수
있다. 즉 사례 연구가 지닌 중요성을 간과하거나 지역적인 상황이나 여건
등 특수성을 거의 도외시하기 때문이다. '사립학교설립=교육구국운동'이
라는 학계 인식과 분위기는 이를 극명하게 보여준다.3) 나아가 계몽운동

창학교에 재학 중인 사람이 어떻게 1902년에 졸업할 수 있었을까. 더욱이 육영학교
는 보창학교 전신이며 설립년도는 1904년이다. 이처럼 모순된 서술이나 논리적인
비약은 곳곳에서 발견할 수 있다. 그런 만큼 이 글을 인용할 경우에는 정치하고 객
관적인 비판과 아울러 신중한 취사선택이 요청된다.
 2) 강화도 근대교육운동이나 이동휘 교육활동과 관련된 글은 수백 편에 달한다. 대한
제국기 이곳 문화계몽운동과 관련된 대표적인 논저는 다음과 같다.
　박헌용, 『續修增補江都誌』, 1932 ; 유지영, 「합일학교와 고 최상현씨-그의 사업은
교육계의 금자탑-」, 『신동아』, 1935년 11월호 ; 고택, 「군대해산」, 『신동아』 65 ; 신
용하, 「해제, 계명의숙설립취지서」, 『한국학보』 6, 일지사, 1977 ; 김영우, 「한말의
사립학교에 관한 연구< I >과 < II >」, 『교육연구』 1과 3, 공주사범대학 교육연구소,
1984와 1986 ; 최취수, 「1910년 전후 강화지역 의병운동의 성격」, 『한국민족운동사
연구』 2, 한국민족운동사연구회, 1988 ; 변승웅, 「한말 사립학교의 설립운동과 애국
계몽운동」, 『국사관논총』 18, 국사편찬위원회, 1990 ; 이덕주·조이제, 『강화기독교
100년사』, 강화기독교100주년기념사업회, 1994 ; 반병률, 「이동휘의 한말 민족운동」,
『한국사연구』 87, 한국사연구회, 1994 ; 반병률, 『성재 이동휘 일대기』, 범우사,
1998 ; 차선혜, 「항일운동의 확산」, 『경기도 항일독립운동사』, 경기도사편찬위원회,
1995 ; 김형목, 「한말 경기지역 야학운동의 배경과 실태」, 『중앙사론』 10·11합집,
중앙사학연구회, 1998 ; 김방, 『이동휘 연구』, 국학연구원, 1999 ; 이상일, 「강화의
교육문화운동」, 『신편 강화사』 상, 강화군사편찬위원회, 2003 ; 오환일, 「한말 강화
도 사립학교설립운동의 성격」, 『한국사의 탐구』, 최홍규교수논총간행위원회, 2005.

과 의병전쟁 계열에 대한 도식적인 평가도 이와 무관하지 않다. 양 계열 간 대립·갈등은 상존하였으나, 다양한 경험을 축적하는 가운데 통합을 위한 움직임도 모색되고 있었다.[4] 또한 인식변화에 따라 계몽운동가에서 무장투쟁가로서 전환 등도 간과할 수 없다. 대표적인 인물은 한말 교육계몽가로서 널리 알려진 이동휘이다. 이 글은 대한제국기 강화지역의 사립학교설립운동 실태 파악과 성격 규명에 중점을 두었다.

먼저 배경은 현지인의 근대교육에 대한 인식 변화 등에 주목하였다. 기독교 선교활동 중 교육사업은 주민들에게 자극과 아울러 근대교육 필요성을 절감시키는 요인 중 하나였다. 대한자강회·기호흥학회 등 자강단체 지회원 활동은 당시 상황을 잘 보여준다. 특히 군대해산에 반대한 강화진위대 저항도 주민들에게 국권회복에 대한 중요성을 절감시키는 계기였다. 이는 강화학무회에 의한 도내 56개 학구에 따른 '의무교육' 추진으로 이어졌다.

이어 사립학교 설립현황 등을 살펴보았다. 을사늑약을 계기로 위기의

---

3) 김형목, 「한말 야학운동의 기능과 성격」, 『중앙사론-상암김호일교수정년기념특집-』 21, 한국중앙사학회, 2005, 395~396쪽.
　　근대교육사·근대교육운동사·학교사에 관한 자료집·단행본과 논문 등은 이러한 분위기를 반증한다. 근대인물 중 교육활동과 무관한 경우는 거의 없을 정도이다. 그런데 양적·외형적인 성과와 달리, 인식·방법론 등은 뚜렷하게 진전된 부분을 거의 찾아볼 수 없다. 대부분은 '친일과 저항'의 도식적이고 이분법적인 인식 수준에 '가치기준'을 설정하고 있다. 이와 관련하여 한말 근대교육에 대한 부정적인 평가는 오늘날 우리에게 시사하는 바가 크다(『황성신문』 1908년 8월 30일 논설 「勸讀論語說」 ; 『대한매일신보』 1909년 12월 3일 잡동산이 「협잡교육」 참조). 이는 식민지화 심화와 더불어 智育에 치중된 '교육만능주의'에 대한 비판으로 이어졌다. 그런 만큼 '근대교육=교육구국운동'이라는 편협한 인식에서 벗어날 때, 우리 근대교육운동도 제대로 된 실상을 이해할 수 있다. 곧 문화계몽운동은 '저항과 순응'의 양면성을 본질로 한다는 사실을 절대로 간과해선 안 된다.
4) 조동걸, 「한말 계몽주의의 구조와 독립운동상의 위치」, 『한국학논총』 11, 국민대 한국학연구소, 1989 ; 박민영, 『대한제국기 의병연구』, 한울, 1998, 244~255쪽.

식 고조와 더불어 사립학교 설립은 확산되어 나갔다. 蠶豆義塾·보창학교·啓明義塾 등은 이곳을 대표하는 사학으로 발전하였다. 설립자 대다수는 자강단체 지회원인 전·현직 관료, 교사, 지역명망가·자산가, 강화진위대 장병 등이었다. 주요 교과목은 한글·역사·지리·체육·외국어 등으로 공립보통학교와 유사하였다. 다만 兵式體操를 가미한 체육은 독립전쟁론에 입각한 인재를 양성하려는 의도와 무관하지 않았다. 이는 교육구국운동과 밀접한 관련성을 공유한 부분으로 주목된다. 해산군인의 근대교육운동 투신은 이와 관련하여 의미하는 바가 크다. 운영비는 지방유지 기부금이나 의연금에 의존하였다. 물론 '의무교육' 시행에 따른 주민 부담에 의한 경우도 적지 않았다. 이곳 교육운동을 주목한 이유도 여기에 있다.

마지막으로 강화지역 사립학교설립운동의 근대교육사상 위치를 파악하였다. 이곳 사립학교설립운동은 보창학교를 매개로 전개되었다. '의무교육'에 입각한 지교 설립·운영은 이를 반증한다. 이는 강화도에만 한정되지 않고 북한지방으로 널리 확산되어 나갔다. 서북지역 근대교육 활성화는 이러한 관계 속에서 진전될 수 있었다. 더욱이 연합운동회 개최는 상무교육의 중요성을 주민들에게 일깨우는 현장이었다.[5] 이곳 사립학교는 국권회복을 도모하는 교육구국운동 차원에서 운영되었다. 곧 보창학교는 당대를 대표하는 '민족교육기관'이었다.

2. 사회변동과 인식변화

강화도는 조선후기 이래 제국주의 열강과 접촉하는 관문이었다. 주민들에게 비친 외국인 모습은 영원한 '이방인' 바로 그 자체였다. 운양호사

---

5) 이학래, 『한국근대체육사연구』, 지식산업사, 1989, 62~65쪽.

건에 의한 艦砲外交는 이들에게 위기의식과 아울러 배외의식을 고조시키는 요인이었다. 이러한 가운데 선교사들은 일찍부터 인천을 비롯한 강화지역 선교사업에 주목하였다.6) 선교 초기 분위기는 다른 지역과 마찬가지로 매우 부정적으로 접촉을 기피하는 상황이었다. 빈번한 문물 교역과 왕래는 부정적인 인식을 점차 불식시킬 수 있었다.7)

선교사업 활성화는 부분적으로 주민들 호응을 받는 등 새로운 계기를 맞았다. 곧 "안방에 갇혀 있던 부녀자를 해방하고 미신을 타파하여 문맹한 부녀사회에 교육을 전파하는" 등 문화계몽운동은 본격적인 발걸음을 내딛는 기반이었다.8) 이후 교세 확장과 더불어 진전된 근대교육은 이를 반증한다. 특히 개신교는 장족의 발전을 거듭하는 등 현지인의 지대한 주목을 받았다. 1907년 5월까지 설립된 40여 개소에 달하는 교회는 이러한 분위기를 그대로 보여준다. 신자는 4,250여 명으로 강화도 전체 인구의 약 1/4에 해당하는 엄청난 교세 발전을 보여준다.9) 주일학교나 성경학교 등도 교회의 주요한 부속사업으로 도처에서 운영되었다. 성공회도 강화도를 중심으로 종교토착화에 많은 노력을 아끼지 않았다. 선교활동은 이곳 근대교육 시행을 위한 주요한 기반이나 다름없었다.10)

한편 정부도 근대교육을 통한 인재양성에 착수하였다. 「교육조칙」에 이어 「한성사범학교관제」를 필두로 「소학교령」을 반포하는 등 근대교육

---

6) 홍석창, 『제물포지방 교회사자료집, 1885-1930』, 에이멘, 1995, 101~122쪽 ; 김형목, 「대한제국기 인천지역 근대교육운동 주체와 성격」, 『인천학연구』 3, 인천학연구원, 2004, 79~80쪽.

7) 한국사편집위원회, 『한국사』 11, 한길사, 1994, 100~102쪽.

8) 박헌용, 「군대해산」, 『신동아』 65.

9) 홍석창, 『제물포지방 교회사자료집, 1885~1930』, 282~285쪽 ; 박헌용, 『속수증보강도지』, 316~321쪽.

10) 『독립신문』, 1899년 5월 24일 논설, 「교육비 청구」 ; 국사편찬위원회, 『고종시대사』 4, 탐구당, 1970, 849쪽.

시행을 위한 각종 법령정비는 이를 반증한다.11) 처음으로 근대적인 공교
육기관인 장동·정동·묘동·계동 등 관립소학교 4개교는 서울에 설립되었
다. 이어 공립소학교는 개항장이나 관찰부 소재지 등 주요 지방도시에 설
립할 계획을 밝혔다. 당시 설립될 공립소학교는 모두 38개교이었다.12) 그
러나 계획과 달리 설립은 2~3년이나 지난 이후 겨우 이루어졌다. 물론 관
립이나 공립소학교에 대한 당대인 반응은 냉담할 뿐이었다. 근대교육에
대한 인식부족, 학생들의 새로운 환경 부적응, 자질 부족한 교사진, 미진
한 교육시설 등은 이를 가로막는 요인이었다.13) 또한 교과목이나 교수법
등은 사숙·의숙 수준에서 크게 벗어나지 않았다. 교사 대부분은 제대로
교수법을 몰라 근대교육을 담당하기에는 너무나 부적격한 인물이었다.
당시 사범학교 교수진은 모두 전통적인 학문만을 이수하였을 뿐이다. 이
러한 교육과정을 수학한 교사는 근대교육을 담당하기에 너무 벅찬 현실
이었다. 그런 만큼 근대적인 교수법이나 교과과정 등은 교육현장에 거의
반영될 수 없었다.14)

---

11) 『관보』 1895년 4월 19일 「칙령 제79호, 한성사범학교관제」 ; 『관보』 1895년 5월
    10일 「칙령 제88호, 외국어학교관제」 ; 『관보』 1895년 7월 19일 「칙령 제145호, 소
    학교령」 ; 『관보』 1895년 8월 12일 「학부령 제3호, 소학교규칙대강」 ; 『관보』
    1896년 2월 20일 「학부령 제1호, 보조공립소학교규칙」 ; 윤건차(심성보 외 역),
    『한국근대교육의 사상과 운동』, 청사, 1987, 106~111쪽.

12) 『관보』 1896년 8월 5일 「학부광고」와 9월 31일 「학부고시」 ; 黃玹, 『梅泉野錄』,
    건양원년 7월조 ; 국사편찬위원회, 앞의 책, 257쪽 ; 김홍수, 「한국 근대 초등학교의
    설립에 관한 연구-1896년~1906년의 공립소학교의 개교시기를 중심으로-」, 『논문집』
    34, 춘천교대, 1994, 34쪽.

13) 『독립신문』 1897년 9월 21일과 10월 2일 잡보 「안동관립쇼학교 교원 안영상씨의
    편지」, 1898년 7월 6일 논설 ; 『제국신문』 1898년 10월 15일 잡보 ; 『황성신문』
    1901년 12월 26일 잡보 「飭有實效」 ; 통감부, 『韓國施政一斑』, 1906, 198쪽 ; 信
    夫淳平, 『韓半島』, 1901, 320~323쪽 ; 김형목, 「사립흥화학교(1898~1911)의 근대
    교육사상 위치」, 『백산학보』 50, 백산학회, 1998, 293쪽.

14) 『황성신문』 1901년 1월 24일 잡보 「府郡小學校」 ; 노인화, 『대한제국 시기 관립

이처럼 교육현장은 법령과 상당한 괴리감을 드러내었다.[15] 더욱이 설립 초기 보부상은 이곳 공립소학교에 商會所 설립을 계획하는 등 이를 방해하고 나섰다. 강화부사 중재로 이들의 불법적인 침탈은 어느 정도 완화되었다.[16] 그런데 설립된 지 10여 년 동안 지방관이나 교원들의 무관심과 재정부족 등으로 폐교상태나 다름없었다. 鄭重根은 부임과 더불어 교실 수리를 비롯하여 시설 보완·확충에 노력을 기울였다.[17] 또한 교사 魚秉善의 열성으로 20명 미만에 불과하던 학도는 80여 명으로 급증하는 등 '외형적인' 교세 확장을 어느 정도 마련할 수 있었다. 하지만 의병전쟁 격화와 더불어 파생된 정국 불안과 학비 지원은 계획대로 이루어지지 않았다.[18] 결국 계획은 별다른 진전을 보지 못하고 말았다.

특히 통감부 설치 이래 표방된 '時勢와 民度에 適合한 교육'은 식민교육정책의 주요한 근간이었다. 공립보통학교에도 일본인 교사를 파견하는 등 일본어 교육을 강화시켰다. 반면 한글교육은 일본어와 비슷한 비중을 차지하는 등 경시되기에 이르렀다. 당시 관·공립보통학교에 대한 비판적인 입장은 이와 무관하지 않다.[19] 물론 이는 강화지역에만 한정된 문제는 아니었다. 우리의 사립학교에 의한 근대교육 시행·보급은 이러한 역사적인 연원에서 비롯되었다.[20]

───────────

　　　학교 교육의 성격 연구』, 이화여대박사학위논문, 122~127쪽 ; 김성학,『서구교육학 도입의 기원과 전개』, 문음사, 1996, 68~69쪽.

15)『황성신문』1899년 9월 1일 잡보「國庫現況」, 11월 30일 잡보「後先給俸」, 1900년 1월 19일 잡보「校費停止」.

16)『황성신문』1899년 8월 4일 잡보「商會逼校」.

17)『大韓每日申報』1906년 11월 9일 잡보「沁校復興」, 1907년 5월 15일 잡보「江校運動」;『관보』1906년 8월 16일「학사, 敍任」.

18)『大韓每日申報』1907년 5월 2일 잡보「校費請撥」; 최취수,「1910년 전후 강화지역 의병운동의 성격」,『한국민족운동사연구』2, 63~64쪽.

19) 古川昭,『舊韓末近代學校の形成』, ふるかわ海事事務所, 2002, 97~101쪽.

이와 같은 변화에 부응하여 강화학파도 實理·實事에 입각한 시무책을
강구하였다. 시세에 부응하는 논리는 적극적인 현실참여로 이어졌다.[21)
곧 양명학 계승·발전은 이들의 윤리규범이자 실천윤리였다. 주요 인물
은 李建昌·李建昇 형제와 李建芳·洪承憲·鄭元夏 등으로, 특히 이건승은
국권회복운동의 일환으로 근대교육에 동참하고 나섰다. 그의 대한자강회
에 대한 지원이나 1907년 계명의숙 설립은 이러한 인식에서 비롯되었
다.[22) 주체적인 개화·자강에 의한 자주독립은 이들에게 난세를 타개하는
최선책이자 궁극적인 목적이나 마찬가지였다.[23) 동도서기론에 입각한 대
외인식은 이를 반증한다. 특히 이건방 제자인 朴殷植·鄭寅普 등은 이러
한 이념을 儒敎救新論으로 발전·계승하였다.[24) 이는 강화 주민들에게 애
향심 고취와 더불어 애국정신과 독립정신을 일깨우는 요인으로 작용하였다.

러일전쟁 발발과 을사늑약에 따른 위기의식은 사회적인 불안과 아울러
자강단체 조직·활동을 가속화시켰다.[25) 자강론자 대부분은 러일전쟁을
통하여 서구 열강에 버금가는 제국주의로 변모한 일본의 실체를 점차 인
식하기에 이르렀다. 征韓論 차원을 벗어나 인종주의에 입각한 '아시아연
대론'도 일부 한국인 식자층에서 영향력을 발휘하기 시작하였다.[26) 이와

---

20) 『황성신문』 1904년 6월 8일 잡보 「政議三件」 ; 김형목, 「자강운동기 한성부민회
    의 의무교육 시행과 성격」, 『중앙사론』 9, 중앙사학연구회, 1997, 65-66쪽.
21) 유준기, 『한국민족운동과 종교활동』, 국학자료원, 2001, 378~379쪽.
22) 설립 시기는 연구자에 따라 약간 다르게 나타난다. 심지어 군지나 향토지에도 각각
    달리 서술하는 등 부분적인 오류를 드러내었다. 그런데 「本塾創立記念歌」를 통하
    여 1907년 5월 24일(음력)이 건립한 날짜임을 쉽게 파악할 수 있다(이건창, 『明美
    堂全集』영인, 경인문화사, 1977 참조).
23) 신용하, 「해제, 계명의숙설립취지서」, 『한국학보』 6, 291~293쪽.
24) 신용하, 「박은식의 유교구신론·양명학론·대동사상」, 『역사학보』 73, 1977, 37~38쪽.
25) 최기영, 「한말 애국계몽운동의 연구현황과 전망」, 『한국사론』 25, 국사편찬위원회,
    1995, 375~376쪽.
26) 김도형, 「대한제국기 계몽주의계열 지식층의 '삼국제휴론'-인종적 제휴론을 중심으

더불어 사회진화론도 국제적인 사회질서로서 인식되는 등 막강한 영향력을 발휘하는 상황이었다. 강화도 자강론자들도 이러한 인식에서 크게 벗어나지 않았다. '기독교=문명화'라는 인식은 당시 식자층에서 널리 풍미하였다.[27] 이러한 가운데 조직된 각종 자강단체 회원들은 사립학교설립운동을 추진하는 중심세력으로 부각되었다.

강화도에 조직된 최초 자강단체는 대한자강회 강화지회였다.[28] 현재 설립인가 당시 임원진이나 구체적인 지회원 등은 거의 알 수 없다. 다만 군수 李祖鉉이나 이동휘가 대한자강회 회원임을 파악할 수 있을 정도이다.[29] 반면 南陽과 仁川은 설립인가 초창기 지회장을 비롯한 임원진과 지회원까지 파악할 수 있다. 그러나 강화지회원은 이미 지역 내 주요 사회세력을 형성하는 가운데 영향력을 발휘하고 있었다. 이들의 궁극적인 목표는 사회진화론에 입각한 自强獨立이었다. 지회원들은 강연회·토론회·체육대회 개최 등을 통하여 주민들에게 근대교육의 필요성과 중요성을 역설하였다. 교육자강론에 근거한 교육구국운동 표방은 이들의 지향하는 바를 그대로 보여준다.[30] 동시에 사립학교 설립·운영과 교사로서

로-」,『한국근현대사연구』13, 2000, 18~25쪽 ; 박성진,『사회진화론과 식민지사회
　사상』, 도서출판 선인, 2003, 115~124쪽.

27) 김도형,『대한제국기의 정치사상연구』, 지식산업사, 1994, 147~149쪽.

28) 편집부,「本會續報」,『대한자강회월보』8, 72쪽 ;「本會會錄」,『대한자강회월보』
　9, 45쪽 ;「本會會報」,『대한자강회월보』10, 45~46쪽.

29) 오환일,「한말 강화도 사립학교설립운동의 성격」,『한국사의 탐구』, 818쪽. 그는 지
　회원을 48명으로 파악하였다. 이는 사실과 전혀 다르다. 강화군 지회가 설립된 사
　실은『대한자강회월보』에 나타난다. 그러나 현재까지 지회원 명단은 파악할 수 없
　다(차선혜,「구국계몽단체의 설립과 경기지회」,『경기도사(한말편)』6, 경기도청,
　2004, 312쪽). 다만 지회장은 이동휘인 사실에서 그와 관련된 인물이 아닌가 추측
　할 수 있을 뿐이다(반병률,『성재 이동휘 일대기』, 58쪽).

30) 유영렬,「대한자강회의 애국계몽운동」, 조항래 편저,『1900년대의 애국계몽운동연
　구』, 아세아문화사, 1992, 63~67쪽.

활동도 이러한 인식과 무관하지 않다.

기호흥학회는 기호지방 근대교육 시행과 문명화를 촉진하기 위하여 조직된 계몽단체였다. 경기도내 설립인가된 지회는 廣州·水原·仁川·강화 등 모두 7개소였다.31) 발기 당일 참석한 유지신사는 90여 명에 달할 정도로 성황이었다. 흥학권유위원 趙琬九 시찰 결과에 따라 강화지회는 1908년 10월 劉秉珌 동의로 본회에서 설립인가를 받았다. 당시 지회원은 30명이었다. 그런데 조직체계·임원진이나 지회원 중 姜大欽·黃範周·權泰亨·田炳奎 등을 제외한 구체적인 인물은 파악할 수 없다.32) 다만 당일 참석자 대부분은 군수인 韓永福을 비롯한 면·이장과 유지신사 등이었다. 이러한 사실을 통하여 주요 활동가는 문화계몽운동에 종사하거나 공감하는 인물들로 추측할 수 있다. 한영복은 관내 40여 사립학교 지원에 솔선수범하였다.33)

특히 강화진위대장에 부임한 이동휘는 이를 주도한 대표적인 인물이다. 그는 일찍이 보창학교 설립·운영을 주도하는 한편 대한자강회·신민회·한북흥학회·서북학회 임원과 회원으로서 왕성한 계몽활동을 전개하였다. 강화진위대장을 사임한 이후 근대교육 보급을 위한 활동은 더욱 집중되었다.34) 그는 강대흠·황범주 등과 주민 부담에 의한 의무교육 시행을 위한 단체 결성을 주도하였다. 면장·이장 등을 비롯한 유지 수백 명이

---

31) 김형목, 「기호흥학회 경기도 지회 현황과 성격」, 『중앙사론』12·13합집, 중앙사학연구회, 1999, 74~76쪽. 최취수는 한말 강화지역 계몽단체는 대한자강회 지회뿐이라고 하였다(최취수, 「1910년 전후 강화지역 의병운동의 성격」, 『한국민족운동사연구』 2, 62쪽). 이는 사실과 다르다. 기호흥학회 지회나 강화학무회·합성친목회를 비롯하여 교회를 중심으로 각종 계몽단체가 조직·활동하고 있었다(홍영기, 「이동휘의 구국운동(1905~1907)에 관한 새로운 자료」, 『한국근현대사연구』 1, 1994, 284~285쪽).

32) 편집부, 「회중기사」, 『기호흥학회월보』 5, 47~48쪽.

33) 『대한매일신보』 1909년 7월 14일 잡보 「됴혼일이오」.

34) 홍영기, 「이동휘의 구국운동(1905~1907)에 관한 새로운 자료」, 『한국근현대사연구』 1, 288~305쪽 ; 반병률, 『성재 이동휘일대기』, 66~74쪽.

군청에 회집한 가운데 임시의장 이동휘 사회로 江華學務會 발기대회는
개최되었다. 당시 지방관의 의무교육 실시에 대한 의지와 주민들 열의는
대단한 기세였다.

> 江華郡에서 義務教育을 實施ᄒ기 爲ᄒ야 該郡紳士 李東暉 姜大欽 黃
> 範周諸氏가 發起ᄒ고 郡內紳士及 面長里長 數百人이 今月 二十四日에
> 郡廳에 會集ᄒ야 學務會를 組織ᄒ야ᄂᄃᆡ 臨時會長 李東暉氏가 開會趣旨
> 을 說明ᄒ고 本郡守 高青龍氏은 義務教育實施ᄒᄂᄃᆡ 未開ᄒ 人民이 妨
> 害ᄒᄂ者ㅣ 有ᄒ면 雖强制라도 決斷코 實施乃已ᄒ겟다고 激切勤勉ᄒ고
> …(중략)… 各校塾經費ᄂ 各區域內 士民의 分擔ᄒ 義務錢穀과 志士의
> 特別義捐과 學徒의 月謝로 永遠維支케ᄒᆫ다ᄒ니 江華一郡이 我韓義務教
> 育實施의 訓導模範되기를 確信ᄒ겟더라.[35]

즉 군수는 강제적인 방법을 동원한 의무교육 시행을 역설하고 나섰다.
이에 신사유지와 면장·이장 등도 호응하는 등 도내 근대교육은 도약을
위한 새로운 '계기'를 마련한 셈이다. 당시 피선된 임원진은 회장 강대흠,
부회장 趙尚錫, 총무 황범주 등이었다. 임원 선정 후 의무교육의 시급성
을 역설한 이동휘는 참석자의 환호를 받았다. 의무교육 시행방안은 생활
정도에 따라 주민 부담에 의한 사립학교 설립으로 이어졌다.[36]
　의무교육 시행을 위한 주요 내용은 다음과 같다. "첫째, 강화도내 16면
114개 마을을 56개 學區로 나눈다. 둘째, 학구마다 사립학교를 설립한
다.[37] 셋째, 學齡兒童은 강제로 각 '구역학교'에 입학시킨다. 넷째, 15세

---

35) 『황성신문』 1908년 3월 8일 잡보 「江華義務教育」.
36) 『大韓每日申報』 1908년 3월 18일 잡보 「江郡학風」 ; 『황성신문』 1908년 3월 8일
　　잡보 「江華義務教育」.
37) 신용하, 『한국민족독립운동사연구』, 을유문화사, 1985. 164쪽.
　　56개 학구에 필요한 의무학교는 56개교였다. 그런데 보창학교지교 21개교와 進明·

이상 20세 이하 한문에 능숙한 자는 보창학교 중학과에 입학시킨다. 다섯째, 20세 이상 40세 이하 한문에 능한 자는 中成學校 사범속성과에 입학시킨다. 여섯째, 학교경비는 주민들 생활정도에 따라 부과한 의무금, 유지들 의연금, 학생 월사금 등으로 충당한다." 의무교육은 민족지도자와 교사 양성 등 긴밀한 관계·계획에 따라 시행되었다.[38] 보창학교 중학과와 중성학교 사범과 설치는 이를 반증한다. 또한 신·구학 절충은 지역적인 특성을 반영한 부분이다. 한문 능통자에 대한 우대책과 교사로서 양성은 이러한 현지 분위기와 결코 무관하지 않다.

이는 주민들의 적극적인 호응 속에서 실천에 옮겨졌다. 면장·이장 등 교육활동에 적극적인 입장은 이러한 상황에서 비롯되었다. 내가면장 韓丙烈은 교육활동에 열성을 다하였다. 또한 행정사무도 공평무사하게 처리하는 등 주민들의 절대적인 신임을 받았다. 遺惠碑(송덕비의 일종 : 필자주) 건립은 현지 분위기를 상징적으로 보여준다.[39] 이러한 가운데 강화학무회도 '의무학교' 내에 국문야학교를 설립하였다. 이는 근로청소년과

啓明·昌華·共化 등 25개교가 이미 설립되었다. 따라서 신설해야할 학교는 31개교였다. <표 1>에 나타난 바처럼, 1908년 이전 도내에는 사립학교에 의한 근대교육이 널리 시행되고 있었다. 이와 더불어 향학열도 고조되는 등 강화도는 대한제국기 근대교육운동사상 '상징적인' 중심지나 다름없었다.

38) 정숭교, 「대한제국기 지방학교의 설립주체와 재정」, 『한국문화』 22, 서울대, 1998, 298~300쪽. 교사 양성문제는 근대교육운동의 진전과 더불어 주요한 당면문제였다. 우후죽순처럼 설립된 사립학교와 달리, 이에 필요한 교사 확보는 제대로 이루어지지 않았다. 사립학교설립운동의 가장 큰 난제는 바로 원활한 운영비와 교사 확보였다. 「사립학교령」 시행에 의한 근대교육 침체는 이러한 상황에서 비롯되었다. 반면 지역 단위로 시행된 의무교육은 사립학교 부설이나 독립된 사범강습소·사범과·고등과 등을 통한 교사 양성에 노력을 기울였다. 기호흥학회의 교사소개소 운영도 이와 같은 목적에서 비롯되었다. 이는 근대교육운동을 진전시키는 디딤돌로서 작용하였다.

39) 『황성신문』 1910년 3월 12일 잡보 「面長의 頌德碑」 ; 『大韓每日申報』 1910년 3월 13일 잡보 「韓氏有頌」 ; 『대한매일신보』 1910년 3월 13일 잡보 「한씨송덕」.

문맹한 성인을 위한 의무교육 확대의 일환이었다.[40) '의무학교' 운영은
주민들에게 시세변화를 직접 경험하는 요인이나 다름없었다.

한편 일진회를 비롯한 친일세력은 동조세력 규합을 위하여 일어학교를
설립·운영하였다.[41) 논지는 문명화를 위한 근대교육 보급이었다. 강화학
교 설립·운영은 이와 같은 목적에서 비롯되었다.[42) 당시 재학생수는 70여
명으로 '제법' 큰 규모였다. 곧 일진회의 문명화 논리는 주민들에게 일정
부분 영향력을 발휘하고 있었다.[43) 이들은 개진교육회·해산회사 등과 이
권분쟁을 일삼는 등 지역사회 불안을 가중시켰다. 일진회 본부는 60명 중
앙회원과 지방회원 2,000여 명을 파견하는 한편 일본헌병대에 보호를 요
청하였다.[44) 현지에 파견된 일본헌병은 일진회원을 두둔한 반면 현지 민
가를 약탈하는 등 불법을 일삼았다.

주민들은 작폐를 일삼는 이들의 실체를 인식하면서 철저하게 배척하여
나갔다. 자강단체 활동과 근대교육 등은 민중의식을 일깨우는 중요한 '촉
매제'로 작용하였다.[45) 의병전쟁 와중에 강화군수 鄭璟洙 처단과 일진회
원에 대한 공격은 이러한 배경과 무관하지 않았다. 그는 평의원·전북지부
장·수원군지회장 등 일진회 요직을 두루 역임한 인물이었다.[46)

40) 『황성신문』 1908년 3월 10일 잡보 「兼設夜學」.
41) 『황성신문』 1905년 1월 31일 잡보 「熱心做學」.
42) 『황성신문』 1905년 10월 5일 잡보 「一進設校數」 ; 永島廣紀, 「일진회의 일어학
   교에 대한 고찰」, 『한일관계사연구』 7, 한일관계사학회, 1997.
43) 『황성신문』 1907년 8월 22일 잡보 「學校錄去」.
44) 『大韓每日申報』 1906년 1월 12일 잡보 「江華會鬧」, 1월 17일 잡보 「一進作弊」,
   1월 30일 잡보 「靑年無事」.
45) 최취수, 「1910년 전후 강화지역 의병운동의 성격」, 『한국민족운동사연구』 2, 81~
   82쪽.
46) 『황성신문』 1907년 9월 10일 잡보 「鄭氏追悼會」, 9월 18일 잡보 「地方消息」, 10월
   18일 잡보 「特贈救恤」 ; 이용창, 『동학·천도교단의 민회설립운동과 정치세력화 연구
   (1896~1906)』, 중앙대박사학위논문, 2004, 218~220쪽.

이러한 가운데 강화도는 일제 침략에 저항하는 의병전쟁과 근대민족교육 중심지로서 점차 변화되었다. 하도면 장곶동 등을 비롯한 주민들은 국채보상의연금 모집에 동참하였다.[47) 국채보상운동 참여는 현실에 대한 모순을 다시금 인식시키는 계기였다. 동군 外州洞 宋勉德·金敎昌·黃重夾 등은 「국채보상취지서」를 채택하는 등 주민들 관심을 집중시켰다. 요지는 "외채로부터 해방하여 독립국가 기초를 굳건히 하자"였다.[48) 동리 단위로 모금은 취지서에 대한 관심도를 일정 부분 반증한다. 특히 선원면은 이러한 분위기를 그대로 보여준다.[49) 시장세 신설에 대한 저항은 이와 관련된 민중층 성장이라는 점에서 주목되는 부분이다.[50)

3. 사립학교 설립현황

강화도 최초의 근대적인 사립학교는 목사 조원시와 박능일 등의 협력으로 설립한 잠두의숙이었다. 이들은 선교사업 일환으로 蠶豆敎會 내에 학교를 설립한 후 초등교육을 실시하였다.[51) 당시 학생수는 3명에 불과한 '초라한' 규모였고, 교과과정도 제대로 준비되지 않았다. 이는 선교사업으로 추진된 사립학교의 일반적인 양상과 마찬가지였다. 다만 교세 확장과 더불어 근대교육에 대한 인식을 확산시킨 사실은 이곳 근대교육사

---

47) 『大韓每日申報』1907년 4월 12일 국채보상의연금수입광고 「京畿道江華郡下道面長串洞」.
48) 『大韓每日申報』1907년 5월 29일 잡보 「江華郡外州동國債報償趣旨文」.
49) 『大韓每日申報』1907년 7월 18일 국채보상의연금수입광고.
50) 『大韓每日申報』1910년 4월 6일 잡보 「市場一斑」.
51) 박헌용, 『속수증보강도지』, 1932, 322쪽 ; 유지영, 「合一學校와 故崔尙鉉氏-그의 사업은 교육계의 금자탑-」, 『신동아』 11월, 196쪽.

상 중요한 의미를 지닌다. 주역은 조원시·孫承龍·김봉일로 목사·신도 등
이었다.

1908년 12월 사립 잠두합일학교로 개칭과 더불어 이듬해 학부로부터
사립학교 설립인가도 받았다.[52] 교장은 손승룡으로 학생수는 80여 명에
달할 정도로 발전을 거듭하였다. 이어 田炳奎 교장과 金容夏 교사 등도
교세 확장에 더욱 매진하는 등 노력을 아끼지 않았다. 향중부로들도 이에
호응함으로써 발전의 기틀을 마련할 수 있었다. 이듬해 겨울부터 부설로
야학교를 운영하자, 일시에 30여 명이 매일 출석하는 등 성황을 이루었
다.[53] 조원시·손승룡·崔國鉉 등은 여성교육에 관심을 돌렸다. 위량면 홍
천동 제일합일여학교 설립은 이러한 인식에서 비롯되었다.[54]

育英學院은 1904년[55] 이동휘와 유경근·윤명삼 등에 의하여 설립되었
다. 설립 목적은 군인 자제와 일반 자제에 대한 근대교육 시행을 통한 구
국간성을 양성하는데 있었다.[56] 초기 모집된 학도는 각각 30명과 20명으

---

52) 박헌용,『속수증보강도지』, 322쪽 ; 전택부,『토박이 신앙산맥』3, 대한기독교출판
　　사, 1992, 29쪽.
53)『大韓每日申報』1910년 1월 8일 학계「江倅知務」.
54) 전택부,『토박이 신앙산맥』3, 90쪽.
55) 보창학교 설립시기와 설립주체 등에 대한 논의도 분분하다. 대부분 연구자는 설립
　　자를 이동휘 개인으로 파악하고 있다. 반병률은 설립시기를 이동휘 활동과 관련하
　　여 1905년 3월 이후로 추정하였다(반병률, 앞의 책, 48쪽). 주요한 근거는 尹喆圭
　　와 소송문제를 제시하였다. 논지는 이 사건으로 이동휘가 교육활동에 종사할 수 있
　　을 만큼 여력이 없었다는 점이다. 그런데 주52)에 나타난 바처럼, 1904년 11월에
　　보창학교 전신으로 생각되는 학교가 이미 운영되고 있었다. 보다 정확한 시기와 보
　　창학교의 근대교육사상 의의는 차후 별도로 다루고자 한다.
56)『황성신문』1904년 9월 21일 잡보「隊中學校」, 11월 15일 잡보「敎育可賀」, 1905년
　　3월 22일 광고「私立江華育英學校贊成金(續)」;『大韓每日申報』1904년 11월
　　16일 잡보「열심교육」. 의연금 기부는 육군부장 閔泳煥·趙東潤·閔丙奭·尹雄烈
　　등 군수뇌부 거의 참여하였다. 이는 군부 내에서 절대적인 신임을 받는 이동휘의
　　위상을 엿볼 수 있는 대목이다. 또한 김동수 등도 동참하는 등 지역민의 적극적인

로 총 50여 명에 달하였다. 교과목은 본국지리·역사, 외국지리·역사, 국문, 산술, 영어, 일어 등이었다. 曹喜壹과 金萬植은 각각 일어와 영어 명예교사로서 자원하여 열성을 다하는 등 학생들 향학열을 고취시켰다. 교과과정은 소학·보통과인 초등교육과 영어·일어과인 중등교육으로 구분되었다. 입학자격이나 신입생 선발 규정은 이를 반증한다.[57] 강화도내 사립학교 설립을 통한 교육구국운동은 이를 계기로 발전을 거듭할 수 있었다. 1905년 보창학교지교로 설립된 甲湖·月湖·山湖學校는 당시 고조된 교육열을 반증하는 부분이다.[58]

1908년 하도면 여차리와 홍왕동 유지들은 普興義塾을 설립하여 학생 50~60명을 가르쳤다. 숙장 朴吉秉과 숙감 李泰榮 등은 열성을 다하여 향학열을 고취시켰다.[59] 이러한 분위기는 尼山義塾 설립·운영으로 이어졌다. 운영자는 보흥의숙의 숙장·숙감이었다. 근로청소년을 위한 야학 설립은 주민들의 적극적인 호응을 받았다. 100여 명을 차지하는 야학생과 學父兄會의 지원 등은 당시 분위기를 보여준다.[60] 인근 장곳동 彰成學校도 유지와 주민들 협력에 의하여 설립되었다. 임원진은 교장 朱潤昌, 교감 金根培, 학감 朱時默, 찬성장 尹喜壹, 교사 尹正儀·丁寅燮, 찬성원 朱尤讚·金顯祚 등이었다. 이들은 면학분위기 조성을 위하여 정기적으로 시험을 실시·포상하였다.[61]

군수 韓永福은 도내 흥학을 위하여 노력하였다. 1909년 6월말 현재 운

후원과 호응을 나타난다. 이는 보창학교에 의한 사립학교설립운동을 진전시키는 요인이었다.

57) 『황성신문』 1905년 2월 15일 광고 「育英學校補助金額」·「학생모집광고」.

58) 편집부, 「학계휘문, 普昌卒業」, 『기호흥학회월보』 10, 36쪽.

59) 『大韓每日申報』 1908년 7월 4일 잡보 「江郡新校」.

60) 편집부, 「학계휘문」, 『기호흥학회월보』 8, 65~66쪽 ; 『大韓每日申報』 1909년 2월 18일 잡보 「尼山復興」.

61) 『大韓每日申報』 1909년 5월 9일 광고.

영 중인 42개 학교에 대한 지원을 아끼지 않았다.62) 그는 공명정대한 소
송사를 해결하므로써 주민들의 절대적인 지지를 받았다. 이러한 분위기
는 주민들의 사립학교에 대한 전폭적인 지원으로 이어졌다. 이는 「사립학
교령」으로 근대교육운동의 전면적인 부진과 달리 강화도를 '민족교육'
중심지로서 부각시켰다.

강화도 근대여성교육은 보창학교에서 시작되었다. 이동휘는 남녀차별
을 불식시키는 유효한 수단으로 여성교육에 주목하였다. 여학과 설치는
이러한 의도에서 추진되었다. 그는 학부에 여학생을 위한 교사 신설을 요
청하는 등 근대여성교육에 앞장섰다.63) 이를 계기로 여성교육은 물론 이
들의 사회활동을 확대시킬 수 있는 기반을 마련할 수 있었다. 길상면 초
지동 전의관 민준식 부인은 서울의 안동부인회에 의연금을 기부하는 등
여성단체 지원에 앞장섰다. 안동부인회는 그녀로 하여금 강화에 여성단
체 조직을 요청할 정도였다.64) 나아가 그녀는 여학교 설립을 지원하는 등
여성교육에 노력을 경주하였다. 군수 한영복 부인도 여학교 설립을 계획
하고 있었다. 남편의 홍학을 위한 활동에 고무된 그녀는 여학교 명예교사
로서 활동할 생각이었다.65) 초등·중등교육과 아울러 실업교육도 병행되
었다. 양잠전습소 설립취지는 당시 실업교육에 대한 이곳 계몽론자들의
관심도를 어느 정도 보여준다.66)

강화지역 의병전쟁의 격화는 사립학교설립운동에 치명적인 타격을 주
었다. 중심 인물인 이동휘는 경시청에 구속되는 등 교육활동에 관여할 수

---

62) 『大韓每日申報』 1909년 7월 11일 잡보 「江都福星」.
63) 『황성신문』 1906년 4월 19일 잡보 「校長請舍」; 『제국신문』 1906년 1월 16일자.
64) 『大韓每日申報』 1907년 3월 17일 잡보 「부인지회」.
65) 『황성신문』 1908년 10월 27일 잡보 「女校將設」.
66) 『大韓每日申報』 1907년 12월 13일 광고 「京畿道 江華郡에 養蠶傳習所와 農事
    模範場趣旨書」.

없었기 때문이다.[67] 더욱이 일본군은 학교에 주둔하는 등 정상적인 교육
활동을 불가능하게 만들었다. 학교장 이동휘 사임에 따른 주민들 동요도
보창학교 운영을 어렵게 하는 요인 중 하나였다.[68] 무수한 난간에도 계몽
활동가들은 근대교육을 통한 구국활동을 중단하지 않았다. 제국주의 침
략의 '전초기지'나 다름없는 지역적인 특성과 이를 통한 다양한 인식은
근대교육 '메카'로서 거듭나게 하는 요인이었다.

한편 개진교육회 강화지부도 향교 내에 중성학교 설립 계획을 세웠다.
부윤 安學柱는 의연금 400원을 지원하는 가운데 유지인사 찬성금 등으로
개교하기에 이르렀다. 교사는 金萬植·黃範周 등이고, 교과목은 한문·지
리·역사·영어·일어·산술·법률·회화 등이었다.[69] 특히 사범과 설치는 고
조된 교육열에 부응하는 교사양성을 위한 일환이었다. 입학자격은 15세
이상 30세 이하로 제한하였다. 이와 아울러 소학교인 중성지교 설립은 사
범교육 실습현장을 위한 일환이었다.[70] 보창학교의 중학교 승격도 이러
한 의도와 무관하지 않았다.[71] 강화도내 의무교육은 이러한 중장기적인
계획에 따라 실질적인 효과를 거둘 수 있었다. 당시 설립된 '주요' 사립학
교는 <표 1>과 같다.

---

67)『大韓每日申報』1907년 8월 15일 잡보「지방정형」, 8월 17일 잡보「必因誣陷」,
　　8월 31일 잡보「三兄弟砲殺」;『황성신문』1907년 12월 4일 잡보「權李蒙放」.
68)『大韓每日申報』1908년 5월 26일 잡보「校務委託」.
69)『황성신문』1906년 4월 17일 잡보「江府中校」, 5월 29일 광고.
70)『황성신문』1906년 4월 21일 잡보「府請設校」.
71)『大韓每日申報』190년 4월 3일 광고, 1908년 3월 18일 잡보「江都학風」;『황성
　　신문』1906년 4월 3일 광고「師範學貝募集」.

〈표 1〉 대한제국기 강화도 사립학교현황72)

연 도	학 교 명	소 재 지	설 립 자	교 사 진	학생수	전 거
1901	合一義塾; 蠶頭合一學校	位良面 興天洞	趙元時;전도사 朴能一;목사	田炳奎;교장 金容夏;교사	80	『강지』;『강화』;『도사』 『大』1910.1.8,1.11,5.6 『대』1910.7.2,7.8;『신동』35-11
1904	育英學院; 普昌學校 (1905)	강화진위대 관청내	李東輝, 尹明三,劉景根	조희일;일어, 김승조,김남식, 갈현대,고시준, 송석린,어용선, 박중화	150	『황』1904.9.21,11.15,1905.2.15, 3.22,1906.4.3,4.12,4.19,5.19, 1908.10.31;『大』1904.11.16, 1906.1.5,3.29,4.3,5.4,7.13,7.18, 9.2,10.10,10.23,1907.5.4,.5.19, 1908.1.15,2.25,3.4,3.18,5.26, 6.17,12.30,1910.3.25;『기호』2 『강지』;『경기』;『도사』
1905	甲湖普昌學校支校		보창학교	이동휘;교장	3곳 100명	『황』1905.7.5;『강지』;『강화』
	月湖普昌學校支校		유경근	유경근;교장	〃	『황』1905.7.5,1909.2.5 『大』1908.5.28,12.30,1910.4.2 『기호』10
	山湖普昌學校支校	北寺	보창학교	이동휘;교장 張東植;교감	〃	『황』1905.7.5;『기호』2;『강지』
	여학과		보창학교 부설	보창학교 교사	10	『황』1905.7.5,1906.4.19, 『제』1906.1.16
	光明學校		유경근	보창지교		『경기』;『강지』;『강화』
	中成學校; 江華學院	읍내 향교강당	黃翊周;개진교 육회 지회장	閔丙奭(曹相建,李胤鍾); 교장,閔泰雲· 黃範周;교사	80	『황』1906.4.17,4.21,6.5,7.20 『강지』;『강화』;『도사』 『大』1908.3.18
	중성지교	중성학교내	황익주	중성학교 교사	다수	『황』1906.4.21;『大』1908.3.18 『강지』
	日語學校	읍내	일진회	임원	70	『황』1905.10.5,1907.8.22
1906	永生學校		유지제씨		수십명	『강지』
	華農學校		유지제씨 마을주민		40	『강지』;『강화』
	啓明義塾	下道面 사기동	李範夏·李善宰	愼炳鎬·沈圭澤;강사, 이선재(權炳孝); 교감	120	『大』1907.9.24,1908.3.18,6.6, 1909.2.19;『황』1908.8.2,8.7 『강지』;『강화』;『기호』 『명미당』
1907	普昌中學校		유지제씨		다수	『大』1908.3.18;『강지』
	繁山學校	오산	주민	보창학교지교	갑을병	『황』1908.8.1;『大』1908.5.6 『강지』
	匡山學校		유지제씨		수십명	『大』1908.5.6,1909.10.28

연 도	학 교 명	소 재 지	설 립 자	교 사 진	학생수	전 거
1908	永明學校	위량면 외주동	유지제씨	李錫烈· 宋堯彬;교사	주야/50	『大』1908.4.16;『강지』
	연영학교		보창학교지교	보창학교 상급생		『기호』;『강지』
	花島義塾		유지제씨	박창희,조영찬, 최인?	130	『大』1908.3.18,11.14;『강지』 『강화』
	여학교	읍내	한영복(군수) 부인	좌동		『황』1908.10.27
	大東學校	송해	朴圭陽	좌동		『大』1908.7.21;『강지』;『시』 1925.11.11
	普興義塾	하도 여차리 ·홍왕동	유지제씨	朴秉吉;숙장 李泰榮;숙감	60	『大』1908.3.18,7.4;『강지』
	尼山義塾	하도 如此洞	咸命植	朴吉秉;숙장, 李泰榮;숙감	주야 /100	『大』1908.11.14,1909.2.18 『기호』8
	彰成學校	하도 장곶동	마을유지와 주민	朱潤昌;교장 金根培;교감 朱時默;학감 尹正儀· 丁寅燮;교사	40	『大』1909.5.9,1910.4.9
	측량학교	읍내	金用鎬 高成根			『황』1908.9.12
1909	集一學校; 보창학교지교	내가 오산리	韓丙烈	좌동	수십명	『大』1974.4.1,1908.3.18, 1910.3.12;『강지』
	제일합일 여학교	위량 홍천동	합일학교	합일학교 교사	다수	『강지』;『토박이』;『황』1909.10.19

---

72) 『독』은 독립신문, 『황』은 황성신문, 『大』는 대한매일신보(국한문혼용판), 『대』는 대
한매일신보(한글판), 『제』는 제국신문, 『시』는 시대일보, 『도사』는 京畿道史, 『경기』
는 京畿道教育史, 『기호』는 畿湖興學會月報, 『강지』는 江都誌, 『신동』은 신동
아, 『강화』는 江華史, 『명미당』은 명미당전집, 『토박이』는 『토박이 신앙산맥』3
등을 각각 의미한다.

<표 1>은 강화도에 설립된 '대표적인' 사립학교를 의미한다.[73] 30여 보창학교지교 중 극히 일부만이 파악된 점은 이러한 사실을 분명하게 보여준다. 彰明학교도 당시에 전혀 거론조차 되지 않았다.[74] 이곳 사립학교설립운동 특징은 다음과 같이 정리할 수 있다.

첫째, 사립학교 설립은 1905년부터 활성화되었다. 이는 보창학교 설립과 더불어 시작된 사실을 의미한다. 특히 병식체조와 상무정신을 고취시키는 등 國亡에 대한 위기의식은 교과과정에 그대로 반영되었다. 군사훈련을 방불케 하는 체육은 시대적인 상황과 맞물려 장차 독립군을 양성하려는 의도와 무관하지 않았다.[75] 1907년 5월 21일 풍덕·통진 등지 교직원과 학생을 초빙한 연합운동회에는 학생만 1,100여 명이나 참가하였다. 통진군수이자 분양학교장인 조동선과 풍덕군수 이윤종 등은 연설회를 통하여 학생들 경쟁심을 분발시켰다.[76] 이들은 답례 형식으로 분남학교와 보창학교 연합운동회를 주선하였다. 당시 참가자는 3개교 400여 명과 관내 사숙 생도 100여 명 등 500여 명에 달하는 대성황이었다.

경기 종료 후 개최된 강연회는 주민들에게 대단한 호응을 받았다.[77] 연합운동회 등 활동은 1908년 이후 인근지역 사립학교도 다수 참가하는 등 활발하게 진행되었다. 이는 운동주체의 성격과 관련하여 시사하는 바가 크다. 이처럼 보창학교 전신인 육영학원은 이동휘 활동으로 발전을 거듭할 수 있었다.[78] 강화진위대장으로 부임한 그는 '國民皆學'을 표방하는

---

73) 김영우, 「한말의 사립학교에 관한 연구 <Ⅰ>과 <Ⅱ>」, 『교육연구』 1·3, 12~13쪽과 6~13쪽. 대한제국기 설립된 사립학교 일람에도 일부만 파악되고 있다. 육영학원과 보창학교, 잠두학교와 합일학교를 별도로 파악하는 등 중복되는 부분도 적지 않다.
74) 『동아일보』 1924년 6월 12일 「尼山講習好績, 校室까지 新築」.
75) 고택, 「군대해산」, 『신동아』 65, 360쪽.
76) 『만세보』 1907년 5월 25일 잡보 「發憤削髮」.
77) 『대한매일신보』 1907년 7월 16일 잡보.
78) 『황성신문』 1905년 2월 15일 광고, 3월 22일 광고.

등 육영사업의 중요성을 주창하고 나섰다. 주민들은 생활정도에 따라 '의무교육비'를 납부하는 등 적극적인 지원을 아끼지 않았다. 이러한 전통은 1920년대까지 계승·발전되었다.[79]

둘째, 교사양성은 사범교육기관을 통하여 체계적으로 이루어졌다. 사립학교설립운동의 가장 취약한 부분은 운영비 확보와 교사 양성 등 중장기적인 계획 부재였다. 사학 설립과 달리 근대적인 교수법이나 교과목을 가르칠 수 있는 교사는 너무나 부족하였다. 그런데 보창학교 중등과와 중성학교 사범과는 교사 양성을 위한 사범교육기관이었다.[80] 이는 의무교육 시행과 더불어 교육내용 충실화를 기할 수 있는 기반이나 다름없었다.

셋째, 도내를 중심으로 시행된 '의무교육'이다. 의무교육은 근대 자주독립국가 건설을 위한 중요한 요인 중 하나였다. 일제는 '시세와 민도'를 핑계로 이를 저지하는데 노력을 아끼지 않았다. 통감부시기 제정된 「보통학교령」·「사립학교령」·「학회령」·「교과서검정규칙」 등 각종 교육법령은 대표적인 경우이다.[81] 오직 식민정책에 순종·복종하는 '식민지형' 인간을 양성하는 우민화는 저들의 궁극적인 목적이었다. 그런데 강화학무회는 學區를 중심으로 보창학교지교 설립에 의한 '의무교육'을 실시하였다. 또한 지교 부설로 운영된 야학도 '의무교육'과 무관하지 않았다. 이는 일제의 혹독한 탄압에도 강화도를 근대교육운동 '요람지'로 변모시킨 요인이나 다름없었다.

넷째, 설립·운영주체는 개신교도를 비롯한 교사·상업자본가와 전·현직 관리 등이었다. 조원시·박능일·손승룡·이동휘·유경근·윤명삼 등은 대표적인 중심인물이나 다름없었다. 특히 강화학파의 마지막 보류인 이건승·

---

79) 『동아일보』 1924년 6월 2일 「習陣坪運動會」.

80) 『大韓每日申報』 1907년 5월 4일 잡보 「창校卒業」.

81) 정재철, 『일제의 대한국식민지교육정책사』, 일지사, 1985, 194~210쪽.

이건방 등의 계명의숙 설립은 개신유학자들의 현실인식을 반영한 점에서 중요한 의미를 지닌다. 물론 이들 대부분은 기호흥학회·대한자강회 지회 원이었다. 특히 이동휘는 기독교로 개종한 이래 육영사업을 통한 교육구 국운동에 앞장섰다. 그를 기독교로 인도한 이는 김우제이다.[82] 김우제는 존스 목사와 함께 교산리 다리목교회를 설립한 김상임의 아들이었다. 이 처럼 대부분은 기독교와 관련된 인물이다. 이들은 '기독교=문명화'라는 단순한 인식을 극복하고, 구국간성을 양성하는 입장에서 사립학교설립운 동을 추진하였다.

마지막으로 여자교육이 부진한 사실이다. 여자교육의 중요성은 일찍이 『독립신문』·『제국신문』 등과 학회지 등에서 주창되었다. 이는 2세를 위 한 유아교육의 중요성에서 비롯되었다. 관립고등한성여학교 부설인 유치 원 운영은 이러한 당시 상황과 맞물려 진행되었다.[83] 여성은 단순한 유모 로서 뿐만 아니라 2세의 유아교육자·가정교육자로서 역할을 강조하였 다.[84] 이곳 여성교육은 제일합일여학교와 보창학교 여학과 등을 통하여 이루어졌다. 그런데 다른 지역보다 일찍부터 시행된 교육기관에 의한 여 성교육은 상대적으로 부진을 면치 못하였다.

4. 근대교육사상 위치

강화지역 근대교육은 보창학교와 계명의숙 등을 중심으로 시행되었다.

---

82) 반병률, 『성재 이동휘일대기』, 47쪽.

83) 김형목, 「1910년대 유치원 현황과 설립주체」, 『실학사상연구』 21, 무악실학회, 2001, 201~203쪽.

84) 『大韓每日申報』 1909년 2월 21일 기서 「女子의 敎育이 卽 師範敎育이라」 ; 『대한 매일신보』 1909년 2월 21일 기서 「녀ᄌ의 교육은 즉 ᄉ범, 안악 졍나헬 십륙세녀ᄌ」.

후자의 설립취지는 서구 학문의 일방적인 수용이 아니라 신·구학 절충에
있었다.85) 이는 개신유학자들에 의하여 주도된 사립학교의 일반적인 경
향이었다. 도내 50여 개교에 달하는 보창학교지교는 사숙·의숙 등 전통교
육기관을 흡수·변화시켜 설립되었다. 지교는 본교의 철저한 교육이념에
의하여 운영되었다. 곧 독립정신이나 민족정신 앙양과 상무정신 고취는
바로 지향점이나 다름없었다.86)

   육영학원의 보창학교로 개칭은 교세 확장에 크게 이바지하였다. 1906년
봄 이동휘는 학생 20여 명을 대동하고 덕수궁으로 황제를 謁見하려 갔다.
황제는 내탕금 600원과 '보창학교'라는 교명을 직접 하사하는 등 이들에
대한 격려를 아끼지 않았다. 학부의 재정적인 지원도 보창학교 명성을 드
높이는 계기였다.87) 또한 양정의숙 개교1주년 행사에도 참여하여 학생들
상호간 상견례를 실시하였다. 참석한 내빈 중 尹晶錫과 양정의숙장은 50원
과 100원에 달하는 의연금을 각각 회사하였다.88) 연합대운동회 참가를 위
한 '서울나들이'는 보창학교 생도들에게 자신감을 일깨우는 동시에 향학
열을 고취시키는 계기였다.

   연합운동회 개최는 참가자들에게 근대교육의 중요성·시급함을 인식시
키는 기폭제나 다름없었다. 운동회는 단순한 경기행사로 끝나지 않고 새
로운 사조와 정보를 제공하는 문화공간이나 마찬가지였다.89) 이는 매년

85) 신용하, 「해제, 계명의숙설립취지서」, 『한국학보』 6, 291~292쪽.
86) 전택부, 『토박이 신앙산맥』 3, 44쪽.
87) 『大韓每日申報』 1906년 3월 29일 잡보 「學訓沁府」 ; 『황성신문』 1906년 5월 19일
    잡보 「寺畓屬校」.
88) 『황성신문』 1906년 5월 15일 잡보 「養正創立式」.
89) 『황성신문』 1906년 6월 25일 잡보, 「普昌運動」 ; 『大韓每日申報』 1907년 5월 19일
    잡보 「普校聯合運動」 1908년 7월 8일 잡보 「運動費分擔」 ; 『대한매일신보』 1908년
    5월 17일 잡보 「굉장흔운동」 ; 김형목, 『1910년 전후 야학운동의 기능과 실태』, 중앙
    대박사학위논문, 2001, 202쪽.

춘추 2회씩 정기적으로 개최되었다. 통진군 汾陽學校 주최 연합운동회 개최는 인근지역까지 근대교육 중요성을 널리 알리는 요인이었다.[90]

한편 지교 내 야학과 설립은 근로청년들에게 보다 확대된 교육수혜를 부여할 수 있었다.[91] 당시 수강자만도 400여 명에 달할 정도로 대단한 성황이었다. 노동야학강습소는 이러한 상황에서 발전을 거듭할 수 있었다. 그런데 야학은 '단순한' 문맹퇴치 차원에만 머물지 않았다.[92] 야학생들도 연합운동회 참가 등을 통하여 '군사훈련'에 버금가는 병식체조를 중심으로 하는 체육 수업을 받았다. 연합운동회는 인천·통진·개성 등지 80여 개교가 동참하는 등 대성황으로 진행되었다.[93] 주민들은 학생들의 질서정연한 행동과 늠름한 기상에 찬사를 아끼지 않았다.

> …(상략)… 男女學徒가 二千六百餘人이오 觀光男女가 萬餘人이라 各學校의 軍幕을 皆洋木으로 …(중략)… 該學徒等을 兩隊에 分ᄒ야 紙製木製의 大砲銃器을 多數準備ᄒ고 兩軍이 互相衝突에 勝을 未分ᄒ더니 一邊에 決死隊八十名이 突出奮激ᄒ더니 砲煙이 蔽空ᄒ고 喊聲이 如雷라 於是에 敵軍이 大敗하야 中丸負傷者가 紛紛倒地ᄒ믹 一邊에서 赤十字隊가 軍中에 馳入ᄒ야 被傷者를 昇去하더라 於是乎 銳氣가 百倍ᄒ야 大捷을 奏ᄒ믹 凱歌를 齊唱ᄒᄂ지라 於是에 太極旗를 半空에 高揭ᄒ고 萬歲를 連呼ᄒ고 軍樂隊ᄂ 軍樂을 …(하략)….[94]

---

90) 『大韓每日申報』1907년 5월 25일 잡보 「兩시削髮」, 7월 16일 잡보 「兩校運動」, 1908년 9월 24일 잡보 「普昌尤昌」.
91) 『大韓每日申報』1910년 1월 8일 학계 「江倅知務」;『대한매일신보』1910년 1월 5일 학계, 「한씨열심」.
92) 김형목, 「한말 경기지역 야학운동의 배경과 실태」,『중앙사론』10·11합집, 180쪽.
93) 『大韓每日申報』1908년 5월 12일 잡보 「江校運動」, 5월 17일 잡보 「江校運動盛況」.
94) 『황성신문』1908년 5월 17일 잡보 「江華學校運動」.

이는 일회성으로 끝나지 않았다. 이듬해 6월 운동회에도 관내 남녀학생 1,200여 명이나 참여하였다.[95) 주민들은 경비를 전액 모금하는 등 지원을 아끼지 않았다. 오산학교 임원진과 교사진 등도 이러한 분위기를 주도하였다.[96) 운동회는 축제의 현장이자 여론수렴장이었다.

이동휘의 교육진흥책은 관내 사립학교 운영·유지로 귀결되었다. 그는 육영사업에 전념하는 한편 의병전쟁을 지원하는 등 문무겸전에 입각한 민족교육을 실시하였다. 특히 학교 유지책으로 각 학교마다 學父兄契를 조직하는 등 남다른 관심을 보였다. 이에 보창학교는 민족교육을 대표하는 근대교육기관으로 부각되었다. 육영학교 학생들 사이에 널리 애창된 창가는 이와 같은 사실을 분명하게 보여준다.[97) 이는 인근 지역으로 곧바로 파급되었다. 통진군 汾陽學校는 김포·강화 등지에 소재한 13개와 더불어 연합운동회를 개최하였다.[98) 통진지역 사립학교설립운동도 이를 전후하여 활성화되었다.

개성교육총회의 위로회는 이동휘의 사회적인 영향력과 교육운동가로

---

95) 『황성신문』 1909년 6월 29일 잡보 「江華運動盛況」.
96) 『大韓每日申報』 1908년 5월 6일 잡보 「江교試讀」.
97) 『大韓每日申報』 1907년 10월 18일 잡보 「育英學校唱歌」.
　　西洋각國 잠간보쇼 / 智識發達 면쳡ᄒ야
　　富國强兵 速히된後 / 太平福祿 누리난데
　　모러갯내 우리大韓 / 夢中인지 夜中인지
　　이러나오 이러나오 / 어서밧비 이러나오
　　이러나라 ᄒᄂ쇼릭 / 흔번두번 아니지요
　　잠이라도 廉恥잇고 / 꿈이라도 廉恥잇지
　　우리學도 노릭쇼릭 / 깁히든잠 ᄭᅵ아보세
　　우리學徒 노릭쇼릭 / 獨立歌를 불너보세
　　우리學도 노릭쇼릭 / 太平歌를 볼너보세
98) 『황성신문』 1908년 6월 9일 잡보, 「汾校運動盛況」 ; 『大韓每日申報』, 1908년 6월 16일 잡보 「汾校運動盛況」.

서 확실한 면모를 보여준다. 위로연에 참석한 회원만도 50여 명에 달할
정도로 열성적이었다.99) 주요 인사는 회장 韓敎學을 비롯한 林圭永·劉元
杓·崔文鉉·尹應斗 등이었다. 이들은 보창학교지교를 설립할 뿐만 아니라
이를 후원할 찬무회도 조직에도 착수하였다. 이동휘 구속으로 보창학교
지교가 경영난에 처하자, 개성교육총회는 운영비 절반을 부담하기로 결
의하는 등 근대교육기관 유지에 적극적이었다. 관내 사립학교에 대한 장
기적인 후원 계획은 이를 반증한다.100) 이와 별도로 회원 개개인이 직접
사립학교를 설립하는 등 향학열 고취를 위한 활동도 병행하였다. 고향 단
천에서 활동도 이러한 의도에서 비롯되었다.101)

개성·풍덕·장단·함흥 등지의 지교 설립은 근대교육사상 그의 영향력
을 유감없이 보여준다.102) 개성교육총회는 개성지역 사립학교설립운동을
주도하는 중심단체나 다름없었다. 부윤 韓永源은 이러한 활동을 적극적
으로 지원하고 나섰다.103) 회장 李健爀을 비롯한 회원들은 빈번한 강연
회 개최 등을 통하여 근대교육의 중요성을 널리 알렸다. 보창학교지교를
비롯한 관내 사립학교에 대한 재정적인 지원도 이러한 목적에서 비롯되
었다. 특히 지교 교감인 金基夏는 자신의 가옥을 저당하여 학교운영비를
마련하는 등 적극적이었다.104) 개국기원절에 대한 관내 공·사립학교를
동원한 행사는 학생들에게 민족정신을 일깨우는 계기였다. 학생과 주민

---

99) 『大韓每日申報』 1908년 1월 9일 잡보 「李氏慰勞」.
100) 『大韓每日申報』 1908년 1월 15일 잡보 「普昌校中興」.
101) 『매일신보』 1910년 9월 22일 잡보 「爲僉秋會」.
102) 『大韓每日申報』 1906년 5월 4일 잡보, 「院舍許借」, 5월 26일 잡보 「老物爲魔」,
    6월 17일 잡보 「貞洞美以美敎會의 寄函」, 6월 23일 잡보, 「開城興學」.
103) 『大韓每日申報』 1906년 6월 28일 잡보 「開城敎育總會趣旨書」 ; 『황성신문』
    1906년 7월 2일 잡보 「靑開設校」.
104) 『대한매일신보』 1907년 2월 21일 잡보 「賣舍補校」, 7월 13일 잡보 「總會紀念
    의 補助」.

등 연합운동회 참여자는 1만여 명에 달할 정도로 인산인해를 이루었
다.[105] 참여학교와 학생수는 공립소학교 42, 개성학당 71, 배의학교 80,
중경의숙 38, 사령부야학교 40, 보창학교지교 68, 선죽학당 20명 등 360여
명에 달하였다. 이어 실시된 제등행렬도 참여자에게 자긍심 고취와 아울
러 애국심을 일깨웠다. 의무교육에 의한 영창학교 설립은 이러한 가운데
주민들의 적극적인 호응으로 가능할 수 있었다.[106]

풍덕군 영정포 지교도 이와 같은 분위기 속에서 탄생할 수 있었다.[107]
이 학교는 학부인가를 받았으나 재정난으로 폐교할 지경에 이르렀다. 기
독교인 金公善·李聖學 등은 교사를 초빙하는 한편 교과서를 마련하자,
40여 명이 일시에 호응하였다. 또한 야학을 개설하니 초동목수 20여 명이
나 지원하는 등 향학열도 고조되었다.[108] 장단군 고랑포 지교도 이동휘에
의하여 설립되었다. 개교한 지 불과 몇 일만에 50여 명이 출석하는 등 성
황을 이루었다. 재정난 타개책으로 군수 尹宗求는 주민들에게 교육의 급
무임을 역설하는 등 교세 발전에 크게 이바지하였다.[109] 함흥군 古驛 豊
湖里 보창학교 부설인 농민야학교는 당시 세인의 주목을 받았다. 경비 곤
란에 처하자, 학도들은 '애국사상'과 '학문진취'를 혈서로 쓰는 등 향학열
을 불태웠다.[110]

보창학교지교 부설인 야학 운영은 근대교육 시행을 위한 가장 현실적
인 대안 중 하나였다.[111] 이는 민중에 대한 무한한 신뢰감과 아울러 보다

105) 『大韓每日申報』 1906년 9월 11일 잡보 「慶祝盛況」, 9월 23일 잡보 「敬德宮慶祝」.
106) 『大韓每日申報』 1906년 9월 26일 잡보 「永昌開校」, 11월 14일 잡보 「會長熱
　　心」, 11월 22일 잡보 「理髮所助學」.
107) 『大韓每日申報』 1906년 5월 18일 잡보 「普校請願」.
108) 『황성신문』 1908년 7월 15일 잡보 「有此兩人」.
109) 『大韓每日申報』 1907년 5월 4일 잡보 「長郡설校」.
110) 『황성신문』 1908년 6월 9일 잡보 「學生血盟」.

투철한 현실인식에서 비롯되었다. 더욱이 100여 개교 이상에 달하는 지교
는 교육구국운동을 전개하는 주요한 기반이었다.[112) 신민회는 安岳郡勉
學會·海西教育總會·平壤靑年勸奬會·練學會·同濟會 등 학회를 조직하
는 등 그의 교육활동을 지원하였다. 서북학회도 협성학교지교와 지회를
설립하는 등 동참하고 나섰다. 이리하여 북한지역 교육운동은 새로운 전
기를 맞았다.

계봉우가 북간도지역 '민족학교' 역사교과서로 저술한 『吾讎不忘』에
도 이러한 구절을 볼 수 있다.[113) 이는 당시 이동휘의 대중강연과 사립학
교 설립을 통한 구국운동으로 방향전환을 의미한다. 곧 한국인의 정치활
동이 철저하게 봉쇄되자, 그는 이전의 정치개혁운동에서 대중계몽운동으
로 전환하는 등 일반적인 정세흐름에 부응하고 있었다.[114)

한편 일진회 발호도 적지 않았다.[115) 의병전쟁의 격화에 따른 민심불
안은 특히 일진회원에 대한 공격으로 이어져 이들의 활동을 위축시켰
다.[116) 주민들의 단발에 대한 불만도 고조되어 나갔다. 단발을 강요하는
군수 韓永福에 대한 위협은 이를 반증한다.[117) 이는 그의 교육활동에 대
한 반대가 아니라 일진회원 발호와 단발 시행이 동시에 진행되었기 때문

---

111) 김형목, 「한말 경기지역 야학운동의 배경과 실태」,『중앙사론』 10·11합집, 187쪽.
112) 신용하, 앞의 논문(조항래편저), 117~118쪽 ; 반병률, 「이동휘의 한말 민족운동」,
    『한국사연구』 87, 46~53쪽.
113) 국사편찬위원회, 『한국독립운동사』 2, 1968, 623쪽.
114) 조동걸, 「한말 계몽주의의 구조와 독립운동상의 위치」, 『한국학논총』 11, 109~
    111쪽.
115) 『大韓每日申報』 1908년 1월 25일 잡보 「一評百惡」.
116) 『大韓每日申報』 1908년 6월 24일 잡보 「江華風塵」 ;『황성신문』 1908년 7월
    15일 잡보 「江華續報」.
117) 『大韓每日申報』 1908년 11월 4일 잡보 「隨聞更揭」 ;『황성신문』 1908년 11월
    3일 잡보 「江華傳聞」·「兵巡派送云」.

이었다. 그는 관내 학교마다 學父兄契 설립을 유도하는 등 지원을 아끼지
않았다.118)

지방관 중 일부는 근대교육 보급에 중심적인 인물이나 마찬가지였다.
이들의 인식이나 관심 여하에 따라 사실상 교육운동은 좌지우지되는 상황
이었다. 그러나 이들은 이를 핑계로 토색질을 자행하는 등 부정적인 요인을
무시할 수 없다. 군수 安學柱는 근대교육에 매우 부정적인 입장이었다.119)

잠업전습소 설립을 주도한 군수 高靑龍도 취지서와 달리 이중적인 모
습을 부여준다.120) 즉 근대교육 보급이라는 긍정적인 측면과 아울러 부정
적인 측면을 공유하고 있었다. 양잠 보급을 위한 일본인 고용과 자위단
운영은 이를 반증한다.121) 근대교육에 대한 부정적인 입장은 이러한 사실
과 결코 무관하지 않다. 양잠소 운영을 핑계로 자행된 勒奪은 그의 관직
사임으로 귀결되었다.122) 이는 강화지역에 한정된 문제는 아니다. 그러나
근대교육 시행은 이러한 요인 등에 의하여 많은 타격을 받았다. 학교 신
설을 핑계로 자행되는 불법적인 수탈에 대한 비난은 이러한 상황과 밀접
한 관련성을 지닌다.123)

---

118) 『大韓每日申報』 1910년 1월 8일 학계 「天興其興」.

119) 『황성신문』 1906년 12월 3일 잡보 「兩官面質」, 12월 4일 잡보 「事不妥決」.

120) 『大韓每日申報』 1908년 1월 4일 잡보 「江民怨聲」, 1월 7일 잡보 「龍是毒龍」, 4월
5일 잡보 「高시見機」, 4월 9일 잡보 「斂民築室」, 4월 14일 잡보 「江守遁辭」 ; 『황
성신문』 1908년 8월 14일 잡보 「二轉二任」.

121) 『大韓每日申報』 1908년 1월 16일 잡보 「股金勒收」 ; 『황성신문』 1908년 2월
16일 잡보 「江華養蠶所」, 4월 2일 잡보 「民請奏免」, 4월 4일 잡보 「原罪加二
等」, 4월 14일 잡보 「證人推去」, 4월 21일 잡보 「靑龍官災」.

122) 『大韓每日申報』 1908년 3월 29일 잡보 「江守留上」, 4월 5일 잡보 「高시見機」,
4월 8일 잡보 「幹事非理」, 4월 9일 잡보 「斂民築室」, 4월 14일 잡보 「江守遁辭」,
5월 23일 잡보 「高시更裁」, 5월 25일 잡보 「四守免官」 ; 『황성신문』 1908년 2월
16일 잡보 「自衛收租」, 4월 2일 잡보 「民請奏免」, 4월 25일 잡보 「免官報告」,
5월 5일 잡보 「難免免官」, 5월 26일 잡보 「四倅免官」.

이처럼 강화도 사립학교설립운동도 부분적이나마 부정적인 요인을 지니고 있다. 친일세력 육성을 위한 일어학교, 교육을 빙자한 지방관리의 토색질, 일본인에 의한 상업·부기·잠업 등 실업교육 등은 대표적인 경우이다.124) 그러나 강력하게 추진된 '의무교육'은 당대를 대표하는 '민족교육'이자 '교육구국운동'임을 보여주는 부분이다. 중심단체는 강화학무회, 중심교육기관은 보창학교, 중심인물은 이동휘·유경근 등이었다. 이는 강화지역에만 한정되지 않고 널리 서북·관북지방으로 확산되었다.

당대를 대표하는 '민족교육기관' 중 하나는 바로 보창학교였다.125) 미국 동포의 보창학교에 대한 지원은 이를 반증한다. 이들은 이동휘의 열성적인 교육활동에 감화를 받아 육영사업을 위한 의연금을 스스럼없이 우송하였다.126) 부설인 여학과 운영도 근대여성교육사상 중요한 의미를 지닌다. 이는 군수 韓永福과 그의 부인에 의한 여학교 설립으로 이어지는 등 여성교육 보급에 크게 이바지하였기 때문이다. 다만 강제적인 단발은 많은 갈등을 초래하는 요인 중 하나였다.127) 각지에 설립된 보창학교지교는 이러한 위상을 유감없이 보여준다. 내장원의 보창학교 지원도 근대교육사에서 차지하는 위상을 어느 정도인 지를 가늠할 수 있다.128)

---

123) 『大韓每日申報』 1906년 6월 28일 기서 「警告大韓敎育家, 喜懼生」 ; 『만세보』 1906년 9월 28일 잡보 「僧訴俗悖」.

124) 『大韓每日申報』 1907년 12월 13일 광고 「京畿道 江華郡에 養蠶傳習所와 農事模範場趣旨書」, 1908년 3월 8일 기서 「嘆敎育之魔障, 三緘生」 ; 『대한매일신보』, 1908년 3월 14일 기서,「교육의 마장이라, 삼함싱」.

125) 유자후, 『이준선생전』, 동방문화사, 1957, 190쪽.

126) 『황성신문』 1906년 12월 7일~8일 광고, 12월 8일 잡보 「留學生義捐」 ; 『만세보』 1906년 12월 7일 잡보 「捐補普昌校」.

127) 『황성신문』 1908년 10월 27일 잡보 「女校將設」 ; 『大韓每日申報』 1908년 11월 4일 잡보 「隨聞更揭」.

128) 『大韓每日申報』 1908년 5월 24일 잡보 「三校校費」.

서북학회 부설인 협성학교 수학여행단 방문은 외부 세계와 소통과 협력 관계를 엿볼 수 있는 대목이다. 이 학교는 당대를 '대표'하는 사범교육기관 중 하나였다. 1910년 5월 18일 양교 교사·학생들 만남은 상호간 교류를 통한 친목뿐만 아니라 민족사적 과제인 국권회복·독립국가 건설 방안을 모색하는 계기였다.[129] 토론회·간담회 등은 자연스럽게 긴급한 현실문제에 대한 관심을 촉발시켰다. 다양한 의견을 개진하는 가운데 현실적인 대응책은 도출되는 등 참석들에게 경각심을 일깨웠다. 이는 사회적인 관심을 받았다.

5. 맺음말

러일전쟁 발발을 계기로 국망에 대한 위기의식은 점차 확산되는 분위기였다. 자강단체 조직과 활발한 활동상은 당시 상황을 반증한다. 대한자강회와 기호흥학회 강화지회 등도 이와 맞물려 조직되는 계기를 맞았다. 구체적인 지회원은 거의 알 수 없다. 주요 성원은 지방관리, 강화진위대 장교, 공립보통학교 교사, 지방유지, 기독교인이나 목사 등이라 볼 수 있다. 대부분은 기독교인으로서 군수인 이조현·한영복, 진위대장 이동휘, 목사인 박능일과 신도인 손승룡·김동수·김우제 등이었다. 물론 강화학파를 계승한 개신유학자인 이건승도 주요한 인물 중 한 명이다.

강화도 근대교육은 교육구국운동 차원에서 추진되었다. 이를 주도한 중심 인물은 이동휘를 비롯한 강화학무회 회원 등이었다. 이동휘는 강화진위대장에 부임한 후 1904년 육영학교 설립·운영하는 한편 이듬해 보창

---

129) 서북학회, 「협성학교수학여행기」, 『서북학회월보』 24, 43~47쪽 ; 박득준, 『조선교육사』 2, 사회과학출판사, 1995, 103쪽에서 재인용.

학교로 개칭한 후 교장에 취임하였다. 유지들과 더불어 강화학무회를 조직한 후, 그는 의무교육 실시에 많은 노력을 아끼지 않았다. 114개 동리의 56개 학구로 재편은 주민 부담에 의한 의무교육 시행을 위한 의도에서 비롯되었다. 이는 독립정신과 항일의식을 고취시키려는 중장기적인 계획에 따라 추진되었다.

강화도의 본격적인 사립학교설립운동은 보창학교 改名과 더불어 1905년부터 시작되었다. 산호·월호보창학교 지교 등은 이를 반증한다. 다른 지역보다 비교적 일찍부터 근대교육이 널리 보급될 수 있었던 이유도 여기에서 찾아볼 수 있다. 특히 주민들은 기독교 선교사업과 함께 근대교육 시행에 적극적으로 동참하고 나섰다. 이들에게 근대교육은 곧 '의무'적인 사항이자 긴급한 현안으로 인식되었다.

의무교육 일환으로 설립된 보창학교지교는 신설된 사립학교도 있지만, 대부분은 전통교육기관을 통합·개편하는 등 주민들 후원 속에서 이루어졌다. 생활정도에 따라 부과된 의무교육비를 납부한 주민들의 적극적인 참여는 이를 반증한다. 잠두의숙·계명의숙 등도 이러한 상황에 부응하여 대대적인 교과과정 개편으로 이어졌다. 신·구학 절충은 이곳의 지역적인 특성과 당시 상황을 보여준다. 특히 노동자·농민을 위한 지교 부설인 노동야학은 운영주체의 민중에 대한 무한한 신뢰감에서 비롯되었다.

한편 정기적인 연합대운동회 개최는 학생들로 하여금 상무정신을 고취시키는 요인임에 틀림없다. 관내는 물론 풍덕·김포·장단·개성 등 인근 지역에 소재한 80여 사립학교가 동참하는 등 성황을 이루었다. 운동회는 '단순한' 친선도모 차원을 벗어나 시세변화를 절감시키는 시국토론장이었다. 나아가 새로운 사조나 정보를 교환하는 현장도 바로 이를 통하여 이루어졌다. 학생과 주민들 항일의식은 이러한 가운데 자연스럽게 고조되었다. 강화지역의 치열한 의병전쟁도 이러한 배경 속에서 진행될 수 있었다. 자강운동과 무력항쟁은 상호보완 하는 가운데 지역민의 현실인식을 심화시켰다. 친일세력 발호에 대한 단호한 응징은 이를 분명하게 보여준다.

사립학교 설립에 의한 근대교육은 각지로 파급되었다. 100여 개교에 달하는 보창학교지교는 근대교육사상 강화지역 사립학교설립운동의 위상을 엿볼 수 있는 대목이다. 대한제국기 북한지역을 중심으로 활발하게 전개된 근대교육은 이러한 영향과 무관하지 않다. 상무정신 고취는 교육구국운동으로서 성격을 분명하게 엿볼 수 있는 이곳 근대교육의 특징 중 하나이다. 이는 국권회복을 위한 일환으로 추진된 대표적인 경우이다. 특히 보창학교는 李鍾浩의 普成學校와 李儁의 普光學校와 더불어 三寶로 당대를 대표하는 '민족교육기관'으로서 근대교육운동사에서 중요한 의미를 지닌다.

제2장 대한제국기 화성지역 계몽운동의 성격

1. 머리말

화성은 우리에게 '제암리 학살사건'으로 각인될 만큼 3·1운동사상 중요한 위치를 차지한다. 이곳 3·1운동은 대표적인 사례로서 괄목할 만한 성과를 거두었다.[1] 자료발굴과 함께 다양한 연구방법론 모색은 실체 규명을 위한 기초자료를 제공한다. 주요 인물이나 활동가, 사회·경제적인 배경과 변화상, 식민통치기관 등에 대한 규명은 이를 잘 보여준다.

일본인에 의한 1910년대 간척사업과 토지조사사업 등은 주민들 분노를 자아내는 요건 중 하나였다. 염전·어장 이용이나 선박 운행허가권 등을 둘러싼 대립은 첨예한 이해관계 속에서 초래되었다.[2] 더욱이 일본인들은 고리대를 통한 토지 집적과 풍기를 문란시키는 등 일상사에 대한 침해마

---

1) 화성지역 3·1운동에 관한 대표적인 논저는 다음과 같다. 이병헌, 『三一運動秘史』, 시사시보사, 1956 ; 홍석창, 『수원지방 3·1운동사』, 왕도출판사, 1981 ; 김선진, 『일제의 학살만행을 고발한다』, 미래출판사, 1983 ; 경기도사편찬위원회, 『경기도 항일독립운동사』, 1995 ; 이장락, 『민족대표 34인 석호필(프랭크 윌리엄 스코필드)』, 바람, 2007 ; 김선진, 「제암리·고주리 학살사건의 새로운 진실」, 『황해문화』 2, 새얼문화재단, 1994 ; 이정은, 「화성군 우정면·장안면 3·1운동」, 『한국독립운동사연구』 9, 한국독립운동사연구소, 1995 ; 한국기독교역사연구소, 「특집 3·1운동과 제암리 사건」, 『한국기독교와 역사』 7, 1997 ; 성주현, 「수원지역의 3·1운동과 제암리 학살사건에 대한 재조명」, 『수원문화사연구』 4, 수원문화사연구회, 2001.
2) 박환·조규태, 『사진으로 본 화성지역의 3·1운동과 항일영웅들』, 화성시·수원대 동고학연구소, 2005 ; 박환·조규태, 『화성출신 독립운동가』, 화성시·수원대 동고학연구소, 2006 ; 박환, 『경기지역 3·1 독립운동사』, 선인, 2007.

저 서슴지 않았다. 배일의식·항일의식은 이러한 상황과 맞물려 자연스럽게 배태·증폭될 수밖에 없었다.

반면 일제강점기 분야별 민족해방운동 연구는 매우 부진하다. 한말 계몽운동 연구도 일부만 언급될 정도로 미진한 실정이다.[3] 이는 민족해방운동 계승·발전이라는 측면에서 심각한 문제임에 틀림없다. 민족해방운동 주도 세력은 한말 계몽활동가이거나 이들에게 영향을 받았기 때문이다. 최근까지 대부분 연구자는 화성지역사를 수원지역사 일부로서 인식하는 분위기였다.[4] 수원과는 통혼권·상권·생활권이 아주 밀접하게 연계되는 등 강한 동질성을 지닌다. 아울러 지역적인 차별성도 엄연히 공존함을 결코 부인할 수 없다. 필자가 이곳 한말 계몽운동에 주목한 이유도 바

3) 경기도교육위원회, 『경기교육사 1883~1959』상, 1975 ; 남양초등학교백년사편찬위원회, 『남양백년사, 1898~1998』, 1998 ; 이창식, 『수원 사람들은 어떻게 살았을까』, 수원문화원, 2003 ; 김영우, 「한말의 사립학교에 관한 연구<Ⅱ>」, 『교육연구』3, 공주사범대학 교육연구소, 1986 ; 김형목, 『대한제국기 야학운동』, 경인문화사, 2005 ; 김형목, 「한말 경기지역 야학운동의 배경과 실태」, 『중앙사론』10, 중앙사학연구회, 1999 ; 김형목, 「대한제국기 경기도 야학운동의 성격」, 『덕봉오환일교수정년기념 사학논총』, 논총간행위원회, 2006 ; 김형목, 「한말 화성지역 근대교육에서 무엇을 배울 것인가」, 『문화의 뜰』봄호, 화성문화원, 2008 ; 차선혜, 「구국계몽운동의 전개」, 『경기도사(한말)』6, 경기도사편찬위원회, 2004. 차선혜는 수원지역 사립학교로 삼일남학교·여학교와 명륜학교·보명학교·화양여학교·삼대여학교 등을 언급한 반면 화성지역(당시 남양군 : 필자주) 사립학교에 관한 부분은 전무하다. 이는 화성을 수원지역 한 영역으로 파악하려는 선입관과 무관하지 않다고 보인다. 화성은 수원보다 개신교가 일찍 전래되는 가운데 매일학교·주일학교 등을 통한 근대교육도 일찍 시작되었다. 삼일여학교 교원으로 재직한 김메례는 화성지역에서 초기 선교활동을 지원한 인물이었다(홍석창, 『수원지방 교회사 자료집 1893~1930』, 에이맨, 1987 참조).
4) 최홍규, 「수원 지방사 연구현황과 과제」, 『한국지방사 연구의 현황과 과제』, 경인문화사, 2000 ; 조성운, 『일제하 수원지역의 민족운동』, 국학자료원, 2003 ; 김준혁, 「수원지역사 연구의 현황과 과제」, 『수원학연구』창간호, 수원학연구소, 2005 ; 박환, 「수원지역 민족운동사 연구 동향과 과제」, 『수원학연구』창간호, 2005.

로 여기에 있다. 즉 당시 화성지역 변화와 민족운동 흐름에 대한 조망이
일차적인 과제이다.

먼저 동학·기독교 전래, 외부 세계와 소통 등에 따른 인식변화는 계몽
단체 활동 등과 관련시켜 파악하였다. 선교활동, 경부철도와 남양만을 통
한 외부와 교류는 현지인에게 '신선한' 충격으로 다가왔다. 시대변화에
부응한 계몽활동을 주도한 대표적인 단체는 대한자강회 남양지회와 地方
議事會였다. 李昌會·崔成大·李喜轍·金寬鉉·方漢德·李夏榮과 선교사인
趙元時(Rev.George Heber Jones)·아펜젤러(Appenzeller,H.G.) 목사·스크랜
턴 모친(Mrs. Mary F.Scranton)·밀러(Miss Lula A.Miller) 여사 등은 외부와
소통에 일익을 담당한 주요 인물이었다. 선교활동은 이곳 보흥학교·보흥
여학교 설립과 여성의 사회활동을 유도하는 '밑거름'이었다.

자립경제 수립을 통한 국권회복 방안은 국채보상운동이었다. 이는 주
민들로 하여금 '사회적인' 존재성을 확인시켜 주는 현장이나 다름없었다.
의연금 모금은 향촌공동체적 운영방식을 원용하는 등 구성원간 긴밀한
유대관계를 도모하는 밑거름이었다. 보흥학교 생도와 종교인 동참은 '모
범적인' 사례로서 널리 칭송되었다.5) 특히 여성 개신교인은 義誠會를 조
직하는 등 조직적인 의연금 모집에 나섰다. 이들은 사회적인 책무를 인식
하는 동시에 이를 실천함으로써 스스로 존재가치를 확인할 수 있었다.

근대교육은 교육입국론과 맞물려 민지계발에 우선적인 목적을 두었다.
사립 보흥학교·양성학교 등은 문무쌍전에 입각한 인재양성에 주력하였
다. 보흥학교에 대한 현지 일본인에 의한 부정적인 평가는 화성인의 항일
의식을 어느 정도나마 보여준다. 군사훈련에 버금가는 체육활동과 연합

---

5) 차선혜, 「국채보상운동」, 『경기도항일독립운동사』, 245쪽 ; 이상근, 「경기지역 국채
   보상운동에 관한 연구」, 『한국민족운동사연구』 24, 한국민족운동사연구회, 2000,
   197쪽.

운동회 등은 상무정신을 크게 고취시켰다.[6] 주민들은 이에 동참함으로써
자신의 정체성을 새삼스럽게 인식하기에 이르렀다. 잔존한 신분제도 근
대교육 확산으로 점차 해소되는 계기를 맞았다.

마지막으로 화성지역 계몽운동에 대한 위상 등을 살펴보았다. 이들은
군수·군주사·재무서원 등 지방관리와 자산가·교사·선교사·학생 등이었
다. 궁극적인 목표는 부국강병에 의한 문명사회 건설이었다. 당시 풍미한
사회진화론은 이들에게 '금과옥조'나 마찬가지로서 수용되었다. 일부는
일제침략 강화와 더불어 지배체제로 포섭되는 등 민족운동전선에서 일탈
되고 말았다. 1909년 이후 부진한 근대교육운동은 이러한 상황을 그대로
보여준다. 반면 계몽운동 참여를 통한 현실인식 심화는 일제강점기 항일
운동을 추동시키는 요인 중 하나였다. 민족정신이나 역사인식 '계승과 단
절'이라는 중첩적인 실상은 여기에 그대로 나타난다.

2. 외부 세계와 소통에 따른 인식변화

'절대자'라는 제한적인 의미를 지닌 만민평등도 신분제 질곡에서 신음
하던 민중에게 위안이자 안식처나 다름없었다. 당시 교회는 여성들에게
외부세계와 접촉할 수 있는 유일한 '통로'였다. 1893년 전후 이곳에 전래
된 감리교는 가치관과 현실인식을 크게 변화시켰다. 화성시 동탄면 장지
리 장천교회는 한강 이남 최초 교회였다.[7] 교세 확대와 더불어 전도활동
도 읍내 중심에서 점차 외곽지역으로 확산되는 분위기였다. 경기 남부지

---

6) 이학래,『한국근대체육사연구』, 지식산업사, 1990, 67~70쪽 ; 김형목,「한말 수원지
   역 계몽운동과 운영주체」,『한국민족운동사연구』53, 한국민족운동사학회, 2007,
   38쪽.
7) 홍석창,『수원지방 교회사 자료집 1893~1930』, 23쪽.

역과 충청지역을 포함하는 선교거점인 수원 종로교회도 이러한 일환으로
설립되었다.8) 이는 종교적인 차원을 벗어나 일상사 변모라는 실생활에서
변화를 초래하는 요인이었다.

　1902년 3월 남양읍·양철리·용머리·경다리·포막·덕방리·영흥도·대부
도·선감도 등지에는 이미 남양계삭회(구역회)를 조직하였다.9) 1906년 용
포리에는 감리교 당산교회가 설립되는 등 급속한 교세 확대로 이어졌다.
아펜젤러 권유로 개신교에 입교한 安鍾厚는 제암리에 교회를 설립하는
등 변화를 주도하였다. 초기 선교사업에서 가장 커다란 걸림돌은 지방관
의 신도에 대한 부당한 탄압과 높은 문맹률이었다.10) 그는 동지를 규합하
여 민지계발을 위한 계몽활동에 앞장섰다. 매일학교·주일학교 등 교육기
관과 사경회·전도회 운영은 대표적인 경우이다. 군대해산 이후 전면적으
로 전개된 의병전쟁은 새로운 종교에 대한 관심을 촉발시키는 계기였다.
이처럼 화성지역에는 일찍부터 개신교가 전래되는 등 새로운 변화에 직
면하고 있었다.11)

　동학도 일찍이 전파되는 가운데 일정한 교세를 유지할 정도로 영향력
을 발휘하였다. 1894년 6월 제1차 갑오농민전쟁이 발발한 직후 남양만에

8) 김선진, 「제암리와 고주리의 학살사건」, 『일제의 학살만행을 고발한다』, 미래문화
　　사, 1983 ; 수원종로교회, 『수원종로교회사 1899~1950』, 기독교 대한감리회 수원종
　　로교회, 2000, 44~59쪽 ; 김승태, 「일제의 제암리교회 학살·방화 사건 처리에 관한
　　소고」, 『한국독립운동사연구』 30, 한국독립운동사연구소, 2008.
9) 이덕주, 「3·1운동과 제암리사건」, 『한국기독교와 역사』 7, 한국기독교역사연구소,
　　1997, 41쪽 ; 이장락, 「민족대표 34인 석호필(프랭크 윌리엄 스코필드)」, 바람, 2007 ;
　　박환, 「제암리 학살사건과 역사유적지」, 선인, 2007.
10) 홍석창, 『수원지방 교회사 자료집 1893~1930』, 31~33쪽 ; 다카사키 소지(최혜주
　　역), 「제암리 학살사건과 장시」, 『일본 망언의 계보』, 한울, 2010 ; 매티 윌콕스 노
　　블(손현선 역), 「제암리」, 『매티 노블의 조선회상(The Journals Mattie Wilcox
　　Noble, 1892-1934)』, 좋은씨앗, 2010.
11) 사강교회95년사편찬위원회, 『사강교회95년사』, 1997, 55~56쪽.

서 전개된 농민운동은 이를 반증한다.12) 이후 일부 농민군은 활빈당 형태로 水賊·火賊에 가담하면서 반봉건·반외세 투쟁에 나섰다. 러일전쟁 발발에 즈음하여 의병진은 다시 규합되는 등 무장대오를 형성하기에 이르렀다. 경의선 부설에 따른 강제적인 역부모집에 반발한 용인·시흥·고양·김포 등지 농민항쟁은 곧바로 화성에 파급되었다.13)

갑진개화운동 이후 천도교는 교세를 더욱 확장하기에 이르렀다. 남양교구 설치와 군내 전교실 운영, 1909년 8월 전국에서 가장 우수한 誠米納付 등은 이러한 사실을 잘 보여준다.14) 교리강습소도 민지계발을 병행하는 등 시대변화에 부응하였다. 인근지역 교구 등의 수원교구 관할로 정비는 종단 차원에 의한 신문화운동을 전개하는 기반이었다. 3·1운동 당시화성지역 천도교인 주도와 참여는 이와 밀접한 관계 속에서 이루어졌다.15) 천주교도 이러한 상황과 맞물려 점차 확산될 수 있었다. 이는 외래문물이나 이방인에 대한 배척·거부감을 부분적이나마 불식시키는 요인이었다.

러일전쟁은 일제의 위력을 절감시키는 현장이나 다름없었다. 일제는예상과 달리 승승장구하는 등 전승국으로서 위세를 유감없이 발휘했다. 결과는 한국정부에 대한 을사늑약 강요로 이어지는 등 강제병탄에 의한

---

12) 최홍규, 「경기지역 동학과 동학농민군의 활동」, 『조선시대지방사연구』, 일조각, 2001,
155~156쪽.

13) 『황성신문』 1904년 8월 13일 잡보 「募役雙訓 」, 8월 15일 잡보 「募役揭榜」, 8월
16일 잡보 「曉諭人民」·「募役訓電」, 8월 18일 논설 「論役夫募集事件」, 8월 20일
잡보 「募役景狀」, 8월 24일 잡보 「畿察訓令」, 8월 27일 논설 「再論役夫募集事
件」, 8월 29일 잡보 「高陽民擾」, 1905년 6월 13일 잡보 「交涉安辦」 ; 김형목, 「한
말 시흥농민운동에 관한 연구」, 『중앙사론』 6, 중앙사학연구회, 1989, 183~192쪽.

14) 천도교중앙총부, 「중앙총부휘보」, 『천도교월보』 8, 1911, 48쪽.

15) 성주현, 「수원지역의 3·1운동과 제암리 학살사건에 대한 재조명」, 『수원문화사연
구』 4 ; 박환, 『경기지역 3·1독립운동사』, 269~282쪽.

한국 식민지화였다. '왜놈·쪽빠리'라는 야만인으로 멸시하였던 일제가 드
디어 한민족을 지배하는 우려는 현실로 성큼 다가왔다. 국망에 대한 위기
의식은 각종 비밀결사나 계몽단체 조직·활성화로 이어졌다. 대한자강회
등 초기 본회 임원진은 지회 설립인가에 '비교적' 소극적인 입장이었
다.16) 통감부 설치 등 일제의 한국에 대한 본격적인 식민지화는 이러한
인식을 전환시키는 계기였다. 마침내 계몽운동 '전초기지'로서 지회는 새
롭게 인식되는 가운데 설립인가에 노력을 경주하였다. 이는 자신들의 사
회적인 영향력 증대와 밀접한 연관성을 지니기 때문이었다.

　을사늑약 이후 경기도에서 제일 먼저 대한자강회에「지회설립신청서」
를 제출한 지역은 바로 남양군이었다. 이창회 등의 입회청원서에 대하여
본회는 1906년 8월 18일 통상회를 개최하여 시찰위원으로 金相範을 선출
하였다.17) "諸 회원의 資格品行이 입회에 入格할 뿐만 아니라 그 중 4-5인
은 족히 一支會를 유지할 만하니 청원한 월보와 入會認證을 회원수에 따
라 발송하자"는 김상범 제의에 대해 呂炳鉉 등은 설립인가를 승인했다.
초기 회원수는 37명에서 이듬해 1월 43명으로 증가하는 등 계몽활동은
점차 확산되는 분위기였다.18) 남양지회 설립인가는 관내 신사유지는 물
론 인근지역 주민들에게 신선한 '자극제'로 작용하였다.

　기호흥학회도 지회 설립인가에 박차를 가하여 1909년 3월 말까지 도내
수원·양근·강화 등 7개 지회를 설립인가했다.19) 崔成大·이하영 등 39인

---

16) 이송희,『대한제국말기 애국계몽학회연구』, 이화여대박사학위논문, 1985, 79~83쪽.
17) 편집부,「본회회록」,『대한자강회월보』3, 44~45쪽 ;『황성신문』1906년 8월 22일
　　잡보「會員視察」;『大韓每日申報』1906년 8월 22일 잡보「自强視察」.
18) 편집부,「회원명부」,『대한자강회월보』6, 85쪽 ;「회원명부」,『대한자강회월보』8,
　　73쪽.
19) 김형목,「기호흥학회 경기도 지회 현황과 성격」,『중앙사론』12·13, 한국중앙사학
　　회, 2000, 72~75쪽.

은「설립인가청원서」를 본회에 제출하였다. 본회는 교육부장 金嘉鎭과
평의원 趙琬九를 특별위원으로 파견한 후 1908년 6월 14일 평의회에서
李舜夏 동의로 설립인가를 가결시켰다.20) 지회 설립과 상호간 교류 등은
활동영역 확대로 이어졌다. 이는 수원·화성지역 근대교육운동을 비롯한
계몽운동 전반을 진전시키는 요인이었다.21) 초기 지회 설립을 주도한 최
성대 등은 화성 출신으로 외부 세계와 유대관계 조성에 앞장섰다.

　자치제 시행을 위한 지방의사회 조직은 인식변화의 실상을 그대로 보
여준다. 주요 회원은 군수·면장·이장과 유지신사 등이었다. 궁극적인 취
지는 민족의식·국가정신 고취를 통한 문명사회 실현에 있었다.22) 이들은
주민을 억압·군림하는 지방행정이 아닌 '주민에 의한 주민을 위한 행정'
을 표방하였다. 지방자치론은 시대변화와 맞물려 급속하게 주요한 현안
으로 부각되었다. 鄕會 운영방식을 계승·진전시킨 지방의사회는 사회적
인 관심 속에서 발전을 거듭할 수 있었다. 미약하나마 주민들 민권의식은
이러한 가운데 점차 싹트는 계기를 맞았다. 남양공립보통학교에 대한 관
심 고조는 이와 같은 상황과 맞물려 진행되었다.23) 근대교육 시행은 지방
자치제를 추진하는 요인 중 하나로서 인식되는 분위기였다.

　한편 국채보상운동 참여는 여성들 인식변화를 초래하는 요인 중 하나
였다. 1907년 4월 김희경·김혜경·안마리아 등은 義誠會를 조직했다.24)
목적은 조직적인 국채보상 의연금 모집과 시세변화에 적극적으로 부응하

---

20) 편집부,「본회기사」,『기호흥학회월보』2, 57쪽 ;『황성신문』1908년 6월 10일 잡
　　보「勸諭發行」.
21)『황성신문』1910년 2월 17일 잡보「勸諭委員派送議」.
22)『황성신문』1908년 2월 27일 잡보「地方議事會」.
23)『황성신문』1908년 7월 14일 잡보「南校大進」, 10월 28일 잡보「一郡贊頌」.
24)『제국신문』1907년 4월 17일「婦人熱誠」; 박용옥,『한국근대여성운동사연구』,
　　한국정신문화연구원, 1984, 115쪽.

기 위함이었다. 보흥여학교 교사·여학생과 찬성원을 비롯한 여신도 등은
의연금 모집에 적극적이었다.25) 이후 여자교육회로 전환은 여성교육 보
급과 자선사업을 통한 여성지위 향상에 있었다. 불행하게도 구체적인 활
동상은 현재 거의 파악할 수 없다. 다만 조부인과 안마리아는 화성지역을
대표하는 여성으로 서술하였다. 이는 국채보상운동과 사립학교에 대한
재정적인 지원을 높이 평가한 점에서 의미를 지닌다.26) 보흥여학교·유년
여학교 운영이나 후원 등에 회원들이 참여한 것으로 생각된다. 양성학교
운동회에 답지한 의연금 등은 이러한 상황을 어느 정도 보여준다.27) 일부
여성들은 교회와 여학교 등을 통하여 자신들의 존재 의미를 점차 자각하
기에 이르렀다. 여성들의 '유일한' 사회 활동공간이자 의견 수렴은 이곳
을 중심으로 이루어졌다.28)

　일상사에서 변화는 역동적인 화성지역 변화상을 그대로 보여준다. 송
산면 禿旨洞 朴永鎭은 보편적인 가치관에 입각한 인간존중을 실천했다.
'자산'이나 마찬가지인 노비 30여 명에 대한 신분해방은 중요한 의미를
지닌다. 그는 노비들을 불러 모아 연회를 베푼 뒤 '국민의 一分子'로서 자
유로운 '생활찾기와 살아갈 것'을 권고하였다.29) 물론 이들이 당분간 자
생할 수 있는 재물도 골고루 나누어주었다. 이는 신분제 폐지에 대한 주
민들 관심을 촉발시키는 계기였다. 송산면 마산동 洪完은 노비 수십 명에
게 시세변화를 설명한 후 이들을 무조건 放免하였다. 그는 각자 능력에
따라 자유영업을 하도록 재산을 나누어 주었다.30)

---

25) 『황성신문』 1907년 10월 17일 광고.
26) 조선총독부, 「안마리아」, 『조선신사보감』, 631쪽 : 조선총독부, 「조부인」, 『조선신
　　사보감』, 321쪽.
27) 『황성신문』 1907년 5월 14일 광고 「南陽郡 私立養性學校運動時 賞品及助需金」.
28) 김형목, 「한말 수원지역 계몽운동과 운영주체」, 『한국민족운동사연구』 53, 13쪽.
29) 『황성신문』 1908년 11월 8일 잡보 「朴氏慈善」.

분양면 求密洞 申載雨도 노비 15명을 방면하는 勇斷을 내렸다. 그는 이들에게 참다운 '인생의 의미'에 대해 일장연설한 후 곧바로 노비문서를 소각하였다.[31] 주민들은 이러한 희소식에 박수갈채를 보내는 등 칭찬을 마다하지 않았다. 강고한 봉건적인 유제인 인습 타파는 변화를 실감하는 현장이나 다름없었다. 대등한 인간관계는 상호간 신뢰와 단결심을 고취시키는 주요한 밑거름이었다. 보편적인 가치관에 입각한 민권의식 대두는 새로운 사회질서를 모색하는 계기로 이어졌다.[32] 사익보다 공익에 치중된 사회적인 활동에 대한 긍정적인 평가는 이러한 역사적인 연원에서 비롯되었다.

내재적인 변화·발전과 외부 세계와 교류 등은 주민들 의식과 인식을 크게 변화·각성시켰다. 외부 인사나 지회 임원들에 의한 강연회·연설회 등 계몽활동은 시대변화에 부응한 개인의 사회적인 존재로서 의미를 새삼스럽게 일깨웠다. 급변하는 시대상황에 대한 대처 방안은 각자 계급적인 입장에 따라 다양하게 모색되었다. 계급론에 기초한 민족운동의 분화·발전은 이를 반증한다.

3. 시세변화를 체험하는 국채보상운동 전개

대구에서 시작된 국채보상운동은 『황성신문』·『대한매일신보』·『제국신문』 등의 보도로 순식간에 국내외로 파급되었다. 徐丙炎·尹興燮·朴圭淳 등 60여 명은 「국채보상포고문」 발표와 함께 중앙기구로서 국채보상

---

30) 『황성신문』 1909년 9월 7일 잡보 「奴隷解放」.
31) 『황성신문』 1908년 12월 4일 잡보 「申氏慈善」.
32) 『황성신문』 1908년 11월 12일 광고, 1910년 2월 17일 잡보 「水俟訓示」.

중앙의무사를 조직했다. 대한매일신보사 등은 국채보상기성회를 조직하는 등 체계적인 모금 방안을 모색하였다.[33) 收錢所는 普成館·夜雷報館事務所·廣學書鋪·乾材藥局·尙洞靑年學院事務所·대한매일신보사 등이었다. 1907년 8월까지 100여 개소 이상에 달하는 국채보상의금소는 조직·운영될 정도로 전국민적인 관심사였다.[34)

화성지역 국채보상운동은 비교적 늦은 4월 중순 경부터 시작되었다. 음덕리면·우정면 주민들은 경쟁적인 모금활동에 들어갔다.[35) 이러한 분위기는 관내로 순식간에 파급되었다. 세곶면·쌍수리면 면민들 동참은 이를 잘 보여준다. 면민들은 신화 9원 70전과 구화 1,095냥을 의연금으로 모금하여 황성신문사에 기탁하였다.[36) 보홍소학교 교원 朴潤榮을 비롯한 직원과 학생들도 十匙一飯으로 의연에 앞장섰다. 이들은 신화 21원 40전에 달하는 '거금'을 모금할 정도로 열성적이었다.[37) 학생은 이러한 과정을 통하여 일제침략을 부분적이나마 절감할 수 있었다.

대한자강회 남양지회원은 이를 대대적으로 선전하는 등 주민들 동참을

---

33) 『황성신문』 1907년 3월 2일 잡보 「國債報償佈告文」 ; 『大韓每日申報』 1907년 2월 27일 잡보 「國債報償期成會趣旨書」.

34) 김형목, 「나랏빚 청산으로 자주독립국가 수립을 꿈꾼 주역, 김광제·서상돈」, 『이달(2월)의 독립운동가』, 국가보훈처, 2007.

35) 『황성신문』 1907년 4월 20일 광고 「南陽郡 陰德里面 石門洞」·「南陽郡 雨井面 七洞」·「南陽郡 雨井面 三洞」.
   인근 수원의 경우에는 2월 말부터 국채보상운동에 관한 준비를 병행하는 등 일찍부터 추진되었다. 주도자는 경기관찰사서리 金漢睦과 관찰도주사 羅基禎, 영어삼학당(삼일학당 : 필자주) 金濟九·이하영·임면수 등이었다. 도내 각 군에 대한 「국채보상취지서」 발송은 모금활동을 크게 진전시켰다(김형목, 「한말 수원지역 계몽운동과 운영주체」, 『한국민족운동사연구』 53, 15~16쪽).

36) 『황성신문』 1907년 5월 24일 광고 「南陽郡 細串面 新洞」·「南陽郡 雙樹里面 松亭洞」.

37) 『황성신문』 1907년 5월 14일 광고 「南陽 利洞 鄭致雲」, 6월 21일 「南陽 八灘面 中 尹元榮等」.

격려하였다.38) 구체적인 취지서는 아직까지 찾아볼 수 없다. 조직적인 모금활동 등을 미루어 보아 의연금모금소는 조직·운영된 것으로 판단된다. 특히 개신교인 여성들은 의성회를 중심으로 모금활동을 벌였다.39) 이는 여성들 사회참여와 아울러 스스로 존재가치를 인식시키는 계기나 다름없었다. 송산면 화량동 주민들도 생활 정도에 따라 차등하여 의연금을 배분하였다. 이는 경쟁적인 의연금 동참을 유도하기 위한 방안 중 하나였다.40)

마을이나 문중 단위로 전개된 모금활동은 당시 분위기를 그대로 보여준다. 우정면 최씨 문중은 '의무금'으로서 의연금 대열에 동참했다. 이에 분양면 구밀동 신씨 문중도 신화 3원 60전을 기탁하는 등 모금활동에 적극적이었다.41) 분위기는 인근 마을로 확산되어 나갔다. 문언동 주민들 동참은 이러한 분위기를 어느 정도 보여준다. 이들은 당오전 142냥 5전을 모금하였다. 마도면 권씨 집안도 문중회의를 통하여 의연했다. 의연금은 당오전 350냥에 달하는 액수였다.42) 서여제면 전곡동 남양홍씨 문중과 주민들은 신화 140원 35전을 의연하였다. 이는 화성군내 마을 단위 모금액 중 최고였다. 주도한 인물은 대한자강회 남양지회원 홍대필 등이었다.43) 감미면 대양리 이씨 문중도 신화 8원 20전을 의연하였다. 활발한

---

38) 『황성신문』 1907년 5월 14일 광고 「南陽郡 大韓自彊會支會」.
39) 차선혜, 「구국계몽운동의 전개」, 『경기도사(한말)』 6, 346~347쪽 ; 이상근, 「경기지역 국채보상운동에 관한 연구」, 『한국민족운동사연구』 24, 207쪽. 차선혜는 화성지역 국채보상운동에 대하여 두 단체와 쌍부압정면 천도교인 모금 활동만을 서술하였다. 다른 지역과 마찬가지로 문중이나 마을공동체 운영 원리에 의한 '의무금' 일환으로 모금된 경우도 적지 않았다. 남양만을 중심으로 島嶼地域은 늦게 시작되어 연말까지 지속되는 등 지역적인 특성을 드러내었다.
40) 『대한매일신보』 1907년 7월 2일 광고 「南陽郡 松山面 花梁洞」.
41) 『황성신문』 1907년 5월 2일 광고 「南陽郡 汾陽面 求密洞」.
42) 『황성신문』 1907년 5월 3일 광고 「南陽 汾陽面 文彦洞」, 5월 28일 광고 「南陽郡 麻道面 松里洞」.
43) 『황성신문』 1907년 6월 5일 광고 「南陽郡 西如堤面 前谷洞」.

문중 단위 모금은 관내 국채보상운동을 활성화시키는 요인 중 하나였다.[44]

한편 개인이 직접 의연한 경우도 있었다. 관내 이동 사는 鄭致雲은 20전을 직접 황성신문사로 보냈다. 팔탄면 尹元榮 등도 20원을 송금하는 등 대단한 관심을 보였다.[45] 서여제면 전곡동 洪憙裕는 대한매일신보사에 신화 55전을 의연하였다.[46] 분양면 석천동 金敎善·김두식도 각각 50전을 매일신보사로 보냈다.[47] 이러한 사례는 많지 않으나 변화에 부응한 사회 참여라는 측면에서 중요한 의미를 지닌다.

분위기는 도서지역으로 확산되는 등 군민들 초미의 관심사로 나타났다. 대부도·자월도 주민들 동참은 이를 반증한다.[48] 일부 지역은 지리적인 위치 등으로 인하여 전국적인 열기가 거의 없는 연말에야 이루어졌다. 영흥면 소이작도는 대표적인 경우 중 하나이다. 강씨 문중을 중심으로 동민들은 750냥을 의연하였다.[49]

이 밖에도 저팔리면 하저동, 대부면 면민 일동, 세곶면 복정동, 쌍수리면 중리동, 세곶면 대정동, 둔지중면 온석동·음덕리면 신양동·송산면 고잔동 주민들의 경쟁적인 참여 등이 있었다. 특히 저팔면 상기동은 12월에 의연금을 모금할 정도로 지속적인 국채보상을 위한 활동이 전개되고 있었다.[50] 이처럼 화성지역 국채보상운동은 4~7월에 집중적으로 전개되었

44) 『대한매일신보』 1907년 7월 12일 광고 「南陽郡 甘味 大陽里」.
45) 『황성신문』 1907년 5월 17일 광고 「南陽郡 細串面 新洞」·「南陽郡 雙樹里面 松亭洞」.
46) 『대한매일신보』 1907년 7월 18일 광고 「본사수입광고」.
47) 『大韓每日申報』 1907년 6월 26일 광고 「수입광고」.
48) 『황성신문』 1907년 6월 5일 광고 「南陽 大阜島 下洞 新基村」·「南陽郡 紫月島」.
49) 『황성신문』 1907년 12월 24일 광고 「南陽 靈興面 小伊作島」.
50) 『황성신문』 1907년 6월 5일 광고 「南陽郡 西如堤面 前谷洞」, 6월 24일 광고 「南陽 楮八里面 下楮洞」, 6월 28일 광고 「南陽 大阜面」, 7월 4일 광고 「南陽郡 細串面 福井洞」, 7월 5일 광고 「南陽郡 雙樹里面 中里洞」, 10월 16일 광고 「南陽

다. 이곳 특징은 다음과 같이 정리할 수 있다.

첫째는 마을이나 문중 조직 등을 포함한 향촌공동체에 의한 모금 방식이다. 지배층의 불법적인 수탈과 일제침략에 대응한 집단적인 저항은 다양한 형태로 나타났다. 향회·민회·민의소 등과 같은 여론 수렴은 상호간 견해를 조정할 수 있었다. 결정된 사항은 '공동체적 강제력'에 의하여 적극적으로 추진되었다. 이는 주민들 경쟁심을 유발시키는 동시에 단결심을 북돋우는 요인이었다. 각지 의연금 모금도 이러한 요소와 맞물려 진행되었다.51) 모금 주체는 이를 적절하게 활용하는 가운데 공동 관심사로서 부각시킬 수 있었다. 장안면 차씨 문중 사례도 대표적인 경우 중 하나이다.52)

둘째는 주도층으로 계몽론자·기독교인·여성단체 등이었다. 용주사 승려들 활동은 당시 세간의 주목을 받았다.53) 종교기관이나 신도들 활동은 교세 확장에 크게 이바지하였다. 여성단체인 의성회는 대표적인 경우이다. 이러한 모금활동은 변화하는 시대상황에 부응하는 방안 중 하나였다. 관료들 동참과 지원도 이와 같은 인식에서 크게 벗어나지 않았다. 일부는 이를 의무이자 책무로서 실천하였다. 군수 방한덕은 대표적인 인물 중 한 사람이다.54)

셋째는 여성단체 조직에 의한 모금이었다. 개신교 신자인 여성들은 이를 주도하였다. 여성들의 자발적인 동참은 이와 같은 활동에 크게 이바지했다. 의성회는 이후 여자교육회로 변화하는 등 이곳 여성운동을 주도하는 단체로 발전하였다. 그런데 여성들 의연금 참여는 크게 두드러지지 않

郡 屯知中面 溫石洞」, 12월 28일 광고 「南陽郡 楮八面 上箕洞」.

51) 김형목, 「대한제국기 경북 김천지역 계몽운동 전개와 성격」, 『한국독립운동사연구』 28, 한국독립운동사연구소, 2007, 72쪽.

52) 『대한매일신보』 1907년 7월 19일 광고 「南陽郡 長安面 二洞」.

53) 한동민, 「한말·일제강점기 용주사의 변화」, 『수원문화사연구』 5 참조.

54) 이상찬, 「방한덕」, 『한국역대인물종합정보시스템』, 한국학중앙연구원.

았다. 이는 여성들 사회활동에 대한 소극적인 현지 분위기에서 비롯된 문제로 생각한다.

넷째는 12월 경부터 의연금 모집이 시작되는 경우도 있었다. 대부도·자월도 등을 비롯한 도서지방은 대표적인 경우이다. 이는 지리적인 위치와 의병전쟁 확산에 따른 사회적인 불안 등에서 비롯되었다.55) 다만 저팔면 상기동은 국채보상을 위한 의연활동이 장기간 전개된 사례로서 추정된다.

마지막으로 근대교육운동 확산과 달리 학생들 참여는 미미하였다. 사립보흥학교 교직원과 학생 참여가 있었을 뿐이다. 이는 교사들이나 학생들이 참여하지 않았음을 결코 의미하지 않는다. 개인적인 참여 사례는 곳곳에서 나타난다. 단지 전체적인 의연금 모집이 나타나지 않았음을 지적할 뿐이다.

한편 국채보상운동 열기는 남양군염업회의소 설립으로 이어졌다. 이를 주도한 인물은 서여제면장 최성대와 유지신사 홍은후였다. 설립취지서 주요 내용은 다음과 같다.

> …(상략)… 自通商以來로 輸出이 不足以配輸入而況 復政治也產業也 諸般權利가 盡歸外人之掌握者乎아 元氣耗損ᄒ고 血脉이 枯竭ᄒ야 雖無兵革疾역之患이라도 難免滅種殄族 慘矣이라 豈其心寒膽者哉아.
>
> 本郡이 處在海濱ᄒ야 滿地가 居多故로 居民資生 太半是煮鹽爲業 而此亦農者之一流也라 但拘於習慣ᄒ고 昧於智識ᄒ야 器機耕具를 未知何代에 創造而不思ᄒ고 製造方法은 未知何人之研究而不務精巧ᄒ니 其在盡地利實國力之道 其誠者欠事오 重以租稅ᄂ 乃國民之義務라 多期納入이 亦古今之常理나 然每多奸細輩 因緣爲市ᄒ야 正供之外에 誅求無厭ᄒ야 中間消融이 殆過般中이라 理今柴薪이 翔貴하고 鹽業이 無利하야 窮

---

55) 『大韓每日申報』 1907년 8월 27일 잡보 「義兵氣勢」, 10월 20일 잡보 「地方消息」.

藋生涯가 去益凋殘ᄒ니 哀我同胞여 …(하략)…56)

즉 외국과 통상한 이래로 우리는 만성적인 무역적자에 시달리고 있다. 이는 제반 권리가 외국인 수중에 장악되어 민족이 멸망을 당할 지경에 이르렀다. 더욱이 바닷가에 접한 이곳 주민 생활터전은 염전이다. 그런데 풍습이 완매하여 새로운 소금 제조기술은 전혀 개발되지 않아 빈곤의 악순환이 거듭될 뿐이니 한심스럽고 안타깝다. 간세배들은 가렴주구를 일삼아 국고 탕진뿐만 아니라 주민들 생존권을 위협할 상황에 직면하였다. 이에 주민 생존권과 상권을 보호하고자 염업회의소를 창립하지 않을 수 없다. 이들은 상업상 이익만이 아니라 자본주의 변화에 부응한 근대적인 상업회사 설립을 통한 자립경제를 지향하고 있었다.

이처럼 국채보상운동은 의연금 모금에만 그치지 않았다. 결국 국채보상운동 참여는 개인에게 시세변화를 일깨우는 동시에 일제침략을 부분적이나마 인식시키는 '체험현장'이었다. 남양금융조합 설립도 이러한 경험에 의한 결과물 중 하나였다.57) 특히 의성회의 여자교육회로 전환은 변화하는 실상을 잘 보여준다. 남양군에 조직된 여자교육회 남양지회는 여성들 사회활동과 관련하여 주요한 위치를 차지한다. 특히 여자교육회 본부의 남양군에 소재한 양성학교에 대한 의연금은 이와 같은 상황과 맞물려 진행되었다.58)

---

56) 『大韓每日申報』 1907년 7월 24일 잡보 「南陽郡鹽業會議所趣旨書」.

57) 『남양관계서류』 규장각#22048 ; 이제재, 「남양군의 사회와 교육-인물을 중심으로-」, 『화성의 얼』 III, 82~83쪽.

58) 『황성신문』 1907년 4월 30일 광고 「南陽郡私立養性學校贊成金」 ; 정경숙, 「대한제국기 여성교육회의 조직과 구성원 연구; 조직형성기를 중심으로」, 『정신문화연구』 34, 한국정신문화연구원, 1988.

4. 자아를 일깨우는 근대교육운동

화성은 지리적인 위치 등으로 인하여 비교적 일찍부터 외래문물을 쉽게 접할 수 있었다. 남양만을 중심으로 발달된 해상교통은 이를 가능케 하는 요인이었다. 인천을 거점으로 서해안 교통요충지는 남양만이라고 해도 과언이 아니었다. 빈발하는 水賊 활동은 이와 무관하지 않았다.[59] 외국 선교사들도 이러한 여건에 착안하여 선교활동을 전개할 정도였다. 선교거점으로서 화성은 외래문물을 수용하는 요충지로서 부각되었다. 특히 수원을 중심으로 발달된 철도는 외부 세계와 소통·교류 활성화에 크게 이바지하였다.

학교는 '근대성'을 상징할 만큼 중요한 의미를 지닌다. 정부의 의지와 달리, 관·공립학교에 의한 근대교육은 부진을 면치 못하였다. 정부의 재정지원 부족과 실천의지 박약, 교사들의 자질부족, 주민들의 무관심 등은 주요한 요인이었다.[60] 심지어 관·공립학교에 대한 관리조차도 제대로 이루어지지 않았다. 대부분 교장을 겸임한 지방관은 이임된 지 몇 개월이 지나서야 해임하는 등 많은 문제점을 드러내었다.[61] 사립학교에 의한 근대교육 확산은 이러한 역사적인 배경에서 비롯되었다.

---

59) 『황성신문』 1901년 1월 21일 잡보 「水賊甚擾」, 4월 23일 잡보 「民苦海賊」, 9월 10일 잡보 「賊漢被捉」, 1902년 1월 8일 잡보 「加設十校」, 1905년 5월 29일 잡보 「南陽賊報」, 10월 13일 잡보 「水賊橫行」, 1906년 4월 21일 잡보 「南郡請銃」, 8월 30일 광고 ; 『大韓每日申報』 1905년 10월 5일 잡보 「賊魁在京」, 10월 13일 잡보 「賊何不仁」, 10월 24일 잡보 「洞捉賊漢」, 1906년 4월 13일 잡보 「水陸俱防」, 5월 4일 잡보 「非隊難撥」.

60) 『황성신문』 1900년 1월 9일 잡보 「班不敎吏」, 6월 2일 관보 「學事」.

61) 『황성신문』 1902년 11월 6일 관보 「學事」, 12월 11일 관보 「學事」, 7월 27일 관보 「學事」 ; 박남훈, 「1896~1905년 경기도의 사립학교 현황과 성격」, 『덕봉오환일교수정년기념 사학논총』, 논총간행위원회, 2006, 494~496쪽.

화성지역 최초 사립학교는 홍승한이 1899년 설립한 무관학교였다. 이
에 관한 내용은 현재 거의 알 수 없다. 다만 무관양성을 위하여 외국인
교관을 고빙할 예정이라는 사실만 전할 뿐이다.62) 사립학교 설립에 의한
근대교육은 을사늑약 이후 크게 발흥할 수 있었다. 경기관찰사 崔錫敏은
적극적인 근대교육 시행을 훈령하였다. 그는 훈령을 통하여 사숙·의숙·
서당 등을 폐지하는 대신 근대교육기관 설립을 권장했다. 이는 관내 군수들
로 하여금 사립학교설립운동에 적극적인 동참을 유도하는 계기였다.63)

서면 장외동 鄭台煥은 신흥의숙을 설립하여 金教贊을 교사로 채용하
였다. 교과목은 작문·산술·체조 등이었다.64) 체조는 병식체조를 가미한
군사훈련이나 다름없을 정도로 엄격하였다. 이는 생도들에게 상무정신을
고취시킴으로써 장차 구국간성을 양성하기 위한 준비단계였다. 음덕리면
비 상동 黃宗源 등 주민들도 '의무학교' 설립을 추진하였다. 생활 정도에
따라 차등으로 부담하는 '의무학교비'는 상호간 깊은 신뢰감의 척도나 다
름없었다. 근대교육에 대한 인식변화는 이러한 분위기와 맞물려 확산을
거듭할 수 있었다.65)

보흥학교는 1901년 선교사 조원시 의연금을 기본으로 지방관·유지신
사 등의 주도로 설립되었다.66) 주요 설립·운영자는 조원시·김관현·이창

---

62) 『제국신문』 1899년 4월 18일자 ; 김형목, 「'을사늑약' 이전 경기지방 사립학교의
    성격」, 『중앙사론』 26, 한국중앙사학회, 2007, 61쪽.
63) 『大韓每日申報』 1907년 8월 4일 잡보 「察畿興學」.
64) 『大韓每日申報』 1907년 12월 13일 잡보 「新塾興況」.
65) 『황성신문』 1905년 6월 24일 잡보 「洞熟私立」.
66) 이종준, 「본회회보, 광무10년 11월 8일 8일에 本會에서 內部에 建白흔 全文이 如
    左흐다」, 『대한자강회월보』 8, 1907, 47~48쪽 ; 편집부, 「회원동정」, 『대한자강회
    월보』 12, 1907, 71쪽 ; 『황성신문』 1906년 3월 12일 잡보 「設校請認」, 4월 5일
    잡보 「校土移校」, 1907년 11월 22일 광고 「南陽普興學校刱設時義金」 ; 『大韓
    每日申報』 1907년 11월 22일 광고 「南陽普興學校創設時義金」·「南陽普興學

회·박관용·강형근 등이었다. 초기 교장은 군수인 張浩鎭·方漢德 등이었으나 이창회로 바뀌었다. 군수 장진호는 학부에 사립학교로서 인가를 청원하는 등 근대교육 보급에 노력했다.67) 초기 교감은 이창회, 사무원은 朴潤榮이었다. 불행하게도 교사진 구성은 거의 알 수 없다. 학생들은 일시에 수십 명이나 호응하는 등 설립 초기부터 대단한 성황을 이루었다. 1906년 공립소학교·상동사립학교와 개최한 연합대운동회는 주민들 관심을 집중시켰다.68) 경기 후 군수는 부모님과 어른을 공경하고 국가에 애국·충성할 것을 권고하는 연설을 하였다. 교감과 다른 학교 교사 등도 일장 연설로 향학열을 고취시키는데 앞장섰다. 「운동가」·「애국가」 제창과 만세 삼창은 학도들에게 자긍심과 국가정신을 북돋웠다. 매년 정기적인 행사 개최는 주민들의 근대교육에 대한 관심을 환기시켰다.69)

특히 1907년 교사 신축시 고관대작을 비롯한 의연금 답지는 중장기적인 학교 발전을 모색하는 계기였다. 낙성식에는 내빈 100여 명이 참가하는 등 대성황을 이루었다.70) 「산림령」 시행과 더불어 통감부는 우리의 임야를 불법적으로 강탈할 계책을 세웠다. 이에 임원진은 측량과를 설치하는 등 주민들 재산 보호에 나섰다.71) 학교 발전 방안은 勸奬會 조직으로 귀결되었다. 유지신사·학부형회 동참은 안정적인 운영비 모집과 교사진 확충으로 이어졌다.72)

校落成時義金」, 11월 28일 잡보 「南校落成」 ; 『대한매일신보』 1907년 9월 7일 잡보 「강씨권학」.
67) 『황성신문』 1906년 3월 12일 잡보 「設校請認」, 7월 4일 잡보 「校土請劃」, 7월 5일 잡보 「校七折半」, 10월 31일 잡보 「學徒請願」.
68) 『大韓每日申報』 1906년 6월 2일 잡보 「南校運動」·「運動家」.
69) 『황성신문』 1907년 5월 1일 잡보 「南校運動」.
70) 『황성신문』 1907년 11월 22일 광고 「南陽郡普興學校刱設時義金」, 11월 23일 잡보 「南校落成」 ; 『大韓每日申報』 1907년 11월 28일 잡보 「南校落成」.
71) 『大韓每日申報』 1908년 12월 11일 잡보 「普校卒業」.

군수 방한덕과 유지신사 등은 1906년 양성학교를 세웠다. 임원진은 교장 방한덕, 교감 洪益善, 학감 홍승호, 일어교사 변석규, 찬성원 홍사덕 등이었다. 교과과정은 일어·한문·국문·산술·작문 등을 중심으로 심상과·고등과·일어과 등으로 구분하였다.73) 일본어에 대한 높은 관심은 전문적인 일어과 운영으로 귀결되었다. 전문 강좌에 의한 수업 진행은 학생들 흥미를 유발시켰다.

서여제면 전곡에 거주하는 洪大必·洪大臨·洪大晋 등 남양홍씨 문중인 사들은 전곡사숙을 설립하였다. 숙장은 계몽활동가로서 널리 명성이 자자한 최성대를 초빙했다. 명예교사는 설립자나 후원자들로 대부분 충원되었다. 주요 교과목은 한문·작문·국문·산술 등 보통과 과정이었다. 개교 초기부터 70여 명에 달하는 지원자가 쇄도할 정도로 향학열은 대단한 기세였다.74) 숙장은 직접 「애국가」를 작사하여 생도들에게 애창하도록 권유하였다. 주민들도 경쟁적으로 운영비 모금에 나서는 등 자제교육에 대한 높은 관심도를 나타내었다. 培英學校는 活岬里에 거주하는 남양홍씨 문중인사 홍준·홍철후·홍병유 등의 주도로 설립되었다.75) 이른바 문중학교는 향촌사회 문중 사이 경쟁심을 유발하는 요인으로 작용하였다.

전군수 박용관도 관내 학교를 방문하여 향학열을 고취시켰다. 그는 단발을 하지 않은 생도들에게 신체교육의 필요성과 문명이론을 권면함으로써 일체 단발하는 효과를 거두었다. 운영비가 부족한 사립학교에는 의연금을 흔쾌히 기부하는 등 재정적인 지원을 마다하지 않았다.76)

---

72) 『大韓每日申報』 1907년 12월 17일 잡보 「陽郡興學」, 1910년 4월 24일 잡보 「普興勸獎會」.
73) 『황성신문』 1907년 2월 16일 잡보 「養校經試」, 4월 17일 잡보 「欽何多耶」, 5월 20일 잡보 「養性校月終成績」, 7월 16일 잡보 「養性校夏期成績」.
74) 『大韓每日申報』 1907년 6월 4일 잡보 「南塾盛況」.
75) 『大韓每日申報』 1908년 7월 19일 잡보 「培養漸進」.

鄭時鉉은 松林學校를 설립한 후 1908년 3월 23일 개학식을 거행하였
다. 3월 20일 개최된 학교임원회에서는 총감독으로 군수 金寬鉉과 교장·
교감을 겸임하는 정시현을 각각 선출했다. 입학자는 일시에 35명에 달하
는 등 상당한 호응을 보였다. 주민들도 경쟁적으로 지원을 아끼지 않았
다.77) 총감독은 설날을 맞아 교육가를 격려하는 의미에서 고기와 쌀을 선
물로 보냈다. 이는 교육가는 물론 유지신사들의 교육활동 동참을 유도하
는데 크게 이바지했다.78) 대한제국기 화성지역에 설립된 '대표적인' 사립
교육기관 현황은 <표 1>과 같다.

〈표 1〉 대한제국기 화성지역 사립교육기관 현황79)

연도	학교명	위치	설립자	운영자	교과목	생도수	출전
1899	무관사립학교	남양	홍승한	외국인 고빙	무관학교과정		제1899.4.18
1901	보흥학교	남양 내하동	조원시(목사) 강형근 이창회 김관현 박용관	장호진(방한덕, 이창회);교장 이창회;교감 박윤영;사무원	심상과 고등과 일어과 측량과	60	만1906.11.7;대1907.9.7, 1910.1.27,5.12,5.13 大1906.2.24,3.1,3.4,6.1, 6.2,9.11,12.2,12.14, 1907.2.20,9.7,11.22, 11.28,1908.2.22,5.27, 12.21,1909.3.12,7.9, 1910.1.28,4.24,5.10 황1906.4.5,6.1,7.4,7.5, 10.31,1907.2.1,2.8,5.18, 11.22,11.23,1908.2.8, 2.22,8.8,10.22,1909.3.11, 3.12,3.31;『기』7-40쪽 『서우』2-41쪽
1906	양성학교	남양	유지제씨	방한덕(군수); 교장,홍익선;	한문·일어 국문	다수	황1907.2.16,4.17,4.30, 5.22,7.16,1908.7.14,

76) 『大韓每日申報』 1909년 1월 27일 학계 「朴氏開明」.

77) 『황성신문』 1908년 3월 28일 잡보 「松林校況」.

78) 牧山耕藏, 『朝鮮紳士名鑑』, 일본전보통신사, 1911, 309쪽 ; 『황성신문』 1908년
11월 12일 광고, 1909년 2월 10일 잡보 「南倅養老」, 3월 11일 광고.

연도	학교명	위치	설립자	운영자	교과목	생도수	출 전
1906	普成 소학교	남양 세곳 당산동	야소교회	교감,홍승호; 학감,변석규; 일어,홍사덕;찬성원	일어과 심상과 고등과	수십명	9.4,10.22;대1908.9.4 만1907.5.18
					국한문 작문·산술 번역·법률		大1907.2.20 황1907.2.8,1908.10.22
	사립학교	남양 상동	이창회,정시 행,홍익선, 강창회	홍익선;교감	독서·습자 작문	다수	大1907.12.17 황1906.6.5,1908.10.22
	양정의숙	남양	유지신사	보흥여학교 교사	보통과, 재봉과	다수	황1907.5.1
	보흥 여학교	남양 내하동	조원시 강형근 이창회 김관현	이리사벳안;교사, 신덕술·미시다홍· 이뱃가홍;찬성원	보통과 고등과		황1907.10.17, 1908.10.22,1909.3.11 『기』7-40쪽
1907	노동 야학교	남양 신리 사곳	유지신사	김관현(군수);교장 신기하;교사	보통과	50	황1908.9.4,10.22, 1909.3.11;大1910.5.5
	明達의숙	남양 세곳 고포동	李喜轍 (전의관)	李昶	일어·영어· 산술·법률· 역사지리	수십인	大1907.5.15,8.1 대1907.8.1 황1908.10.22
	전곡사숙	남양 서여제 전곡	홍대필, 홍대임, 홍대진	최성대;숙장 홍대필	보통과	70	大1907.6.4 황1908.10.22 만1907.6.2
	보흥야학	남양 보흥학교 내	박윤영	좌동	작문·산술· 국문·한문	29	황1907.2.1,1908.10.22
	신흥의숙; 계양학교	남양 서면 장외동	정태환	김교찬;교사	작문·산술· 체조·운동	다수	大1907.12.13,1908.9.16, 10.22
	유신학교	남양 서면	유지신사				大1908.9.16
1908	송림학교	남양 송림동	鄭時鉉, 유지신사	김관현(군수); 총감독,정시현; 교장·교감,尹瑀學; 학감,朴貞彬;원감, 朴殷彬·李根昌· 鄭禹鉉;총무 沈相吉;교무 鄭在迷·裵龍鎭; 회계	보교과정, 찬성원 40명	35	대1908.2.19,3.14 황1908.2.19,3.28,4.18, 7.23,10.22,1909.3.12, 3.31;大1908.3.14

연도	학교명	위치	설립자	운영자	교과목	생도수	출 전
1908	유년 여학교	남양	박용관 (전군수)	보흥여학교 교사	보교과정	다수	大1909.1.27
	유년 남학교	남양	박용관 (전군수)	보흥학교 교사	보교과정	다수	大1909.1.27
	春陽학교	남양	유지제씨	朴厚權;교장대리	보통과	40	大1908.5.20,5.27,10.22
	명륜학교	남양 향교내	유지신사	洪琛;교장,李玩儀; 교감,房熙明;학감	신구학	수십명	황1909.3.31 大1909.8.13
	배영학교	남양 활초리	유지제씨	洪埈;교장,홍철후; 교감,홍병유;학감	보통과	30	大1908.7.19,10.22, 1909.3.31
	사숙	남양 쌍부 한각리	최정래	좌동	국문·한문 등	다수	大1908.4.11

　　<표 1>은 화성지역에 설립된 사립학교 전부를 포함하지 않는다. 군수 방한덕 재직시 관내에 소재한 19개교 사립학교를 설립·지원한 사실은 이를 반증한다.[80] 이는 당시 '비교적' 널리 알려진 근대교육기관으로 볼 수 있다. 여기에 나타난 특징은 다음과 같이 정리할 수 있다.

　　첫째로 대부분은 초등교육기관이었다. 보흥학교·보흥여학교·양성학교를 제외한 모든 교육기관은 이러한 범주에 포함된다. 교과과정·교과목이나 교사진 구성 등은 이를 잘 보여준다. 피교육생 구성 등 현지여건을 감안하여 어학·작문·재봉과를 추가하는 경우도 있었다. 이는 보통지식 보급에 치중된 사립학교설립운동 성격과 밀접한 연관성을 지닌다.

　　둘째로 일부 학교에 한정되지만, 병식체조와 운동회 등을 통한 상무정

---

79) <표 1>은 김형목, 「한말 화성지역 근대교육에서 무엇을 배울 것인가」, 『문화의 뜰』 봄호, 47쪽을 수정·보완하였다. 제는 『제국신문』, 만은 『만세보』, 황은 『황성신문』, 대는 『대한매일신보(국문판)』, 大는 『대한매일신보(국한문혼용판)』, 『기』는 『기호흥학회월보』, 『서우』는 『서우』를 각각 의미한다.

80) 「大韓每日申報』1907년 6월 12일 광고. 이제재는 관내 설립된 사립학교로 11개교라고 하였다. 이는 사실과 다르다(이제재, 「남양군의 사회와 교육-인물을 중심으로-」, 『화성의 얼』 Ⅲ, 99쪽).

신이 강조되었다. 체육은 군사훈련을 버금가는 강인한 신체와 정신력을 요구하였다. 1907년 춘계 공·사립학교연합운동회는 지대한 관심과 초유의 대성황을 이루었다. 200여 학도의 정제된 대오와 활발한 기상은 주민들의 탄성을 자아내기 충분하였다. 더욱이 養貞의숙 여학생 20여 명 동참은 여성의 사회적인 존재로서 의미를 일깨우는 요인이었다.81) 운동회 직후 군수 방한덕과 홍익선은 연설을 통하여 학생들에게 학업에 정진하는 동시에 애국심을 배양하도록 격려를 아끼지 않았다. 서면에 소재한 신흥의숙도 桂陽學校로 교명을 변경하였다. 설립자 정태환은 인근 維新學校와 연합운동회를 개최하는 등 학생들 사기를 진작시켰다. 작문·산술 등 시문을 부과한 운동회는 경쟁심을 유발시키는 한편 향학열을 북돋우었다.82)

셋째로 시세변화와 더불어 여성교육도 병행되었다. 보흥여학교·양정의숙·유년여학교 등은 대표적인 여성교육기관이었다. 이는 국채보상운동 동참과 교회를 통한 사회활동으로 이어지는 밑거름이나 마찬가지였다. 보흥학교 운동회 개최에 즈음한 의연금 답지나 의성회 조직 등은 이를 반증한다. 지역사회 변화는 이와 맞물려 진행됨으로써 일상사에 잔존한 인습 타파에 크게 이바지했다.83)

넷째로 사립학교설립운동에 부응한 사범교육이 거의 이루어지지 않았다. 근대교육을 담당할 교사진 확보는 재정적인 안정화와 더불어 교육내실화를 위한 관건 중 하나였다. 물론 인근지역과 연대에 의한 계획도 전무하였다. 이는 중장기적인 발전방안 미비와 더불어 근대교육운동 침체로 연결되고 말았다.

---

81) 「황성신문」 1907년 5월 1일 잡보 「南校運動」 ; 윤완, 『대한제국말기 민립학교의 교육활동연구』, 한결, 2001, 159~160쪽.
82) 『大韓每日申報』 1908년 9월 16일 잡보 「南桂勝況」.
83) 『大韓每日申報』 1909년 1월 27일 학계 「朴氏開明」.

다섯째로 1908년 이후 사립학교 설립은 거의 없었다. 「사립학교령」 시행은 이러한 상황을 초래하는 요인 중 하나였다. 물론 기존 설립된 사립학교 내실화에 치중된 활동도 무시할 수 없는 현실이다. 이는 1908년 이후 사립학교설립운동 활성화로 이어진 다른 지역과 대조를 이룬다.[84] 화성지역 특성은 바로 여기에서 부분적이나마 엿볼 수 있다. 원인은 여러 요인에서 비롯되었다고 생각된다. 합법적인 활동영역에 안주한 설립·운영주체의 현실인식은 원인 중 하나였다. 이는 운동주체 구성원이나 이들 사회적인 위치 등과 무관하지 않다.

마지막으로 주요 설립자나 운영자는 지방관료·기독교인·교사·자산가 등이었다. 다른 지역도 이와 유사한 경향성을 보여준다. 서울이나 지방을 막론하고 한말 계몽운동은 이들에 의하여 주도되었다. 이들은 대부분 사회진화론에 상당히 경도되어 있었다.[85] 그런 만큼 일제침략에 직접적인 저항보다 '선실력양성 후독립론'에 치중하는 입장이었다. 이는 외세침략 강화와 더불어 점차 식민지배체제로 쉽게 견인·흡수될 수밖에 없었다. 서구지향적이고 외세외존적인 '안일한' 현실인식은 저항보다 순응적인 경향성을 보여준다. 계몽운동 전반에 대한 비판적인 평가는 이러한 역사적인 연원에서 비롯되었다.[86] 이러한 경향은 일제침략 강화에 따른 현실인식 심화는 부분적이나마 이를 극복하는 계기였다.

---

84) 김형목, 「한말 충청지방의 사립학교설립운동」, 『한국근현대사연구』 23, 한국근현대사학회, 2003.

85) 신채호, 「新敎育과 愛國」, 『단재신채호전집』 별집, 단재신채호전집간행위원회, 1982, 133~134쪽 ; 김형목, 「한말 수원지역 계몽운동과 운영주체」, 「한국독립운동사연구』 53, 38쪽.

86) 조동걸, 『한국독립운동의 이념과 방략』, 한국독립운동사편찬위원회·독립기념관 한국독립운동사연구소, 2007, 57~59쪽.

5. 계몽운동사상 위치

대한자강회 남양지회 활동은 주민들 시세변화를 일깨우는 '기폭제'였다. 활동영역은 근대교육 보급에만 한정되지 않았다. 토론회·강연회 개최 등은 일상사에 대한 관념을 근본적으로 타파하는 요인이었다. '재산'이나 마찬가지인 노비해방은 시세에 부응한 가치관 변화에서 비롯되었다. '인권'과 '행복추구' 운운 등은 이와 같은 실상을 잘 보여준다.[87]

지방자치제를 표방한 지방의사회나 조직적인 국채보상운동 전개를 위한 의성회 활동 등도 주목된다. 전자는 민지계발에 역점을 두는 등 근대교육 보급을 추동시키는 원천이나 마찬가지였다. 일제의 경제적인 침략에 맞선 상권 보호를 위한 염업회사 설립도 이와 무관하지 않다. 목적은 생활공동체에 의거한 주식회사 운영을 통한 이익 도모였다.[88] 이는 단순한 회사 운영 차원을 넘어 오늘날 '지방화시대'에 버금가는 지방자치제로서 의미를 지닌다. 후자는 여성의 사회적인 존재에 대한 인식변화를 초래하는 요인이었다. 이는 여성교육회로 전환하는 등 화성지역 여성교육을 확산시켰기 때문이다.

계몽단체 회원들은 사립학교설립운동·야학운동·국채보상운동을 주도하였다.[89] 이들은 전·현직지방관리 등과 더불어 직접 사립학교를 설립하거나 지원을 아끼지 않았다. 대표적인 교육기관인 보흥학교·양성학교·송림학교·보흥여학교 설립이나 지원은 이들 주도로 이루어졌다. 鄕校畓 절

---

87) 김형목, 「한말 수원지역 계몽운동과 운영주체」, 『한국독립운동사연구』 53, 39쪽.

88) 『大韓每日申報』 1907년 7월 24일 잡보 「南陽郡商業會議所趣旨書」 ; 이영학, 「개항기 제염업에 대한 연구-자본제적 경영을 중심으로-」, 『한국문화』 11, 서울대 한국문화연구소, 1991, 540~543쪽.

89) 『황성신문』 1907년 4월 30일 광고 「南陽郡 私立養性學校贊成金」, 5월 14일 국채보상의무금 집송인원급액수 「南陽郡大韓自彊會支會」.

반을 보흥학교 운영비로 전용을 군수가 거부하자, 지회는 본회에 이를 실행할 수 있도록 도움을 요청하였다. 회장 尹致昊는 학부에 이를 건의하는 등 지회 활동을 지원하고 나섰다.[90] 이러한 조치는 지회원들 활동을 진작시키는 계기였다. 양성학교에 대한 찬조금 의연과 운동회 개최시 상품 기증은 당시 관내 교육열을 짐작할 수 있다.[91]

1906년 5월 사립 남양보흥소학교·上洞小學校와 공립소학교 연합운동회 개최는 소통하는 현장이었다.[92] 운동회 폐회식에 즈음한 연설회는 당시 상황을 그대로 보여준다.

> …(상략)… 校長 本郡守 方漢德氏는 幼而學之가 長而行之라. 勉進學問이면 事業을 可成이오. 功名을 可期라ᄒᆞ야 勸告ᄒᆞ고, 普興小學校 校監 李昌會氏는 時則綠陰芳草勝花時라. 學業이 與物成就ᄒᆞ야 文明氣像이 勝於舊日之迷朦ᄒᆞ니 豈不謂盛事리오ᄒᆞ고, 公立小學校 敎員 張容復氏는 學徒之養材가 如禾穀之種藝ᄒᆞ야 務勤勞不失時ᄒᆞ면 來效를 可期라ᄒᆞ고, 上洞小學校 校監 洪益善氏는 設校養材가 如設爐煉金이라 人若逸而無敎면 同歸於禽獸오. 金若遺而不煉이면 無異於沙石이니 勉之勉之ᄒᆞ야 日新一日ᄒᆞ면 豈不曰文明世界리오. 開明進就는 在於敎育人材라ᄒᆞ야 各各演說後에 國家를 爲ᄒᆞ야 萬歲千歲를 呼ᄒᆞ고 隊隊步步가 濟濟踏踏히 淸新ᄒᆞ 愛國歌를 唱和而歸ᄒᆞ얏다더라.[93]

더욱이 학생들이 부른 「운동가」는 독립주권을 공고히 하려는 의지를 표방하는 내용이었다. 연합운동회는 건전한 육체는 물론 문명사회 건설을 위한 디딤돌이나 마찬가지였다. 충군애국과 독립정신 고취는 이러한

---

90) 『황성신문』 1906년 11월 7일 잡보 「自强建白」 ; 『만세보』 1906년 11월 7일 잡보 「建白校土興學」 ; 『大韓每日申報』 1906년 3월 4일 잡보 「以校補校」.
91) 『황성신문』 1907년 4월 30일 광고 「南陽郡 私立養性學校贊成金」.
92) 『황성신문』 1906년 6월 1일 광고.
93) 『황성신문』 1906년 6월 1일 잡보 「普興校運動」.

의도를 관철시키기 위함에서 비롯되었다.

> 어화우리 學徒들아/ 運動家을 불너보식
> 皇上陛下 右文至治/ 우리학교 興旺ㅎ니
> 大韓光武 十年이요/ 丙申四月 旬八이라
> 世界列强 둘너보니/ 敎育人材 第一일내
> 어화우리 학도들은/ 體操運動 햐여보식
> 禮樂書數 進步하니/ 文明基礎 이야인가
> 깃부도다 깃부도다/ 聯合運動 깃부도다
> 進退作止 조흔이치/ 前後左右 羅列일식
> 平和흔맘 □□되여/ 忠君愛國 熱心으로
> 鞏固鞏固 鞏固ㅎ식/ 獨立主權 鞏固ㅎ식
> 乾坤坎离 太極旗를/ 五大洲에 빗닉보식
> 文武並用 長久術이/ 國家盤石 이아인가
> 萬歲萬歲 萬萬歲여/ 大皇帝陛下 萬萬歲야
> 千歲千歲 千千歲여/ 皇太子殿下 千千歲라
> 百歲千歲 千百歲여/ 우리學校 千百歲여.94)

이는 국가정신·애국정신을 고취시키는 등 학생들로 하여금 분발을 촉구하는 계기였다. 문명기초·교육인재·충군애국·독립주권 등 강조는 이러한 상황과 맞물려 있었다.95) 각지에서 개최된 운동회는 이른바 「운동가」와 만세삼창을 제창하는 분위기였다. 서울의 일신의숙·홍화학교·휘문의숙·서북학교 등 학교별 운동회나 관·사립학교를 망라한 연합대운동회 진행순서에는 반드시 포함되었다.96) 지역에서 개최된 경우도 마찬

---

94) 『大韓每日申報』 1906년 6월 2일 잡보 「運動家」.
95) 『大韓每日申報』 1909년 6월 2일 잡보 「남校運動」.
96) 『대한매일신보』 1906년 5월 22일 잡보 「新塾運動」, 10월 30일 잡보 「興校運動」, 1907년 4월 14일 잡보 「徽塾 運動盛況」, 5월 3일 잡보 「運動第次」.

가지일 정도로 「운동가」를 통하여 상무정신을 일깨우는 중요한 '기제'
로서 작용하였다. 물론 가사 내용이나 곡조는 조금씩 달랐으나 근본적
인 목적은 대동소이했다. 이른바 '애국운동가' 제정을 위한 노력은 이를
반증한다.[97]

　운동회는 단순한 학생들의 체력증진만을 도모하는 행사가 아니었다.
정정당당한 경쟁심과 상무정신 고취는 물론 시세변화를 인식하는 '생활
체험장'이었다. 동시에 사회적인 여론을 조성하는 공론장은 바로 운동회
였다. 1909년 연합운동회에는 학도 400여 명 참가와 관람자가 1만여 명에
달하는 등 인산인해를 이루었다.[98] 주민들 적극적인 참여는 새로운 '문화
공간'을 조성으로 이어졌다.

　이러한 분위기는 근대교육 확산과 활성화로 귀결되었다. 근로청소년을
위한 야학도 지회원들 박윤영에 의하여 설립·운영되었다.[99] 야학은 노
동·노동자에 대한 인식변화를 초래하는 요인 중 하나였다. 공립보통학교
발전을 위한 학무위원도 이들 중에서 임명되었다.[100] 더욱이 홍은후는
신·구학문의 균형적인 발전을 위한 일환으로 獎學社 支社 설립을 주도하
였다. 그는 장학사 사장 朴太緖를 찾아가 자신의 의중을 설명하여 승낙을
받았다.[101] 관내 교육기관에 대한 후원은 이러한 인식에서 비롯되었다.

　보홍학교에 대한 일본인의 고의적인 악의 유포는 이곳 사립학교설립운
동 성격을 잘 보여준다. 일본인 금융조합이사는 "이곳은 인심이 나쁘고
배일사상이 가장 격렬한 곳이다. … 작년 11월 군청 소속인 창고를 그대

---

97) 『황성신문』 1907년 4월 26일 잡보 「各學校運動家의 一致」, 1908년 4월 24일
　　잡보 「平壤의 各校聯合運動家」.
98) 『황성신문』 1909년 6월 6일 잡보 「運動盛況」.
99) 『황성신문』 1907년 2월 1일 잡보 「晝樵夜學」.
100) 『관보』 1910년 2월 21일자, 8월 17일자.
101) 『大韓每日申報』 1908년 2월 25일 잡보 「獎學支社」.

로 교사로 하여 이곳에 보흥학교(일명 폭도양성소)라는 야소학교를 열어 한결 같이 아동을 모아 배일사상을 주입하고 ··· 매일 60명 이상의 아동들에게 배일사상 주입을 통한 폭도의 근본적인 양성에 힘쓰고 있다. ··· 재학생들에게 압력을 가해 보흥학교를 폐지하고 이들을 공립보통학교에 수용할 것"을 군수와 주선하도록 탁지부에 건의할 정도였다.102) 이처럼 화성지역 근대교육은 사회변화를 촉진시키는 요인이었다.

주민들의 열성적인 참여 속에서 운동주체는 중장기적인 관점에서 근대교육운동을 추진하지 못하였다. 교사양성을 위한 대안 부재는 대표적인 사례 중 하나이다. 이는 사립학교설립운동에 부응하는 긴급한 현안이었다. 사범강습소 운영계획이나 인근 지역과 연대에 의한 교사 충원은 전혀 없었다. 교육내실화에 대한 불만과 현직 관료의 친일화 경향은 주민들 불만을 초래할 수밖에 없었다. 남양군수 김관현은 일본군을 대동하고 마을을 순행하면서 자위단 조직에 앞장섰다.103) 재정적인 부실과 맞물려 계몽운동의 전반적인 부진은 여기에서 파생되어 나갔다.

특히 이곳 계몽운동을 주도한 대부분 활동가는 일제침략 강화와 더불어 식민체제 내로 견인되어 나갔다. 사립교육기관은 일제강점과 더불어 공립보통학교로 통폐합되었다. 반일을 표방한 사립학교는 일본어 보급을 위한 식민지 초등교육기관으로 변질되고 말았다.104) 1910년대 국어강습회나 개량서당 등도 부족한 초등교육기관을 보조하는 데 있었다. 생존권 위협과 질곡에도 계몽론자들은 새로운 활로를 제시하기는 커녕 침묵으로

---

102) 이제재, 「남양군의 사회와 교육-인물을 중심으로-」, 『화성의 얼』 Ⅲ, 84쪽.
103) 『황성신문』 1908년 3월 4일 잡보 「不受宣諭」, 3월 19일 잡보 「卵生禍胎」, 4월 18일 잡보 「南陽來信」, 1909년 3월 22일 잡보 「內外相煥」, 1910년 4월 16일 잡보 「民請置巡」.
104) 김형목, 「식민지교육정책과 경기도 내 교육실태」, 『경기도사(일제강점기)』 7, 경기도사편찬위원회, 2006, 76쪽.

만 일관할 뿐이었다. 상무정신을 일깨우던 연합운동회는 '皇國臣民'으로 거듭나기 위한 몸만들기로 성격 변화를 초래하였다. 이러한 분위기를 반전시키기 위한 노력도 거의 엿볼 수 없는 '참담한' 상황으로 이어졌다. 국내 전반적인 상황은 이와 유사한 분위기였다.

6. 맺음말

화성지역은 19세기 후반부터 급격한 사회변동을 초래하였다. 동학·기독교 전래, 일본인거류지 형성과 간척사업, 진보회·일진회 활동, 대한자강회 남양지회 설립인가, 남양금융조합 설립, 경부선 개통, 의병전쟁 확산, 지방의사회·의성회·여자교육회 조직 등은 변화를 초래하는 요인이었다. 이는 주민들 일상사 변화와 더불어 급변하는 상황이었다.

동학·기독교 전래와 선교활동은 전통적인 인간관계를 변화시키는 요인 중 하나였다. 잔존한 신분제는 이러한 가운데 점차 해소되는 계기를 맞았다. 교세는 이와 맞물려 급속하게 확산될 수 있었다. 1909년 천도교 남양교구의 전국에서 가장 우수한 성미납부는 이를 반증한다. 1907년 4월 여성 기독교인으로 조직된 의성회와 이를 계승한 여자교육회도 이러한 분위기와 맞물려 발전을 거듭하였다.

서울에서 전개된 민족운동은 이곳 유지신사들에게 신선한 '자극제'로 다가왔다. 대한자강회 남양지회는 전·현직 관료와 자산가·교육가 등을 중심으로 조직되었다. 이들은 국채보상운동·사립학교설립운동 등을 주도하였다. 자치제 시행을 위한 지방의사회 조직도 이들에 의하여 주도되는 분위기였다.

이곳 국채보상운동을 추진한 중심 인물은 개신교인·전현직관리·자산가·개신유학자 등이었다. 모금 방식은 향촌공동체 운영원리에 의한 배분이었다. 곧 '의연금=의무금'이라는 인식은 당시 보편적인 분위기였다. 마을이나 문중 단위로 전개된 자발적·경쟁적인 동참은 이를 반증한다. 특히 의성회는 여성들 스스로 존재성을 드러내었다. 여성에 대한 인식은 이와 맞물려 변화를 거듭하였다.

근대교육은 사립학교에 의하여 주도되었다. 대표적인 사립학교는 보흥여학교·보흥학교·양성학교·송림학교 등이었다. 학교는 시세변화를 일깨우는 현장이자 여론을 조성하는 생활공간으로서 자리매김하였다. 학부형회·찬성회 등은 재정적인 지원과 아울러 학생들에게 사회적인 책무를 일깨워 주었다. 교육내실화는 교과과정 개편 등을 통하여 진전되었다. 고조된 향학열은 야학 운영으로 이어졌다. 근로청소년에 대한 수학기회 확대는 현실인식과 가치관를 크게 변화시켰다. 근대교육 확산은 이와 더불어 촉진될 수 있었다.

병식체조나 연합운동회 개최 등은 상무정신 고취로 귀결되었다. 특히 운동회는 오락적인 요소와 아울러 근대교육의 필요성을 일깨우는 현장이었다. 학생들의 질서정연한 대오와 늠름한 기상은 관중들로 하여금 탄성을 자아내기에 충분하였다. 행사 이후 개최된 강연회는 건전한 생활문화를 조성하는 기반이었다. 적극적인 주민들 참여·지원에 의한 연합운동회는 이러한 사실을 분명하게 보여준다. 변화에 부응한 새로운 민중문화는 이러한 과정에서 창출되었다. 개인 인권문제나 행복추구 운운 등은 일상사에서 새로운 인간관계를 조성시키는 요인이었다. 사립학교는 이를 직접 실현·체험하는 '생활공간'이자 '현장학습장'이나 다름없었다.

운동주체는 적극적인 저항보다 현실순응(상황론자)적인 성격을 강하게 보여준다. 이곳 계몽운동을 주도한 전·현직관리 등은 특히 이러한 양상이었다. 군수인 김관현·방한덕 등은 승진을 거듭하여 관찰사 등에 중용된 대표적인 친일관료였다. 차후 이들 행적에 대한 연구를 통하여 계몽운동 전반에 관한 성격이 보다 선명하기 규명되기를 바란다.

제3장 한말 수원지역 계몽운동과 운영주체

1. 머리말

대한제국기 계몽운동은 근대교육사·민족운동사 차원에서 많은 성과를 거두었다. 계몽단체 활동, 개화자강론자 삶과 인식 문제, '주요' 학교의 교육과정·내용·이념 등에 관한 연구는 이를 반증한다. 이에 수반하여 근대교육 도입 배경, 사립학교설립운동·야학운동, 교육이념, 운동주체 등도 상당 부분 밝혀졌다.[1] 하지만 외형적인 성과와 달리 지역적인 특성은 거의 밝히지 못하였다. 특히 학술적인 지역사 연구는 걸음마 단계에 불과하다.

근대 수원지역 연구는 이러한 한계성을 어느 정도 극복하고 있다. 3·1운동, 수원농업고등학교 학생운동, 청년운동, 신간회운동, 농민운동 등에 관한 부문별 민족운동은 상당한 성과를 거두었다.[2] 반면 인물사는 특정 인물만 연구될 정도로 편중된 양상을 보인다. 羅蕙錫 연구는 선각적인 여성지식인으로서 갈등·고뇌 등을 객관적으로 조명하였다. '반일과 친일'의

---

1) 노인화, 「대한제국 시기 관립학교 교육의 성격 연구」, 이화여대박사학위논문, 1989 ; 김도형, 「애국계몽운동에 대한 연구동향과 과제」, 『한민족독립운동사』 12, 국사편찬위원회, 1993 ; 최기영, 「한말 애국계몽운동의 연구현황과 전망」, 『한국사론』 25, 국사편찬위원회, 1995 ; 윤완, 『대한제국말기 민립학교의 교육활동연구』, 한결, 2001 ; 김형목, 「한말 충북지방 사립학교설립운동」, 『한국근현대사연구』 23, 한국근현대사학회, 2003 ; 김형목, 『대한제국기 야학운동』, 경인문화사, 2005.

2) 최홍규, 「수원 지방사 연구현황과 과제」, 『한국지방사 연구의 현황과 과제』, 경인문화사, 2000 ; 조성운, 『일제하 수원지역의 민족운동』, 국학자료원, 2003 ; 김준혁, 「수원지역사 연구의 현황과 과제」, 『수원학연구』 창간호, 수원학연구소, 2005.

편협한 이분법적 역사인식에서 벗어난, 그녀 삶에 대한 복원은 중요한 의미를 지닌다. 하지만 민족의식과 근대의식을 동일한 관점에서 인식하는 등 문제점도 적지 않다.3) 그녀에게 지대한 영향을 끼친 오빠 羅京錫과 관련된 부분도 이러한 인식 범주에서 크게 벗어나지 않았다. 상황 전반에 대한 자의적인 평가나 해석은 우려감마저 자아낸다.4) 이는 개인적인 가족사를 회고하는 '단순한' 차원에서 접근할 문제가 아니다.

한말 수원지역 민족운동 연구는 아직까지 미진한 부분이 적지 않다. 이는 민족해방운동 계승·발전이라는 측면에서 집중적인 관심이 요구된다. 상황 변화에 따른 적절한 대응·순응과 저항논리 등 무수한 요인은 이와 불가분 관련성을 맺고 있기 때문이다. 한말 계몽론자 대부분은 일제강점기 문화계몽운동을 주도한 인물이었다.5) 이들에 관한 연구는 근대사 흐름을 이해하는 주요한 관건 중 하나임에 틀림없다. 필자가 주목한 이유도 바로 여기에 있다.

이 글은 기존연구 성과를 토대로 다음과 같은 사실에 주목하였다.6) 먼

---

3) 박환, 「수원지역 민족운동사 연구 동향과 과제」, 『수원학연구』 창간호, 57~58쪽. 이곳 출신 洪蘭坡 연구도 대체로 유사한 관점에서 평가되고 있다. 식민지 상황에 대한 인식이나 순응적인 측면 등은 거의 무시한 채 활동만을 크게 부각시켰다. 그는 20세기 초·중반 한국을 대표하는 천재적인 음악가임에 틀림없다. 하지만 현실 안주 차원에서 크게 벗어나 식민지배에 부응한 활동은 사회적인 비판을 결코 모면하기 힘들다. 1930년대 암흑기를 민족적인 정서에 입각하여 '새로운 희망'을 노래하였다는 「봉선화」조차도 사실과 너무 다르다. 기념사업회나 지방자치단체에서 내세우는 근대 인물들 중 상당수는 이와 매우 유사하다. 향토애에 사로잡힌 '찬양·미화'는 오히려 폐쇄적인 지역주의를 극복하는 데 새로운 걸림돌이나 마찬가지이다.

4) 나영균, 『일제시대, 우리 가족은』, 황소자리, 2004.

5) 조성운, 「1920년대 경기도 수원지역의 청년운동과 수원청년동맹」, 『한국민족운동사연구』 24, 한국민족운동사연구회, 2000, 46쪽.

6) 김세한, 『삼일학원육십오년사』, 수원중학교, 1968 ; 김세한, 『삼일학교팔십년사』, 학교법인 삼일학원, 1984 ; 경기도교육위원회, 『경기교육사 1883~1959』 상, 1975 ; 이창식, 『수원 사람들은 어떻게 살았을까』, 수원문화원, 2003 ; 김영우, 「한말의

저 계몽단체 조직과 활동에 따른 인식 변화 등을 살펴보았다. 문명사회
건설을 지향한 주요 단체는 기호흥학회 수원지회였다. 지회원 대부분은
전·현직관료나 실업가·교사·언론인·학생·종교인 등이었다. 李夏榮·林勉
洙와 趙元始·夫在烈 등은 개신교 신자와 선교사로서 외부 세계와 교류에
일익을 담당하였다.

이어 국채보상운동 전개과정과 지역적인 특성 등도 파악하였다. 이하
영 등은 국한문 「국채보상취지서」를 제작·배포하는 등 대단히 열성적이
었다. 이는 도내에서 발표된 최초의 「취지서」로서 중요한 의미를 지닌다.
英語三學堂(삼일학당 별칭 : 필자주) 찬성장 金濟九·이하영 등은 「국채
보상취지서」 발표와 아울러 주민들 참여를 독려하였다. 6세 아동의 세뱃
돈 의연, 羅聖奎·車裕舜 등의 열성적인 활동, 외국인 신부 부재열과 龍珠
寺 승려들 동참은 '모범적인' 사례로서 널리 칭송되었다.[7] 수원상업회의
소 임직원과 상인층은 적극적으로 동참하는 등 분위기를 고조시켰다.

근대교육은 개신교 선교사업과 맞물려 시행되었다. 1902년 설립된 삼
일여학당은 이곳뿐만 아니라 경기도를 대표하는 근대교육기관이었다.[8]

사립학교에 관한 연구<Ⅰ>·<Ⅱ>」, 『교육연구』 1·3, 공주사범대학 교육연구소,
1984·1986 ; 최홍규, 「수원지방과 항일민족운동의 정신사적 맥락」, 『기전문화』 4,
기전향토문화연구회, 1988 ; 이제재, 「수원교육의 발자취」, 『기전문화』 9, 기전향토
문화연구회, 1992 ; 차선혜, 「항일운동의 확산」, 『경기도항일독립운동사』, 경기도사
편찬위원회, 1995 ; 김형목, 「기호흥학회 경기도 지회 현황과 성격」, 『중앙사론』 12·
13, 한국중앙사학회, 2000 ; 김형목, 「대한제국기 경기도 야학운동의 성격」, 『덕봉
오환일교수정년기념 사학논총』, 논총간행위원회, 2006 ; 박남훈, 「1896~1905년 경
기도의 사립학교 현황과 성격」, 『덕봉오환일교수정년기념 사학논총』, 2006.

7) 차선혜, 「국채보상운동」, 『경기도항일독립운동사』, 245쪽 ; 이상근, 「경기지역 국채보
상운동에 관한 연구」, 『한국민족운동사연구』 24, 한국민족운동사연구회, 2000, 197쪽.
8) 『기독신보』 1937년 6월 16일 「水原三一學校慶事 三十五年記念事業 梁車兩氏
의 寄附로 記念館을 新築 美羅校長記念碑도 建立」, 7월 7일 「水原三一女學校
三十五週年記念式 美羅校長記念碑除幕式과 董긴先生表彰式도 擧行」.

식민지화에 대한 위기의식과 계몽운동 확산에 따라 사립학교설립운동은 진전되는 계기를 맞았다. 군대해산 이후 일부 군인들의 사립학교 후원자·교사로서 활동은 학생들에게 상무정신을 크게 고취시켰다. 군사훈련에 버금가는 체육활동과 운동회 등은 이를 반증한다. 주산·부기나 양잠술 등 실생활과 관련된 실무교육도 병행되었다. 야학인 상업강습소와 법률강습소 운영은 단편적이나마 근대교육운동 지향점을 보여준다.

마지막으로 계몽운동 주체와 성격 등을 살펴보았다. 주체는 전·현직관료, 자산가, 종교인, 교사 등이었다. 이들은 경기도청·수원군청 관리나 기호흥학회·수원상업회의소 회원으로서 계몽운동을 주도하였다. 이들은 지역여론 조성과 아울러 적지 않은 사회적인 영향력을 발휘하는 인물이었다. 다양한 경험은 주민들에게 현실 모순과 새로운 변화에 대한 경각심을 일깨웠다. 계몽운동은 문명사회 수립을 위한 기반이자 외세침략에 맞서는 요인 중 하나였다.

2. 사회변동과 인식변화

근대사회 도래는 여러 요인에 의하여 비롯되었다. 동학계열의 이곳 進步會·一進會는 일찍부터 문명개화를 기치로 주민을 규합하였다. 일진회 집회시에는 150여 명이나 운집하는 등 상당한 세력을 형성하고 있었다. 1904년 12월 4일 지회 발기일 당시 지회장은 鄭環洙였다.[9] 일진회원은 불법행위를 일삼는 등 주민들로부터 상당한 반감을 불러 일으켰다. 지세

---

9) 이인섭, 『元韓國一進會歷史』, 문명사, 1911, 58쪽 ; 『황성신문』 1904년 11월 29일 잡보 「進明公函」, 12월 2일 잡보 「進明上京」, 12월 12일 잡보 「水原大會」 ; 『大韓每日申報』 1904년 12월 13일 잡보 「슈원군공보」.

감면을 구실로 농민들을 현혹시키는 등 각종 작폐도 일삼았다.[10] 천도교 수원교구 설립은 일진회와 단절을 위한 조치 중 하나였다. 특히 교리강습소는 주민들에게 시세변화를 일깨우는 데 이바지하였다.[11] 단순한 교리강습 차원을 넘어 문명사회로 지향은 민지계발로 이어졌다.

'절대자'라는 제한적인 의미를 지닌 만민평등도 신분제 질곡에서 신음하던 민중에게 위안이자 안식처나 다름없었다.[12] 교회는 여성들에게 외부 세계와 접촉할 수 있는 유일한 통로나 마찬가지였다. 1900년 전후 전래된 감리교는 가치관과 현실인식을 크게 변화시켰다. 이는 종교적인 차원을 벗어나 일상사 변모라는 작은 부분에서 시작되었다. 종로교회는 경기 남부지역은 물론 충청지역을 포함하는 사실상 선교 거점지였다.[13]

전도사 활동도 읍내 중심에서 점차 외곽지역으로 확대되었다. 아펜젤러(Appenzeller, H.G.) 권유로 개신교에 입교한 安鍾厚는 제암리에 교회를 설립하였다. 그는 동지를 규합하여 민지계발을 위한 계몽활동에 앞장섰다. 1903년 설립된 三一學堂과 1907년 조직된 수원엡윗(懿法)청년회는 개신교의 사회적인 영향력을 어느 정도 보여준다.[14] 학교와 청년단체는 계몽활동가를 양성·결집시키는 기반이었다. 1908년 조직된 엡윗청년회는 이를 반증한다.[15] 1904년 전래된 성공회도 변화하는 시대상황을 일깨우는 요인 중 하나였다.

---

10) 『만세보』 1906년 8월 15일 잡보 「一土三稅」 ; 『황성신문』 1906년 4월 7일 잡보 「賊供自服」.
11) 천도교월보사, 「수원군종리원연혁」, 『천도교월보』 191, 29쪽.
12) 김형목, 「대한제국기 인천지역 근대교육운동 주체와 성격」, 『인천학연구』 3, 인천학연구원, 2004, 73쪽.
13) 수원종로교회, 『수원종로교회사 1899~1950』, 기독교 대한감리회 수원종로교회, 2000, 44~59쪽.
14) 김세한, 『삼일학원육십오년사』, 34~39쪽.
15) 이창식, 『수원사람들은 어떻게 살았을까』, 75쪽.

미곡상·운수업 등 상업 종사자도 급증하는 상황이었다.[16) 이들은 시세
차를 이용한 매점매석으로 치부하기를 주저하지 않았다. 특히 경부선 부
설에 따른 수원역 탄생은 급격한 사회변화를 초래하였다. 수원은 도내 행
정·상업·관광도시로서 점차 부각되었다.[17) 이는 교통·통신망 정비와 더
불어 진행되어 나갔다. 인구 증가와 더불어 정미업·양조업 등은 유망한
업종 중 하나였다.[18) 일제강점기에도 이러한 분위기는 크게 변하지 않았
다. 식민지배체제 고착과 더불어 더욱 심화되는 양상이었다.[19) 대한제국
기 농공은행 수원지점 설치는 '기형적'이나마 상업 발달과 맞물려 진행되
었다.[20) 韓美興業주식회사 수원대리점도 변화하는 경제적인 실상을 부분
적이나마 보여준다. 장안동에 거주하는 金東有의 천안과 안성대리점, 尹
聖求의 천안대리점 설치 등도 상권이나 유통망 재편과 관련하여 중요한
의미를 지닌다.[21) 수원상업회의소는 변화에 능동적인 대처와 동시에 상
인들 권익을 옹호하기 위함이었다.

　1901년 일본인 이주 이래 집단적인 거주지도 형성되었다. 일본인회의

---

16) 『황성신문』 1899년 4월 19일 잡보 「海失陸索」, 4월 28일 잡보 「高價百石」, 1900년
　　2월 27일 잡보 「嚴禁商獎」 ; 『大韓每日申報』 1907년 7월 2일 광고.
17) 『황성신문』 1901년 1월 18일 관보, 1902년 3월 27일 잡보 「往審水原」, 1902년 6월
　　5일 잡보 「水原線路」, 7월 15일 잡보 「線路移設」 ; 『만세보』 1906년 8월 14일 잡
　　보 「水原憂慮」, 11월 9일 잡보 「汽車博覽會」 ; 김찬수, 「일제하 수원지역의 철도
　　교통」, 『수원학연구』 2, 수원학연구소, 2005, 19~24쪽 ; 부산근대역사관, 『근대, 관
　　광을 시작하다』, 2007, 26·58·82쪽.
18) 『大韓每日申報』 1905년 1월 28일 잡보 「슈용무용」.
19) 성주현, 「근대 식민지 도시의 형성과 수원」, 『수원학연구』 2, 수원학연구소, 2005,
　　193~194쪽.
20) 『황성신문』 1906년 5월 21일 잡보 「農銀募集」.
21) 『통감부문서』 6 1909년 3월 17일 「韓美興業株式會社 地方代理店設置 件」 ; 『황
　　성신문』 1908년 12월 18일 잡보 「韓美興業會社移接」 ; 『大韓每日申報』 1909년
　　2월 8일-7월 31일 광고 「미국시애틀대람회」.

학교조합으로 발전 등은 일본인 유입을 가속화시키는 유인책이었다.22) 러일전쟁 이후 급속한 일본인 증가는 이를 반증한다. 수원은 이들에게 '제2고향'으로 인식되는 명승지였다. 한국으로 이주 확대와 관광자원 개발 붐은 이러한 가운데 진척되었다.23) 勸業模範場·소학교·유치원 등을 비롯한 각종 시설물 설치도 식민지배 성과물인 동시에 수탈 기반시설 중 하나였다.24) 식민정책을 홍보하기 위한 京城博覽會 출품 농산물 상당수는 권업모범장 작물이었다. 일제강점기 각종 관람단 견학은 저들의 궁극적인 의도가 무엇인지를 보여준다.25) 일본인들은 고리대금업을 통한 토지 매입과 유통망 등을 장악하였다. 1908년 12월까지 50호를 발간된 『水原新報』도 이와 관련하여 의미하는 바가 크다.26)

식민지 기반 조성을 위한 조세 기관이나 행정관서 확대는 주민들에게 경제적인 부담을 가중시켰다.27) 농촌경제 빈궁화는 지방관이나 지주의

---

22)『大韓每日申報』1908년 1월 26일 잡보「日人買土調査」;『대한매일신보』1908년 1월 28일 잡보「일인뎐답됴사」;『매일신보』1911년 5월 13일 잡보「人口五千以上의 都會地」; 酒井政之助,『發展せる水原』, 일한인쇄주식회사, 1914, 8~9쪽.

23) 조선공론사,「口繪寫眞, 朝鮮의 名勝 水原隨柳寺」,『朝鮮公論』2, 1913.

24) 酒井政之助,『水原』, 酒井出版部, 1923, 11쪽 ;『만세보』1907년 5월 18일 잡보「模範場開式盛況」;『황성신문』1906년 3월 26일 잡보「農場視察」, 5월 8일 잡보「政照農部」·「水滔種子新到」;『매일신보』1911년 5월 19일「昌城觀光團來京」, 6월 22일「敎育雜事」;『大韓每日申報』1906년 5월 23일 잡보「模範場安定」, 6월 9일 잡보「試驗場設施」; 김도형,「권업모범장의 식민지 농업지배」,『한국근현대사연구』3, 한국근현대사연구회, 1995, 143~147쪽.

25)『매일신보』1910년 11월 12일 잡보「忠南美擧」, 11월 13일 식산계「農事視察團」, 11월 27일 식산계「朝鮮의 農事改良」.

26)『황성신문』1908년 3월 10일 잡보「水原新聞」, 12월 23일 잡보「水原報의 更刊計劃」.
실물이 현존하지 않아 구체적인 내용은 알 수 없다. 다른 일본인 거류지에서 발간된 신문 논조와 크게 다르지 않았다고 생각된다. 목적은 자신들의 활동상을 정당화·부각시키는 등 '문명시혜자'로서 입장과 통감통치를 선전·홍보하는 데 있었다.

자의적인 수탈에 의하여 더욱 가속화되었다. 멕시코이민 모집은 생존권 마저 위협받는 현실을 잘 보여준다.28) 이들은 금의환향을 꿈꾸면서 떠났 지만 영원히 돌아오지 못하는 국제적인 '미아 신세'로 전락하고 말았다. 빈번한 소유권·경작권 관련 소송과 절도범 증가 등은 각박한 생활과 무 관하지 않다.29) 만성적인 굶주림은 현실에 대한 비관과 비판으로 중첩될 수밖에 없었다.

國亡에 대한 위기의식은 각종 계몽단체 조직 활성화로 귀결되었다. 대 한자강회 남양지회 설립인가는 이곳 신사유지들을 자극시켰다. 李昌會 등의 신청에 대하여 본회는 1906년 8월 통상회에서 시찰위원으로 金相範 을 파견하였다.30) "제 회원의 자격품행이 입회에 합격할 뿐만 아니라 그 중 4-5인은 족히 일 지회를 유지할 만하니 청원한 월보와 입회인증을 회 원수에 따라 발송하자."는 김상범 제의에 呂炳鉉 등은 설립인가를 승인하 기에 이르렀다. 회원수는 37명에서 이듬해 1월에 43명으로 증가하였다.31)

기호흥학회 본회도 지회 설립인가에 박차를 가하였다. 임원진의 부단

27) 『만세보』 1906년 11월 2일 잡보 「稅務官分置區域」, 12월 8일 논설 「民情」, 12월 15일 잡보 「巡査增置」, 12월 16일 논설 「錢政」, 1907년 6월 12일 잡보 「警察顧 問漸多」; 『황성신문』 1906년 3월 24일 잡보 「財務狀況」, 4월 16일 잡보 「水原 財務官報告」; 최재성, 「일제의 조선 지방지배정책과 수원-식민지체제 기반구축기 (1906-1919)를 중심으로-」, 『수원학연구』 2, 수원학연구소, 126~129쪽.

28) 『황성신문』 1904년 12월 17·20·22·24·28일, 1905년 1월 9·13일 광고 「農夫募集 廣告」.

29) 『황성신문』 1907년 5월 2일 잡보 「無土徵稅」와 「窮蔀民情」; 『大韓每日申報』 1907년 5월 5일 잡보 「殘春茶話」, 1908년 12월 22일 잡보 「朴犯被捉」; 『만세보』 1906년 11월 17일 잡보 「李氏僞造沓券」.

30) 편집부, 「본회회록」, 『대한자강회월보』 3, 44~45쪽; 『황성신문』 1906년 8월 22일 잡보 「會員視察」; 『大韓每日申報』 1906년 8월 22일 잡보 「自强視察」.

31) 편집부, 「회원명부」, 『대한자강회월보』 6, 85쪽; 「회원명부」, 『대한자강회월보』 8, 71쪽.

한 노력은 1909년 3월말까지 도내 광주·양근·강화 등 7개 지회 설립인가
로 귀결되었다.[32] 최성대·이하영 등 39인은 「설립인가청원서」를 본회에
제출하였다. 본회는 수원지역 근대교육 확산을 위하여 교육부장 김가진
과 평의원 조완구를 특별위원으로 파견한 후 1908년 6월 14일 평의회에
서 李舜夏 동의로 설립인가를 가결시켰다.[33] 초기 임원진은 지회장 김종
한, 부회장 李啓煥, 총무 崔東弼, 서기 이하영, 회계 李容熙, 간사원 池河
永·崔鍾淳·崔松, 교육부장 朴箕陽, 재정부장 吳喆善, 평의원 李鍾岳·崔
翼煥 등 14인이었다. 회원은 임원진을 포함하여 車裕舜·羅重錫·洪思勳·
李成雨 등 54인에 달하였다.[34] 흥학을 위하여 본회는 각지에 권유위원을
파견하는 등 노력을 아끼지 않았다. 이는 수원지역 사립학교설립운동을
진전시키는 배경으로 작용하였다.[35] 회원 중 오철선·최성대는 인근 용인
과 남양에 거주하는 외지인이었다. 외부 인사와 교류는 강한 유대감 속에
서 이를 추진하는 기반이나 다름없었다.

한편 여성들 국채보상운동 참여는 이들에 대한 인식을 새롭게 하는 계
기였다. 羅基貞 부인 崔是議는 부인회를 조직하는 등 시세 변화에 적극
부응하고 나섰다. 목적은 여성교육 보급과 자선사업을 통한 여성 지위향
상에 있었다.[36] 이후 구체적인 활동상은 거의 드러나지 않는다. 나혜석은
부모님 열성으로 일찍부터 수원부내 여학교를 거쳐 진명여학교에서 근대
교육 수혜를 받을 수 있었다.[37] 일부 여성들도 교회와 여학교 등을 통하

---

32) 김형목, 「기호흥학회 경기도 지회 현황과 성격」, 72~75쪽.
33) 편집부, 「본회기사」, 『기호흥학회월보』 2, 57쪽 ; 『황성신문』 1908년 6월 10일 잡
    보 「勸諭發行」.
34) 편집부, 「지회임원급 회원명부(수원군)」, 『기호흥학회월보』 2, 61~62쪽 ; 『大韓每
    日申報』 1907년 6월 13일 잡보 「聯合運動의 校況」.
35) 『황성신문』 1910년 2월 17일 잡보 「勸諭委員派送議」.
36) 『황성신문』 1908년 12월 23일 잡보 「一家敎育」.
37) 『매일신보』 1913년 4월 1일 「才子才媛」.

여 자신들의 존재 의미를 점차 자각하였다. 여성들의 '유일한' 사회 활동 공간이자 의견 수렴은 이곳을 중심으로 이루어졌다.

노동자에 대한 사회적인 인식도 변화하는 상황을 맞았다. 각지에 설립된 노동야학은 시세변화와 맞물려 발전을 거듭하기에 이르렀다.[38] 노동야학회 수원지회 창립은 근대사회 도래와 더불어 '노동가치'를 일정 부분 반영한 점에서 중요한 의미를 지닌다. 지회장 趙榮鎬는 순종황제즉위 1주년을 맞아 회원들과 함께 제등행렬의식을 거행함으로써 자신들 존재성을 부각시켰다.[39] 이는 노동자 스스로 각성과 아울러 민족정신·국가정신 등을 북돋우는 계기였다. 단체 활동을 통한 단결심은 다양한 경험 축적과 더불어 시급한 현안에 적극적으로 동참하는 요인이었다. 물론 임금 배분을 둘러싼 갈등은 불신감을 초래하는 등 부정적인 요소를 안고 있었다.[40]

노동학회 경기지회는 지방관 주도·지원으로 조직되었다. 임원진은 지회장 金思洪과 총무 宋秉斗 등이었다. 개회식에서 관찰사 金思默과 관찰주사 김한목, 수원군수 徐丙肅 등은 찬조연사로서 이들을 격려하였다. 장날에 개최된 축하식에는 5~6천 명이나 운집하는 성황이었다.[41] 동아개진 교육회 수원지회도 근대교육 보급을 위하여 설립되었다. 회장 金信默은 사무실인 읍내 장안동을 중심으로 회원들 상호간 친목도모에 노력하였다.[42] 그런데 일부 단체는 표방한 의도와 달리 불법적인 행위마저 서슴지 않았다.

---

38) 『만세보』1906년 8월 28-29일 잡보 「勞働會社演說」; 김형목, 『대한제국기 야학운동』, 295~296쪽.
39) 『황성신문』1908년 5월 22일 잡보 「勞働支會」, 8월 30일 잡보 「勞働慶祝」.
40) 『황성신문』1907년 12월 18일 잡보 「勞費不撥」.
41) 『황성신문』1908년 8월 21일 잡보 「支會景況」; 김형목, 「기호흥학회 경기도 지회 현황과 성격」, 79쪽.
42) 『만세보』1906년 8월 21일 잡보 「開進教育研究」; 『황성신문』1908년 1월 31일 잡보 「開進支會」.

내적인 변화와 외부 충격 등은 주민들 의식을 크게 각성시켰다. 계몽활동은 사회적인 존재로서 의미와 가치를 새삼스럽게 일깨웠다. 동시에 시대상황에 대처하는 다양한 방안도 강구하는 등 현실 타개에 필요한 능력을 배양할 수 있었다. 국채보상운동과 근대교육운동 참여는 미약하나마 모순된 현실을 인식하는 계기였다.

3. 자립경제를 향한 국채보상운동

대구광문사 사장 김광제와 부사장 서상돈 등 발의로 시작된 국채보상운동은 『황성신문』·『대한매일신보』·『제국신문』 등의 대대적인 보도로 순식간에 전국적으로 파급되었다. 서울에 거주하는 徐丙炎·尹興爕·朴圭淳 등 60여 명은 「국채보상포고문」 발표와 함께 중앙기구로서 국채보상중앙의무사와 대한매일신보사 등은 국채보상기성회를 각각 조직하였다.[43] 각지에는 국채보상 의연금 모금을 위한 취지서 발표와 동시에 단체 조직으로 이어졌다. 1907년 8월까지 조직된 단체는 최소한 100여 개소 이상에 달할 정도였다.[44]

경기도에서 최초로 국채보상 의연금을 모금한 곳은 인천이었다. 즉 1907년 2월 21일 이전 신상회사 임원 鄭在洪·朴元淳·金道善·張乃興 등 7인과 사환 禹昌根·金鳳圭 등 5인은 단연동맹회를 조직한 후 자발적인 의연금 모집에 착수하였다.[45] 인천은 물론 국채보상에 대한 전국적인 관

---

43) 『황성신문』 1907년 3월 2일 잡보 「國債報償佈告文」 ; 『大韓每日申報』 1907년 2월 27일 잡보 「國債報償期成會趣旨書」.

44) 김형목, 「나랏빚 청산으로 자주독립국가 수립을 꿈꾼 주역, 김광제·서상돈」, 『이달 (2월)의 독립운동가』, 국가보훈처, 2007.

45) 『황성신문』 1907년 2월 21일 잡보 「斷烟決心」 ; 『大韓每日申報』 1907년 3월 5일

심을 촉발시켰다. 인천에 거주하거나 여행 중인 외국인들도 의연금 모집
에 동참하였다.

수원 주민들도 비교적 일찍부터 의연금 모금에 적극적이었다. 경기관
찰사서리 김한목과 관찰도주사 나기정은 수원 종로에 국채보상금모집사
무지소를 설립하였다. 이들은 주민들을 효유하는 한편 관내 각 군수에게
적극적인 동참을 훈령하기에 이르렀다.[46] 영어삼학당 찬성회장 김제구와
서기 이하영·임면수 등의 「국채보상취지서」 발표는 대단한 반응을 불러
일으켰다. 취지서 주요 내용은 다음과 같다.

> 진정한 국민의무는 애국에 있으며, 정성스러운 애국은 오로지 보국안민
> 과 관련됨을 일일이 논할 필요조차 없다. 13백만 원 외채에 관한 여러 풍설
> 이 나라 안에 전파된 이후로 유지한 선비와 백성이 서로 돌아보며 한숨을
> 짓고 눈물을 흘리는 사람들이 적지 않다. 미상불 분발하여 창론함에 이 거
> 액의 외채를 갚을 계획이다. 다행히 충의와 뜨거운 정성이 먼저 영남의 신
> 성한 땅에서 일어나 단연동맹이 우리 2천만 동포의 뇌리를 鼓動하여 마을
> 의 愚夫痴婦와 아이들은 물론 심지어 병든 걸인까지 힘을 다해 의연하는
> 자가 구름같이 모여들고 물 솟듯 하는지라. …(중략)… 충의가 격동함에 선
> 후를 헤아리지 아니하여 이에 한 조직을 만들고 감히 취지서를 공포합니다.
> 畿內 동포여, (금액의) 다소를 불구하고 힘껏 의연하여 외채를 보상함으로
> 써, 우리 삼천리 강토를 보전하고 우리 2천만 생명을 보존하기 간절히 바라
> 옵나이다.[47]

이들은 국한문으로 된 취지서 수백 매를 자비로 인쇄·배포하였다. "나
라를 진정으로 사랑하는 마음은 재물을 가볍게 여긴다."는 취지로 거리

　기서「仁港龍洞, 朴삼洪」; 이상근,「인천광역시 지역의 국채보상운동」, 151~152쪽.
46)『황성신문』1907년 3월 2일 잡보「兩氏愛國」.
47)『大韓每日申報』1907년 3월 29일 잡보「國債報償趣旨書」; 대구상공회의소,『대
　구단연국채보상발기90주년기념 국채보상운동사』, 1997, 117~118쪽.

홍보에도 적극적이었다. 또한 도내 각 군에도 취지서를 무료 배포하는 등
국채보상운동 확산에 노력을 기울였다. 이에 2~3일만에 의연금 수백 원이
모금될 정도로 대단한 호응을 받았다.[48] 도내 국채보상 활동은 이들에 의
하여 활성화되는 계기를 맞았다. 재무원인 나성규·차유순 등도 운영 경비
를 자담하는 등 열성적이었다.[49]

  신부 부재열 참여는 신도·주민들 각성과 아울러 동참을 촉진시키는 기
폭제였다.[50] 교인들은 기도 중 전국적으로 전개되는 단연과 국채의연금
모금 소식을 듣고 성심성의로 구화 120원 40전을 의연했다. 이러한 소식
은 순식간에 관내로 파급되어 나갔다. 龍珠寺 승려 25인도 의연금 모금에
동참하였다. 이들은 어려운 재정에도 12원이라는 거금을 희사하는 등 변
혁운동 참여를 마다하지 않았다.[51] 특히 부녀자들은 신앙활동을 통하여
국채보상운동을 비롯한 사회운동에 동참하는 계기를 마련할 수 있었다.
이는 여성에 대한 사회적인 인식변화와 더불어 여성 스스로 사회적인 존
재성을 자각하는 생활연장이나 다름없었다.

  마을단위나 문중단위로 전개된 모금활동은 당시 분위기를 그대로 보여
준다. 床笏南面 광산김씨 문중은 11원 20전을 의연하였다.[52] 다른 집성촌
도 이러한 모금에 편승하는 등 경쟁적인 활동으로 이어졌다. 土津面 桃湖
와 문시 목동의 경우는 대표적인 사례 중 하나이다.[53] 상무사 두령 林興

---

48) 『大韓每日申報』 1907년 3월 9일 잡보 「奮發義氣」, 3월 26일 잡보 「三씨奮義」.

49) 『大韓每日申報』 1907년 6월 11일 잡보 「兩貝熱心」 ; 『대한매일신보』 1907년 7월
    7일 국채보상의연금 「水原府內府外」. 羅聖奎는 1910년에 羅重錫으로 개명하였
    다(『황성신문』 1910년 4월 7일 광고).

50) 『大韓每日申報』 1907년 3월 21일 잡보 「姑爲領收」, 4월 5일 광고, 5월 9일 광고.

51) 『大韓每日申報』 1907년 5월 9일 광고.

52) 『황성신문』 1907년 5월 10일 광고 「水原床笏南面兩洞光山金氏宗中」.

53) 『황성신문』 1907년 8월 20일 광고 「水原土津面桃湖」 ; 『大韓每日申報』 1907년
    6월 25일 광고 「水原문市面목동」.

洙·宋允明 등은 상인들을 설유하여 300여 원을 모금하였다. 이들은 일제 상인들의 유통망 장악을 저지하려는 입장을 견지하고 있었다.[54] 이는 상인층의 적극적인 동참을 유도하는 요인 중 하나였다. 商務社都中 梁聖寬 등은 172원 15전이라는 거금을 의연하였다.[55] 관내 정기장시에서 활동하는 상인들 분발은 이러한 배경에서 비롯되었다.

퇴촌면 집강 金斗鉉도 국채보상 의연에 노력을 아끼지 않았다. 그는 주민들을 설유하여 70여 원을 모금한 후 이를 부내 수금소에 전달하였다.[56] 세배돈을 의연한 사례는 미담으로 보도되었다. 서울 남문내 포목전 田得永이라는 12세 아들은 대표적인 경우였다.[57] 수원은 이보다 훨씬 연소한 6세에 불과한 申天動 동참이었다. 이는 주민들뿐만 아니라 전국적인 관심을 촉발시켰다.

> 水原府內에 六歲兒 申天動이가 國債報償의 他所의 捐助홈을 見ᄒ고 歲拜時 人에 得혼 五十전을 該會에 來納ᄒ얏ᄂᆞ디 窬ᄆ|間에 國債補償四字을 口不絶聲ᄒᄂᆞ 故로 近洞人이 皆曰皇天感動ᄒ얏라ᄒᆞ다더라[58]

이러한 분위기는 경쟁적인 의연금 모금으로 이어졌다. 관립수원농림학교·수원공립보통학교 직원과 생도 등도 분위기 조성에 크게 이바지하였다. 이는 근대교육 필요성과 자립경제 수립를 위한 경각심을 주민들에게 일깨웠다.[59] 1907년 8월 초까지 계속된 모금 현황은 현지 분위기를 단적

---

54) 『大韓每日申報』 1907년 6월 11일 잡보 「商社義捐」.
55) 『대한매일신보』 1907년 7월 7일 광고 「商務社都中」.
56) 『大韓每日申報』 1907년 6월 11일 잡보 「執綱忠義」.
57) 『大韓每日申報』 1907년 2월 24일 잡보 「忠義所激」.
58) 『大韓每日申報』 1907년 6월 11일 잡보 「幼兒感動」; 대구광역시, 『국채보상운동100주년기념자료집; 대한매일신보편』 3, 국채보상운동기념사업회·대구흥사단, 2007, 265쪽.

으로 보여준다. 부내 신기장동 상민계와 發安·安仲·金良場·烏山 상민 등
은 장시를 중심으로 모금하였다. 관내 국채보상운동은 이러한 가운데 더
욱 확산되었다.[60]

　단연운동은 곧바로 금주운동으로 이어지는 등 건전하고 건강한 가정생
활을 위한 기반 조성으로 확산되었다. 국채보상운동은 자립경제운동과
더불어 삶의 질을 향상시키는 문제로까지 비약되는 계기였다. 이는 경제
적인 문제에만 한정되지 않고 생활여건 개선으로 확산되어 나갔다. 金汶
昊·李東根 등은 이를 주도하였다.[61] 당시 관내에서 모금된 현황은 <표
1>과 같다.

<표 1> 수원지역 국채보상의연금 모금현황[62]

거주지	성 명	금 액	특 성	전 거
부내 성당	부재열·김만준 등 신도	120원40전 (60원20전)	신부·전도사·신도	大1907.3.21,4.5
현남 이동	정창진 등 4	1원20전		황1907.4.10
서울	정환규	1원	정3품	大1907.4.13
송동 시곡리	조익승 등 3인	90전	문중	大1907.4.16
청오 오산	이명삼 등	53원65전		황1907.4.17
관내	윤태중 등 36인	27원	농림학교생도	大1907.4.21
형석	윤병장 등 149인	30원 10전		만1907.4.23
오정	김용삼 등 주민	당오1356냥		황1907.4.26
서신리 현곡	박치백 등	29원10전		황1907.4.30
문시 금암	전기명 등	15원40전		황1907.5.1
용주사	승도 25인	12원	승려	大1907.5.9

---

59) 『황성신문』 1907년 6월 22일 광고 「水原公立普通學校」 ; 『대한매일신보』 1907년
　　4월 21일 광고 「官立水原農林學校生徒」.

60) 『대한매일신보』 1907년 8월 3일 광고 「水原府內右支社」·「發安場商民秩」·「安
　　仲場商民秩」·「金良場商民秩」·「烏山場商秩民」.

61) 『大韓每日申報』 1908년 5월 20일 잡보 「斷酒違約」.

62) 大는 『大韓每日申報(국한문혼용판)』, 대는 『대한매일신보(한글판)』, 황은 『황성
　　신문』, 만은 『만세보』를 각각 의미한다.

거주지	성 명	금액	특 성	전 거
부내	성당 신도	60원20전	신도	大1907.5.9
쌍홀 남면	김재면 등	11원20전	광산김씨문중	황1907.5.10
정림 2동	최광석 등 18인	10원		大1907.5.14
초평 가수동	이한익 등	당오5365냥		황1907.5.20
오정	4개 동민	22원40전		만1907.5.18,5.19
남부 독산동	이학종 등 44인	8원4전		만1907.5.22
태촌 매탄리	김창근 등 40인	8원50전		만1907.5.23
종덕	3개리 주민	26원		만1907.5.26
남부 원천동	신석현 등 61명	15원50전		만1907.5.28
남곡 귀래동	서상환 등 35인	8원96전		大1907.5.29
매곡 원평리	양필환 등 54인	10원24전	아동 다수	大1907.6.8
부내	임흥수·송윤명	300원	상업	大1907.6.11
태촌	김두현	70원	집강	大1907.6.11
부내	차유순·나성규	283원8전	국채보상회 재무원	大1907.3.9,3.29,6.11;대1907.7.7
부내	신천동	50전	아동(6세)	大1907.6.11;대1907.7.7
부내	김병천 등	당오5787냥5전	공보교 학생	황1907.6.22
문시 목동	이면구 등 17인	5원30전	문중	大1907.6.25
남창동	이용훈	2원		대1907.7.4
부내	양성관 등	172원15전	상무사 도중	대1907.7.7
숙성 단교동	김현영 등 20인	8원60전		대1907.7.17
청룡 덕우리	이신의 등 32인	9원		대1907.7.17
문시 세교	나학연 등 16인	8원10전		대1907.7.17
부내 군기동	서춘근 등 27인	6원25전		대1907.7.17
양한 6개동	김찬수 등 69인	13원90전		대1907.7.17
삼봉 분천	이계환 등 동민	6원80전		대1907.7.17
초평 서촌	유관오 등 3인	3원		大1907.7.25
초평 서촌	김청칠	1원		大1907.7.25
부내	박용태 등 38인	15원75전	유기상	大·대1907.7.31
부내	김순원 등	56원50전	상인, 계원	大·대1907.8.3
발안	김운삼 등 63인	23원30전	상인	大·대1907.8.3
오산	김명현 등 45인	21원85전	상인	大·대1907.8.3
안중	김기순 등 26인	13원10전	상인	大·대1907.8.3
토진 桃湖	신철우 등	49원34전	신씨문중 등	황1907.8.20

　<표 1>에 나타난 특징은 다음과 같이 정리할 수 있다. 물론 인적 구성
이나 향촌사회가 지닌 전반적인 상황 등을 고려하여 분석한 관점은 아니

다. 이는 단지 현상적으로 나타난 사실에만 주목하였다.

첫째는 상인층의 적극적인 동참이다. 이는 국채보상운동을 추동시킨 원인 중 하나인 자립경제 수립과 밀접한 관련성을 지닌다. 오늘날 '다국적 기업'에 버금가는 무차별적인 일제의 경제침탈은 상인들 생존권과 직결된 중차대한 문제였다.[63] 근대적인 상업자본화 이전 단계에 처한 토착자본은 러일전쟁 발발을 전후로 전면적인 붕괴에 직면하였다. 경성상업회의소를 비롯한 일부 상업자본가는 식민체제 내로 포섭되는 등 예속자본으로 전락하고 말았다.[64] 반면 자생적인 발전을 모색한 상인층은 국채보상운동에 적극적이었다. 이는 자신들의 사회적인 존재성을 알리는 동시에 긴밀한 유대감·정보를 교환하는 활동공간이었다.

둘째는 문중 조직 등을 포함한 향촌사회 공동체에 의한 모금 방식이다. 일제침략에 대응한 집단적인 저항은 조선후기 향회 운영방식을 계승·발전시킨 경우에서 쉽게 볼 수 있다. 공동체적 강제력은 주민들 상호간 경쟁심을 유발시키는 요인이었다. 각지 의연금 모금도 이러한 요소와 맞물려 있었다.[65] 의연금 모금주체는 이를 적절하게 활용하는 가운데 공동 관심사로서 부각시킬 수 있었다.

셋째는 종교인과 관료들의 주도적인 활동이다. 부재열 신부나 용주사 승려들 활동은 당시 세간의 주목을 받았다. 종교기관이나 신도들 활동은 교세 확장에 크게 이바지하였다. 이처럼 교육기관 운영과 모금활동은 변화하는 시대상황에 부응하는 방안 중 하나였다. 관료들 동참과 지원도 이

63) 이창식, 「조선시대 이후의 수원시장」, 『기전문화』 1, 기전향토문화연구회, 1986, 30~34쪽.
64) 전성현, 「한말~일제 초기 경성상업회의소의 설립과 활동」, 『역사연구』 8, 역사학연구소, 2000, 127~139쪽.
65) 김형목, 「대한제국기 경북 김천지역 계몽운동 전개와 성격」, 『한국독립운동사연구』 28, 한국독립운동사연구소, 2007, 72쪽.

러한 인식에서 크게 벗어나지 않았다. 일부는 이를 의무이자 책무로서 실천하였다.

넷째는 공교육 부진과 달리 국·공립학교 학생들 적극적인 참여이다. 관립수원농림학교와 수원공립보통학교 교원과 학생들 의연은 이를 반증한다.66) 민족운동 동참은 사회적인 책무를 인식하는 중요한 요인이자 동기였다. 3·1운동 이후 '노학연계'는 이러한 역사적인 연원에서 비롯되었다.

마지막으로 여성단체에 의한 모금이 전무한 상황이었다. 개별적으로 여성들 참여가 전혀 없었다는 의미는 결코 아니다. 이곳 「국채보상취지서」 발기인 부인 상당수는 자발적인 의연금 대열에 동참하였다. 한말 여성단체 조직은 전무하였다. 국채보상운동을 실행하기 위한 여성단체 조직은 계획이나 움직임조차 파악되지 않았다. 여성운동 부진은 이러한 배경에서 연유한다.

한편 기호흥학회 수원지회장 金宗漢은 국채보상총합임시사무소 부소장 등을 맡았다. 이는 지엽적인 모금보다 전국을 단위로 국채보상운동 열기를 확산시키려는 의도였다.67) 그는 고관들 참여를 유도하는 등 남다른 관심을 보였다. 다만 서울 등지 단체나 주요 인물들과 연계된 활동은 거의 나타나지 않는다. 외부 세계와 소통 부재는 분산적·고립적인 한계성을 극복하지 못하였다. 이러한 한계성은 일제 탄압과 더불어 주도층의 안일한 대응에서 엿볼 수 있다. 구체적·중장기적인 대안 부재는 지속적인 의연금 모집 견인에 실패하였다.

---

66) 『大韓每日申報』 1907년 4월 21일 광고 「官立水原農林學校生徒」 ;『황성신문』 1907년 6월 22일 광고 「水原公立普通學校」.
67) 『大韓每日申報』 1907년 4월 11일 잡보 「組織總會」.

4. 문명사회에 부응한 사립학교설립운동

수원지역 최초 근대교육기관인 관찰부 공립소학교(현 신풍초등학교 : 필자주)는 1896년 설립되었다. 그런데 근대교육에 대한 인식 부족과 교육 부실화 등으로 별다른 성과를 거둘 수 없었다.68) 팽배한 공립학교에 대한 부정적인 인식은 이를 반증한다. 교육열이 고조되는 가운데 1906년 신축 교사 낙성식이 거행되었다. 기념식에 참석한 학부대신 李完用은 학생들에게 면학에 힘쓰도록 당부를 마다하지 않았다.69) 그는 장차 차관으로 전면적인 교육기관 확충과 교육내실화 방침계획을 밝혔다.

사립학교설립운동 진전과 더불어 1907년 5월 수원공립보통학교 생도는 무려 105명으로 급증하였다.70) 학부는 변화에 부응한 교원조차 제대로 충원하지 않았다. 2명 교원에 의한 학교 운영은 교육 부실화와 더불어 학생 지도 등에 많은 어려움을 초래하였다. 더욱이 의병 진압에 출동한 일본군은 학교를 무단점령하는 등 공포 분위기를 조성하기에 이르렀다.71) 이는 배일의식 고조와 함께 공립보통학교에 대한 불신감을 더욱 조장시켰다. 더욱이 식민교육정책에 의한 일본어 보급 확산은 '일본어 배우기' 열풍으로 이어졌다.72) 공립보통학교 입학 거부는 이러한 상황과 속에서 확산되었다. 공교육 부진은 사립학교에 의한 근대교육 시행으로 귀결

---

68) 『大韓每日申報』1905년 1월 24일 잡보 「교사고빙」, 1906년 2월 10일 잡보 「水校冷落」; 박남훈, 「1896~1905년 경기도의 사립학교 현황과 성격」, 494~496쪽.
69) 『만세보』1907년 1월 15일 잡보 「學相演說」.
70) 『大韓每日申報』1907년 6월 11일 잡보 「教員請加」.
71) 『大韓每日申報』1907년 8월 15일 잡보 「日兵傷命」과 지방정형 「12일에 水原에서」, 8월 27일 잡보 「義兵氣勢」, 8월 31일 잡보 「日隊占校」, 9월 15일 잡보 「普校開學」, 10월 6일 잡보 「日兵借校」, 10월 8일 잡보 「筆下春秋」.
72) 『황성신문』1907년 12월 15일 잡보 「華校懇話會」; 『大韓每日申報』1907년 4월 20일 잡보 「統監助校」.

되었다.

이곳 최초 사립학교는 1902년경 설립된 花城學院이었다. 설립자는 三輪政一로 학생들을 모집하여 직접 가르치는 등 한국인과 친밀한 유대관계 조성에 앞장섰다.[73] 구체적인 교과과정·규모 등은 거의 파악할 수 없다. 설립자·교사가 일본인이라는 사실은 일본어 보급을 위한 '일어학교'임을 알 수 있다. 조선주차군 사령관 長谷川好道와 일본공사 林勸助는 학교를 방문하여 학생들을 격려하는 한편 의연금을 희사하였다.[74] 이후 학교 임원진은 삼일학교 재정 확충을 위한 활동에 동참하는 등 지원을 아끼지 않았다.

삼일여학당과 삼일남학당은 이곳을 상징하는 근대교육기관이었다. 이는 기독교 전래와 함께 1902년 설립되는 등 신문화운동 일환으로 시작되었다. 학교 설립·운영 주체는 선교사·전도사·교인 등이었다.[75] 삼일여학교 교사 金袂禮는 지식뿐만 아니라 시세변화에 부응할 수 있는 인격수양 등을 강조하였다. 이는 학생들로 하여금 자발적인 향학열을 고취시키는 계기였다. 특히 강연회 개최를 통하여 가정교육 중요성도 학부형들에게 인식시켰다. 교사이자 사회적인 지도자로서 그녀에 대한 존경심은 학교 발전을 위한 디딤돌이었다.[76]

삼일남학교도 개신교 선교사와 신자 등에 의하여 이듬해 설립되었다. 주요 발기인은 삼일여학당을 주도한 이하영·임면수·나중석·차유순·김제구·이성의 등이었다.[77] 발전을 거듭하던 중 1906년에 이르러 경비난은

---

73) 酒井政之助, 『發展せる水原』, 12쪽 ; 성주현, 「근대 식민지 도시의 형성과 수원」, 189쪽.
74) 『大韓每日申報』 1905년 2월 23일 잡보 「일사보조」.
75) 『황성신문』 1908년 2월 6일 광고 「光武十一年六月日水原三一學校贊成金額」.
76) 편집부, 「학계휘문, 女師高明」, 『기호흥학회월보』 7, 40쪽.
77) 김세한, 『삼일학원육십오년사』, 34~37쪽 ; 수원종로교회, 『수원종로교회사 1899~

폐교 상황으로 몰아갔다. 신도들과 선교사와 갈등은 주요한 요인 중 하나였다. 부호 姜錫鎬는 1906년 5월 거금을 의연하는 한편 학생들 면학분위기를 고취시키기 위한 '장학금' 희사에 나섰다.[78] 나중석도 부지 900여 평을 기증하는 등 새로운 전기를 마련하였다. 이는 전주민들 동참으로 이어지는 등 삼일학교 발전을 위한 주춧돌이나 마찬가지였다. 「사립학교령」 시행에 따른 탄압 모면 방안은 김리교회로 학교운영권 이관이었다.

1906년 9월 1일 심상과와 고등과로 개편은 새로운 도약을 위한 과정이었다. 1년 과정인 심상과 교과목은 성경·국어·역사·한문·산술·영어·체조 등이었다. 3년제인 고등과는 성경·한문·국어·수신·생리·광물·물리·산술·본국역사·본국지지·만국역사·만국지지·작문·도화·체조 등이었다. 교과과정 정비는 교육내실화를 도모하는 '획기적인' 계기로서 작용하였다. 더욱이 체조는 매우 중시된 교과목 중 하나였다. 군사훈련에 버금가는 병식체조와 행군은 학생들에게 상무정신을 고취시켰다. 담당교사는 구한국군 출신인 姜建植에 이어 宋世鎬였다.[79] 교장 林勉洙도 관내 사립학교설립운동을 주도하거나 후원하는 등 교육가로서 면모를 유감없이 발휘하였다. 주민들 칭송은 그를 이곳 계몽운동을 대표하는 인물로서 부각시켰다.[80] 곧 삼일학교는 이곳을 대표하는 근대교육기관으로서 발전을

1950』, 78~79쪽 ; 이창식, 『수원사람들은 어떻게 살았을까』, 260~270쪽.
설립주체로 한국인 유지신사가 아니라 선교사라는 주장도 있다. 주요 근거는 감리교회 내에 설립된 점, 학교운영비 일부를 교회측이 부담한 사실 등이다. 특히 「사립학교령」 시행 이후 학교운영권은 감리교회로 귀속되었다. 이는 설립주체에 관한 문제를 일으키는 주요한 요인이라고 생각된다. 물론 교회나 선교사 역할도 상당한 비중을 차지한다. 하지만 많은 변화를 초래한 후대 사실에 근거한 주장은 반드시 재고되어야 한다.

78) 『大韓每日申報』 1907년 7월 18일 잡보 「姜氏助校」 ; 『황성신문』 1908년 2월 6일 광고 「光武十一年六月日水原三一學校贊成金額」.
79) 김세한, 『삼일학원육십오년사』, 65·73쪽.

거듭할 수 있었다.

1904년 설립된 사립학교 교사는 오윤선이었다. 그는 군수로 재직 중 교
사로서 활동하는 등 흥학 분위기를 고취시켰다.[81] 龍珠寺도 승려 자질
향상과 인근지역 청소년을 위한 明化학교를 설립하였다. 교과목은 보통
과·일어 등이었다. 설립 초기 출석생은 50명에 달하였다. 특히 일어는 현
지에 거주하는 木村淡泊이 담당하는 등 문명사회를 지향하고 있었다.[82]
학생들은 그의 열정적인 강의에 찬사를 아끼지 않았다.

수북면 전참봉 徐相天은 자본금을 모아 須成학교를 세웠다. 자신은 교
장, 전주사 徐相兢은 교감, 일어교사는 卞榮獻, 한문교사는 徐相春, 군수
李完鎔은 찬성원장, 관찰도참서관 김한목은 협무장 등을 각각 맡았다. 출
석생은 53명에 달하는 등 개학과 더불어 주민들 주목을 받기 시작하였
다.[83] 지원자 증가로 개학한 지 2개월만에 학생수는 70명을 초과할 정도
였다.

徐震河는 남곡면에 普明義塾을 설립하였다. 임원진은 교감 姜弼中, 학
감 金東鎬, 총무 서진하, 교사 鄭基燮 등이었다. 서진하는 경비 일체를 자
담하는 등 학교 발전을 위한 여러 방안을 강구하였다. 이에 三宅岩은 명
예교사로서 자원하는 등 지원을 아끼지 않았다.[84] 설립 당시 호응한 학생

---

80) 편집부, 「학계휘문, 學界獻身」, 『기호흥학회월보』 7, 39쪽.

81) 『大韓每日申報』 1905년 1월 24일 잡보 「교수고빙」.
   이 학교를 이곳 최초 사립학교로서 파악한 경우도 있다(김영우, 「한말의 사립학교
   에 관한 연구<Ⅰ>」, 13쪽). <표 2>에 나타난 바처럼, 이는 사실과 다르다.

82) 『황성신문』 1906년 11월 26일 잡보 「龍寺設校」 ; 김순석, 「통감부 시기 불교계의 명
   진학교 설립과정」, 『한국독립운동사연구』 21, 한국독립운동사연구소, 2003, 147쪽.

83) 『만세보』 1907년 2월 3일 잡보 「須成學校設立」, 4월 26일 잡보 「須校興旺」 ; 『황
   성신문』 1907년 2월 4일 잡보 「須校日盛」 ; 『大韓每日申報』 1907년 2월 19일
   잡보 「학원日增」.

84) 편집부, 「학계휘문, 南谷普明」, 『기호흥학회월보』 11, 49쪽 ; 『大韓每日申報』

은 30여 명이었다. 운영비 부족으로 폐교 위기에 처하자, 교사 정기섭은
임원회를 개최하여 유지방침을 강구하는 등 교세 회복에 노력을 기울였
다.[85] 주민들 적극적인 호응은 중장기적인 학교 발전방안을 모색하는 확
고한 기반이었다. 이는 50여 명에 달하는 임원조직회 결성으로 이어졌
다.[86] 특히 일어·영어 등을 전문으로 하는 어학속성과 운영은 많은 호응
을 받았다.[87]

청호면 오산 鄭漢敎·정재호 등의 인습 타파를 통한 문명사회 건설 방
안은 明進學校 설립으로 귀결되었다. 근대교육 보급과 의식개혁은 이러
한 가운데 진전을 거듭하였다.[88] 50명 전교생 단발은 현지인에게 변화상
을 보여주는 충격적인 '사건'이었다. 군수의 성적 우수자에 대한 시상은
시세변화를 새삼 일깨우는 요인 중 하나였다.[89] 상인들은 학교운영비 조
달책 일환으로 우세 징수를 건의하고 나섰다. 이들은 군수에게 시장에서
매매되는 소 1마리당 20전 세금을 '의무교육비'로 징수를 건의하였다.[90]
「사립학교령」으로 운영난에 직면하자 烏山사숙(一新學校 : 필자주)과 병
합하는 등 내실화도 모색되었다.[91] 명신학교도 설립된 이래 재정난으로

1908년 9월 25일 잡보「兩氏熱誠」, 1909년 5월 29일 학계「南谷普明」;『황성신
　　문』1910년 1월 28일 잡보「徐氏設校」.
85) 편집부,「학계휘문, 普明文明」,『기호흥학회월보』12, 44쪽 ;『大韓每日申報』
　　1909년 5월 29일 학계「普明學會」, 6월 1일 학계「鄭氏美擧」.
86)『大韓每日申報』1909년 6월 24일 학계「普明益明」.
87)『大韓每日申報』1909년 5월 29일 학계「普明修業」과「南谷普明」.
88)『大韓每日申報』1907년 7월 10일 잡보「明校將就」, 1908년 1월 21일 잡보「賀
　　水原明進학교, 石樵生 鄭설敎」;『대한매일신보』1907년 7월 10일 잡보「량씨의
　　열심」.
89)『대한매일신보』1908년 1월 5일 잡보「김씨연보」;『황성신문』1908년 1월 16일
　　잡보「明校經試」.
90)『大韓每日申報』1908년 1월 14일 잡보「牛稅補校」.
91)『大韓每日申報』1909년 1월 10일 잡보「明校壹新」.

폐교할 지경에 이르렀다. 교감 李容默의 헌신적인 활동과 학감 金鎭台의 實志 獎勵로 校況은 더욱 발전하는 계기를 맞았다. 향학열은 관내 생도들에게 커다란 자극제로 작용하였다.[92]

유림계를 대표하는 孟輔淳도 근대교육에 동참하고 나섰다. 그는 전 판서 김종한, 군수 서병숙, 유지신사 尹泰翊 등과 더불어 향교 내에 명륜학교를 설립하였다.[93] 교과과정은 문학·실업·법률·유치 등 4개 전문과정이었다. 이 학교는 개학한 지 불과 2·3개월만에 100여 명 출석으로 이어졌다.[94] 시세변화에 부응한 신·구학문 절충은 주민들로부터 적극적인 관심과 지원을 받을 수 있는 요인이었다. 상업가 30인의 각각 1만냥과 각 면마다 1만냥 등 도합 71만냥은 학교 재정을 군건하게 뒷받침하였다.[95] 이는 사실상 '의무교육비'나 다름없었다.

羅聖奎·車裕舜 등은 관내 사립학교에 대한 재정적인 지원에 나섰다. 삼일학교에 대한 후원은 대표적인 경우 중 하나이다. 이에 자극을 받은 임원진은 더욱 분발하는 등 재정적인 확충과 중장기적인 발전책을 도모할 수 있었다. 또한 이들은 청소년들에게 학교 입학을 권유하는 등 향학열을 고취시켰다.[96] 주민들의 근대교육에 대한 관심도 이들에 의하여 더욱 확산되었다. 교육기관 운영은 사회적인 책무이자 의무로서 인식되는 분위기였다.

졸업생 환영회 개최는 근대교육 시행과 확산에 많은 영향을 미쳤다.[97]

---

92) 『황성신문』 1910년 5월 17일 잡보 「烏校更新」.
93) 편집부, 「학계휘문, 明倫請認」, 『기호흥학회월보』 7, 51쪽 ; 『황성신문』 1909년 3월 30일 잡보 「尹氏創學」.
94) 『大韓每日申報』 1908년 11월 5일 잡보 「儒林의 大醒覺」.
95) 『大韓每日申報』 1908년 11월 22일 잡보 「儒林界의 大警鐘」.
96) 『大韓每日申報』 1908년 11월 29일 잡보 「三壹如壹」·「兩氏激論」.
97) 『大韓每日申報』 1909년 9월 23일 학계 「卒業生歡迎」.

風化堂 노인 등은 관내 출신 졸업생들을 위한 위로·격려를 아끼지 않았
다. 일본유학생 출신인 羅弘錫은 답사에서 근대교육을 통한 인재양성을
주창하는 등 이에 부응하고 나섰다. 교육열과 향학열은 이를 계기로 널리
확산되었다. '한일합병' 이전 설립된 화양어학교·병설어학교·수원상업강
습소 등은 당시 상황을 잘 보여준다.

　근대교육기관으로서 야학 운영도 병행되었다. 관찰부주사 林益相과 군
주사 具滋鏞은 삼일학교 내에 법률야학을 설립하였다. 이들은 명예교사
로서 법률·경제지식 보급 등에 심혈을 기울였다.[98] 출석생은 100여 명에
달하는 등 대단한 호응을 받았다. 실생활에 부합하는 교과목 편성은 향학
열에 불타는 근로청소년에게 '최대' 관심사로서 다가왔다. 동교 내에 운
영된 측량학교에 대한 호응은 이를 반증한다. 야학을 통한 근대교육 보급
은 이러한 가운데 확산과 발전을 거듭할 수 있었다.

　15세인 삼일학교생 李大舜은 1907년 가을 자기집에 야학교를 설립하
였다. 그는 국문을 깨우친 수료생 8명에게 수료증서 발급과 아울러 보통
과정 개설 계획을 세웠다. 이에 급우인 차석우도 동참하여 열성을 아끼지
않았다. 소식을 접한 서울 거주 尹昌烈은 의연금을 회사하는 등 활동을
격려하고 나섰다.[99] 학생들 참여는 현실인식을 심화시키는 동시에 사회
적인 책무를 절감하는 현장교육이었다. 국채보상을 위한 의연금 동참에 따
른 직접적인 경험은 학생들로 하여금 사회참여를 유도하는 요인이었다.

　권업모범장 부근인 서둔리는 민촌으로 실업·교육의 부진을 면치 못하
였다. 수류양성소기수 金光河는 임시야학교를 설립한 후 명예교사로서

---

98) 『大韓每日申報』 1909년 12월 18일 학계 「兩氏有志」 ; 『대한매일신보』 1909년 12월
　　14일 잡보 「량씨열심」 ; 『황성신문』 1909년 12월 14일 잡보 「道郡主事熱心」 ; 김형
　　목, 「대한제국기 경기도 야학운동의 성격」, 246쪽.
99) 『大韓每日申報』 1908년 3월 6일 잡보 「寄附三校」.

자원을 마다하지 않았다. 주민들은 그의 활동에 대한 지원과 학교로 발전을 위한 의연금 모집에 나섰다.[100] 이는 청소년들로 하여금 향학열을 고취시키는 요인이었다. 수원상업회의소 부설인 상업강습소 운영도 상황변화에 부응하기 위한 일환에서 비롯되었다. 관내에 설립된 사립학교와 야학은 <표 2>와 같다.

〈표 2〉 한말 수원지역 사립학교일람표[101]

연도	학 교 명	소재지	설립·교사진	규모/교과목	전 거
1902	화성학원	읍내	三輪政一	일본어·수신·일반상식 등	황1905.5.9,1908.2.6(의연자) 大1905.2.23
	삼일여학당; 삼일여학교	종로교회 내	이하영;교장 김몌례;교사	다수/유치과, 보통과	황1908.2.6,12.23;大1908.11.17, 1909.1.10,6.4;『경기』;『수원』 『기호』7-39쪽,『기호』11-49·50쪽
1903	삼일학교; 영어삼학당	읍내	김한목(임면수 이하영);교장	120/심상과, 고등과	大1907.7.14,7.18,1908.3.6, 11.29,12.6,1909.1.9,1.10,1.15 대1907.7.16,7.17;황1908.2.6 『경기』;『수원』;『기호』7-39쪽
	인공양잠학교	읍내		다수/양잠 등 실업교육	황1903.6.18,8.6,11.6
1904	사립학교	읍내	오윤선;교사		大1905.1.24;「영」-13쪽
1905	오산사숙; 명진학교	청오 오도산장	정한교	30/한문,국문, 지지,역사,산술	大1907.4.20,7.10 대1907.7.10
1906	廣興학교	읍내	金英洙·申億均		大1906.5.6;「영」-6쪽
	明化학교	수원 용주사 내	용주사,車應虛; 교장,木村淡泊;일어	50/보통과·일어	황1906.11.26
1907	明進학교	청호 오산 상하동	정한교·정재호 서병숙(군수)	50/보통과	大1907.4.20,7.10,1908.1.14, 1.21,1909.1.10,1.27 황1908.1.16,3.5,1910.5.17 대1907.7.10,1908.1.5;「영」-8쪽

100) 『大韓每日申報』 1908년 1월 14일 잡보 「西屯設校」.

101) 황은 『황성신문』, 大는 『대한매일신보(국한문혼용판)』, 대는 『대한매일신보(한글판)』, 만은 『만세보』, 민은 『대한민보』, 동은 『동아일보』, 시는 『시대일보』, 『도사』는 『경기도사』, 『경기』는 『경기도교육사』, 『기호』는 『기호흥학회월보』, 『수원』은 『수원시사』, 「영」은 김영우 논문 등을 각각 의미한다. 기존 연구는 남양군에 설립된 사립학교를 포함하여 일부 학교를 소개하는 정도에 그치고 있다.

	華城(陽)여학교	읍내	이선익	삼일여학교와 운동회	大1907.6.13;황1907.10.27 『기호』11-49·50쪽;만1907.5.26 『영』-8쪽
	수성학교	수북면 백봉	서상천;교장,서상긍; 교감,이완용;찬성장, 김한목;협무장,서상 춘;한문,변영헌;일어	70/보통과	大1907.2.19;황1907.2.4 만1907.2.3,4.26;「영」-8쪽
	야학교	북문내 자기집	이대순(삼일학교생), 이대순·신석우;교사	수십명/보통과	大1908.3.6
	一新學校	청호 오산 상하동	김용서;교사		大1908.1.5,1909.1.6,1.10 황1910.5.17
	임시야학교	서둔리	김광하(수원수류 양성소기수)	수십명/국문과,보 통과	大1908.1.14
1908	보명의숙; 보명학교	남곡면 귀일 (래)동	강필중;교감,서진하; 총무,김동호;학감,정 기섭·三宅岩;교사	50/보교과정	大1908.9.25,1909.5.29,6.1,6.24, 11.22,11.24,1910.1.28 황1910.1.28;『기호』11-49쪽, 『기호』12-44쪽;「영」-10쪽
	명륜학교	읍내	맹보순·김종한 서병숙(군수) 윤태익·양성관	100/문학·실업· 법률·유치	大1908.11.5,11.22,12.11 황1909.3.30『기호』6-52쪽
	측량학교	읍내	삼일학교,한규복 교장	수학·측량학	황1908.6.10 大1908.9.27,10.7,1909.3.18
	화양여학교	읍내	曹文淑	이익선 주선으로 삼일여학교와 연합운동회	大1908.10.24,1909.6.4 『기호』11-49·50쪽
	사범?흥소학교	읍내 향교내	尹泰夑·池弘甲	사범양성/100	大1908.12.8
	법률야하	수원 읍내	삼일학교 교사	100/법률·경제	민1909.12.15;대1909.12.14 大1909.12.18;황1909.12.14
	병설여학교	청호 오산	명신학교 부설		大1909.1.10,1.27
1909	수원상업강습소	읍내 상공회 의소내	수원상공회의소	주야100/상업· 부기·상업대요	동1921.3.17,1922.1.27, 1923.3.25, 1927.1.17 시1924.4.22
	명신학교	청호 오산	명진·일신학교 통합	남녀100/보통과	황1910.5.17;大1909.1.10

　<표 2>는 당시 설립된 모든 사립학교를 의미하지 않는다. 이른바 개량 서당·의숙·사숙 등 근대교육을 실시한 교육기관도 운영되고 있었다. 이 에 대한 구체적인 실상을 파악하지 못할 뿐이다. <표 2>에 나타난 사립학 교는 비교적 널리 알려진 교육기관으로 볼 수 있다. 1913년 12월말 현재 관내에 운영 중인 150여 개소에 달하는 서당은 이를 반증한다.[102) 이를

토대로 수원지역 근대교육 특성은 다음과 같이 정리할 수 있다.

첫째로 근대교육은 사립학교에 의하여 주도되었다. 이곳을 대표하는 삼일학교·수성학교·명진학교·보명학교 등은 이를 반증한다. 초기 근대교육은 선교사업 일환으로 이루어졌다. 조원시·이하영·임면수·김제구 등은 선교사·개신교 신자로서 이를 주도하였다. 1906년 전후 삼일학교 재정난은 학교 운영을 둘러싼 임원진간 갈등에서 비롯되었다.[103] 수원상업강습소는 자본가로 성장한 상인층의 현실적인 필요성 때문이었다. 일제강점기 중등교육기관으로 발전은 이들의 대대적인 지원과 고조된 향학열 등과 맞물려 진행되었다.

둘째로 부기·상업대요·측량학·법률학 등 '실무교육'에 중점을 두었다. 이는 시세 변화를 적절하게 수용한 점에서 중요한 의미를 지닌다. 상업자본가 성장은 수원상업강습소 운영에서 부분적이나마 엿볼 수 있다. 근로청소년은 이를 통하여 실무능력 향상과 자기계발에 한층 노력하는 계기였다. 물론 양잠기술 보급 등 실업교육은 식민통치에 부응하는 기술인 양성과 무관하지 않다. 수원경찰서는 각 이장을 소집하여 양잠의 중요성을 설명한 후 이를 시달하는 지침을 내렸다.[104] 하지만 전반적으로 실무교육은 근로의식 고취와 자아실현을 위한 밑거름이었다.

셋째로 여성교육은 '비교적' 일찍부터 시행되었다. 수원지역 최초 사립학교인 삼일여학당은 이를 주도하였다. 이는 화성여학교·화양여학교·병설여학교 설립 등으로 진전되었다. 여학교 연합운동회 개최는 주민들에게 여성교육의 중요성을 일깨우는 계기였다. 남문에 거주하는 李善益은

---

102) 酒井政之助, 『發展せる水原』, 17~18쪽 ; 이진호, 「수원 지방 서당사-성현서당을 중심으로-」, 『경기향토사연구』 2, 경기향토사연구협의회, 1996.
103) 수원종로교회, 『수원종로교회사 1899~1950』, 115쪽.
104) 『황성신문』 1910년 3월 6일 잡보 「蠶桑勸業」.

학업을 장려하기 위한 일환으로 화양과 삼일여학교 학생들을 초청하여
운동회 경비 일체를 부담하였다.[105] 여성교육에 대한 관심은 이를 계기로
일변하였다. 여자교육회의 여학교 설립에 대한 찬사는 당시 분위기를 어
느 정도 보여준다.[106]

마지막으로 수학 능력을 고려한 전문강좌 개설이었다. 대부분은 유치
과·국문과·보통과에 중점을 둔 초등교육기관으로서 성격을 지닌다. 교육
내실화와 더불어 교과과정은 심상과·고등과, 보통과·일어과, 상학과·측
량과, 국문과·보통과, 법률과·경제과 등으로 분화되었다. 명륜학교는 개
교 당시부터 문학·법률·실업·유치과로 구분·운영되었다. 이는 부족한 중
등교육기관을 보완하는 의미이다.

5. 운동주체와 성격

계몽운동 주체는 다양한 성격을 지닌 인물들에 의하여 추진되었다.
전·현직 관료와 자산가·목사·신부·의사·군인·교사·개신유학자 등은 주
요 인사였다. 대부분은 수원에서 출생·성장한 인물이나 일부는 외지인으
로서 이곳에 거주한 인물이었다. 후자인 경우는 서울 등 부분적이나마 외
부 세계의 변화를 수용하는 등 유대관계를 형성하고 있었다.

현지인 대부분은 혼맥을 통한 강한 족적 관계 속에 있었다. 특히 이들
은 사회변동에 부응하여 지주에서 근대적인 자산가로서 성장하는 계층이
었다.[107] 그런 만큼 지역사회에서 영향력은 누구와 견줄 수 없는 막강한

---

105) 편집부, 「학계휘문, 妙年壯志」, 『기호흥학회월보』 11, 49~50쪽.
106) 『황성신문』 1908년 2월 6일 논설 「女子의 敎育」.
107) 수원지역 계몽활동가들은 학맥보다 강한 족적 기반을 형성하고 있었다. 이는 사회
    적인 활동을 추진하는 중요한 기반 중 하나였다. 문중 조직과 향촌공동체 운영 등

사회적인 존재였다. 변화에 대한 적극적인 참여는 이러한 사회적인 배경
과 무관하지 않다.

　존스(Rev.George Heber Jones)는 1867년 미국 뉴욕에서 태어나 신학교
를 졸업한 후 1887년 9월 내한하였다. 1892년 인천지역 감리사로 부임한
이래 내리교회를 중심으로 44개 교회를 창설·관리하는 등 전도활동에도
노력을 기울였다. 그의 부인은 부임 초기부터 내리교회에 영화여학교를
설립함으로써 우리나라 근대여성교육 토대를 마련하였다.[108) 삼일여학당
설립도 이러한 의도에서 비롯되었다. 사경회·신학회 운영은 협성신학교
로 발전하는 등 한국의 감리교회 발전에 크게 이바지하였다. 『신학월보』
와 『The Korean Repository』·『The Korean Review』의 주필로서 한국 내
기독교인 동정과 한국문화를 국외에 널리 알리는 데 일익을 담당하였다.
그는 군대해산 당시 선교사인 애비슨·민휴 등과 부상당한 군인을 치료하
는 등 독립운동을 지원하고 나섰다. 한국민에 대한 애정과 관심은 이후에
도 지속되었다.[109)

　김종한은 서울 출신으로 1876년 식년문과에 병과로 급제한 이래 부승
지·이조참의·예조판서·이조참판·도승지 등 관직을 두루 역임하였다. 명
성황후시해사건 직후 궁내부협판이 되고 독립협회 활동에도 가담하는 등
개혁·개방화에 가담할 정도였다. 그는 京江商人과 밀접한 관계를 맺는
가운데 조선은행·한성은행 발기인으로 활동하였다. 또한 철도용달회사·

　　　에 관한 연구가 진전되면, 이들에 대한 실체와 성격 등도 보다 선명하게 파악될
　　　수 있지 않을까. 이러한 과제는 차후 연구 진척과 더불어 보완될 수 있으리라고
　　　기대한다.
108) 수원종로교회, 『수원종로교회사 1899~1950』, 66~69쪽 ; 김형목, 「대한제국기 인
　　　천지역 근대교육운동 주체와 성격」, 87~88쪽.
109) 『황성신문』 1907년 8월 3일 잡보 「趙博士大慈善」 ; 『大韓每日申報』 1907년
　　　8월 3일 잡보 「美敎師救療」.

철도회사도 설립하는 등 자본가로서 능력을 발휘한 인물이었다.110) 국채
보상총합회의소 부소장과 소장 등에 피선되는 등 국채보상운동 중심 인
물로서 부각되었다. 서울 日新의숙장, 개성 培義학교장, 함흥 沛鄕학교
장, 서울 光東학교 찬성장 등도 맡아 근대교육 보급을 노력하였다. 기호
흥학회 수원지회장과 명륜학교 교주로서 활동은 이와 같은 연장선상에서
비롯되었다.111) '한일합병'을 전후하여 政友會 총재와 大東文友會 회장
등 친일단체에도 적극 가담하였다. 이러한 공로는 男爵 작위 수여로 이어
지는 등 친일고위관료로서 비난을 받았다.112)

洪思勛(勳)은 보성중학교를 중퇴한 후 수원상업강습소 법상과를 졸업
하였다. 그는 세류포목점을 경영하는 한편 용수흥농주식회사 취체역, 수
원극장 대표이사, 만종원 대표이사 등을 두루 역임한 수원의 대표적인 자
산가였다.113) 이곳 유림계의 종장을 자처한 맹보순도 시세변화와 더불어
근대교육 확산에 앞장섰다. 수원군수, 전의관 김종한, 수원상업회의 부회
두 梁聖寬 등과 향교 내 명륜학교 설립은 이를 반증한다.114) 이는 유림들

---

110) 황현,「水原 民의 金宗漢 逐出」,『매천야록』6, 국사편찬위원회, 1955 ; 경기도
     사편찬위원회,『내고장 경기도의 인물』1, 2005, 296쪽.
111)『大韓每日申報』1905년 1월 24일 잡보「김씨하거향데」;『황성신문』1908년 6월
     14일 잡보「金氏美績」; 편집부,「본회기사, 수원군」,『기호흥학회월보』2, 61쪽
     ;「학계휘문, 明倫請認」,『기호흥학회월보』6, 51쪽 ;『매일신보』1911년 8월 1일
    「貴族會의 組織」.
112) 大村友之丞,『朝鮮貴族列傳』, 조선총독부인쇄국, 1910, 246~248쪽 ; 牧山耕
     藏,『朝鮮紳士明鑑』, 일본전보통신사, 1910, 71~72쪽 ; 장석흥,「김종한, 고리대
     금업으로 치부한 매판자본의 선두주자」,『친일파99인』1, 돌베개, 1993.
113) 편집부,「본회기사, 수원군」,『기호흥학회월보』2, 61쪽 ; 이승언,『한말일제하수
     원기사색인집』, 93쪽 ; 이동근,「일제강점기 수원청년동맹의 활동과 인물」,『한국
     민족운동사연구』51, 한국민족운동사학회, 2007, 193~194쪽.
114) 목산경장,『조선신사명감』, 146쪽 ;『大韓每日申報』1908년 11월 22일 잡보「儒
     林界의 大警鐘」.

의 의식변화를 반영한다는 점에서 중요한 의미를 지닌다. 이러한 변화에 대하여 대한매일신보사는 "슈원군에 밍보슌은 유림즁의 령슈로셔 시국 변쳔 흔탄ᄒ야 헛된 례문 슝샹ᄒ던 네젼 긔습 벽파ᄒ고 명륜학교 셜립ᄒ 미 ᄌ원으로 보조금이 칠십만량 되엿스니 경셰죵이 싱겻고나."115)라는 기사로 격찬을 아끼지 않았다. 다만 이후 구체적인 교육활동이나 민족운 동 참여 등에 관한 사실은 알 수 없다.

임면수는 일찍이 수원인공양잠학교에서 근대교육을 받았다.116) 그는 수원 종로교회를 중심으로 적극적인 계몽운동을 전개하였다. 조안장·김 제구·이하영 등과 「국채보상취지서」를 발표하는 등 계몽운동에 앞장섰 다.117) 1904년 말부터 이듬해 초까지 그는 멕시코이민 모집 대리점을 운 영하였다.118) 현지에 대한 상황이나 사전 지식이 전무한 대부분 대리점 주인들 인식은 매우 낙관적이었다. 대한제국기 하와이 등지 이민은 인천 내리교회 목사인 조원시 등 선교사들의 적극적인 권유에서 비롯되었다. 이들 목적은 새로운 개척촌에서 독실한 신앙인을 양성함이었다. '노예노 동'이나 다름없는 이민도 기독교인들의 적극적인 동참을 유도할 수 있었 다. 수원에서 모집된 인원은 전체 1,033명 중 6명으로 극히 일부에 불과하 였다.119) 그는 삼일학교 발기인이자 학생으로서 영어공부에 열심이었다.

나기정은 경기관찰도주사와 시흥·용인군수 등을 역임한 전형적인 관 료였다. 그는 삼일학교 찬성원으로서 2,000냥 의연금을 모집하는 등 관내

---

115) 『대한매일신보』 1908년 11월 24일 시ᄉ평론.
116) 『황성신문』 1903년 8월 6일 잡보 「蠶校試驗」, 11월 6일 잡보 「華校蠶業」.
117) 『大韓每日申報』 1907년 3월 9일 잡보 「奮發義氣」, 3월 26일 잡보 「三氏奮義」, 3월 29일 잡보 「國債報償趣旨書」 ; 편집부, 『기호흥학회월보』, 140쪽 ; 이창식, 『수원사람들은 어떻게 살았을까』, 45쪽.
118) 『황성신문』 1904년 12월 7일 광고.
119) 이자경, 「멕시코 한인이민 모집과 송출의 불법성」, 『멕시코 이민 100년의 회상』, 인천광역시, 2005, 47쪽.

근대교육 보급에 앞장섰다.[120] 나홍석은 나기정 장남으로 와세다대학을 1909년 3월 졸업·귀국하였다. 이후 삼일학교 교사, 1919년 수원청년구락부를 조직하는 한편 이듬해 수원면협의회에 선출되는 등 수원지역 주요 인물로서 부각되었다. 1922년 서울로 이사하여 경성변리사 등 중개업으로 상당한 부를 축적한 인물이다. 그는 귀국 직후부터 최송·홍사선·최상훈 등과 수원지역 근대교육 보급과 지원에 노력하였다.[121]

김관현은 군수로 부임한 이래 행정일반은 물론 교육진흥에 매진하였다. 그는 수원재무서의 結稅 부정에 대하여 단호한 입장을 취하는 등 주민들 권익옹호에 노력을 기울였다. 청렴한 지방관으로서 직무 수행은 주민들로부터 전폭적인 지지를 받았다. 관내 사립학교에 대한 재정적인 지원과 더불어 주민들을 효유하는 등 근대교육 확산에도 앞장섰다.[122] 하지만 그는 '한일합병' 이후 초대 군수를 맡는 등 친일적인 인물이었다. 장기간 재직과 지속적인 승진 등은 이를 뒷받침한다.[123]

최송은 일찍이 근대의학을 전공한 내과의사였다. 수원의원에서 진료를 담당한 그는 수원강습소 교사로서 활동하는 등 교육운동에 남다른 관심을 보였다. 기호흥학회 수원지회 간사원이자 이 지역을 대표하는 계몽론자는 바로 그였다.[124] 구자용은 수원군청에 근무하는 주사였다. 근대교육의 필요성을 절감한 그는 관찰부주사 임익상과 삼일학교 내에 법률야학을 설립·운영하였다.[125] 청년자제에 대한 근대교육 시행은 의무적인 사

---

120) 목산경장, 『조선신사명감』, 160쪽 ; 『大韓每日申報』 1907년 7월 14일 잡보 「羅氏熱心」.
121) 경성복심법원, 『倭政時代人物史料』 3, 1927, 97쪽.
122) 『大韓每日申報』 1910년 2월 9일 잡보 「金氏美績」 ; 『황성신문』 1910년 2월 17일 잡보 「水倅訓示」.
123) 이창식, 『수원사람들은 어떻게 살았을까』, 21~22쪽.
124) 편집부, 『기호흥학회월보』 2, 61쪽 ; 『조선일보』 1930년 1월 4일자.
125) 『大韓每日申報』 1909년 12월 18일 학계 「兩氏有志」.

항으로 인식할 정도로 열성적이었다.

남양군 서여제면장 최성대는 이장을 비롯한 주민 수십 명과 회합을 가졌다.126) 목적은 생활공동체에 기반을 둔 염업회사 조직·운영이었다, 그는 洪闇厚와 남양상업회의소 설립추진 발기인으로 활동하는 등 민족자본 육성에 노력하였다.127) 다양한 활동은 지역사회 변화를 초래하는 밑거름이나 마찬가지였다. 수원지역 인사들과 교류는 이와 같은 목적과 무관하지 않았다. 나기정은 그의 사위로서 이곳 계몽운동을 주도한 인물 중 하나였다.

김한목은 시흥군수, 경기도관찰부 참서관, 경기관찰사 서리 등을 두루 재임한 관료였다.128) 그는 영등포일어학교 설립자겸 고문과 삼일학교장을 맡는 등 교육사업에 노력하였다. 근대교육은 그에게 문명사회를 실현하는 근본적인 문제로서 인식되었다. 협성학교 협무장 취임과 활동도 이를 실천하려는 입장에서 말미암았다.

이처럼 운동 주체는 다양한 인물들로 구성되었다. 상당수는 전·현직관료와 자산가로서 기독교인이었다. 자본은 시대상황과 맞물려 새로운 '무기'로서 사회적인 영향력을 발휘하였다. 수원지역 여론은 이들에 의하여 조성될 만큼 지역사회를 좌지우지할 정도였다. 더욱이 이들은 시세변화에 따라 문명사회 건설을 추구하는 사회진화론에 상당히 경도되어 있었다. 활동가 주요 경력은 <표 3>과 같이 정리할 수 있다.

---

126)『大韓每日申報』1907년 7월 10일 잡보「鹽會設立」.
127)『大韓每日申報』1907년 7월 24일 잡보「南陽郡商業會議所趣旨書」.
128) 목산경장,『조선신사명감』, 208쪽 ;『만세보』1906년 11월 1일 잡보「各道僉書 新任」, 11월 17일 잡보「始興倅願留」.

〈표 3〉 계몽활동가의 주요 경력[129]

성 명	특 징	주요 경력	전거
김종한	고위관료	궁내부특진관, 지회장, 국채보상총합회의소 부소장·소장, 정우회 회원, 서울光東학교 찬성장,함흥 沛鄕학교장, 서울 日新의숙장, 양근 분원학교장, 대동문우회 회장, 개성 배의학교장, 경제연구회 부총재, 명륜학교 교주	만1906.8.4,8.17,9.13,1907.3.26,6.8 대1907.4.11,6.7,6.30,7.5,7.19,9.5,1908.17, 1.19,1.28,3.29,12.11;대1907.7.7,7.19 황1907.6.11,9.6,12.22-27,1908.1.11,7.5, 1909.3.30,5.25,6.16;매1911.7.9;『기호』2·6 『매천』;『실록』;『관보』;『이력서』;『인물』1
홍사훈	수원3대지주	회원, 삼일학교 학무위원, 화성학원 설립자, 수원청년회장	『기호』2;『인물』1;『한말』; 동1925.2.8,2.20,1933.9.17
나기정		삼일학교 찬성원, 수원관찰도주사, 시흥군수	大1907.7.14;황1907.2.19,3.3,1908.12.23 대1907.7.16;매1911.1.29,4.20,12.7
이하영	기독교, 목사	수원지회 서기원·평의원, 삼일학교 발기인·교장, 수원국채보상 발기인	大1907.3.9,3.26;『삼일』-66쪽;『기호』2
최송	의사	수원지회 간사	『기호』2
임면수	삼일학교 졸업	수원지회 평의원, 삼일학교 발기인·교사·교장, 수원국채보상발기인, 화성학교 졸업	『기호』2·7;大1907.3.9,3.26;황1905.5.9
나중석	대지주	관찰부주사, 수원지회 회원, 삼일학교 발기인, 일본관광단원	大1910.4.5,5.10,5.26;『기호』2 동1927.5.11,1949.2.22
최성대		수원지회 발기인·회원, 남양군 전곡사숙 숙장, 남양 서여제면장, 남양군상업회의소 발기인	『기호』2;大1907.6.4,7.10,7.24;대1907.7.7
최동필		수원지회 총무	『기호』2;大1908.1.7,11.29,12.6;대1907.7.7
지하영		수원지회 간사, 수원공립보통학교 학무위원, 삼일학교 교사	『기호』2;『이력서』
차유순	수원3대지주	수원지회 평의원, 삼일학교 발기인, 수원국채보상회 재무원	『기호』2;人1907.6.11,6.13,1908.12.19 대1907.7.7
차효순		수원지회 회원, 제용사 이사, 수원지방위원, 농사시험장 건립 추진	『기호2』;『이력서』;『한민』39;대1907.7.7 황1905.4.13;大1908.11.29
박기양		수원지회 교육부장, 육군부령	『기호』2;『이력서』;만1907.6.17
오덕영		수원공립보통학교 학무위원, 수원지회 회원	『기호』2;『이력서』

129) 황은 『황성신문』, 대는 『대한매일신보(한글판)』, 大는 『대한매일신보(국한문혼용판)』, 만은 『만세보』, 경은 『경향신문』, 민은 『대한민보』, 제는 『제국신문』, 『기호』는 『기호흥학회월보』, 『대한』은 『대한협회회보』, 『실록』은 『고순종실록』, 『이력서』는 『대한제국관원이력서』, 『속』은 『속음청사』, 『한민』은 『한민족독립운동사자료집』, 『삼일』은 『삼일학원육십오년사』, 『한말』은 『한말일제하수원기사색인집』, 『매천』은 『매천야록』 등을 각각 의미한다.

이성의		수원지회 평의원, 삼일학교 발기인	『기호』2;大1907.6.13;매1911.12.20
송세호		수원지회 회원, 삼일학교 체육교사	『기호』2,;『이력서』;『삼일』-57쪽
김용호		수원지회 평의원, 삼일학교 교사	『기호』2
홍형표	삼일학교 졸업	수원지회 회원	『기호』2
최익환		상무사 도중, 평의원, 삼일학교 발기인,	『기호』2;大1907.6.13,1908.12.6
정용진	삼일학교 졸업	수원지회 회원,	『기호』2
김한목		시흥군수, 영등포일어학교 설립자겸 고문, 경기도 참서관, 경기관찰사 서리, 삼일학교장, 수성학교 협무장, 조선총독부 취조국위원	大1907.2.24,4.16,4.23,5.23;황1906.11.29, 12.7,12.18,12.28,1907.3.3,4.23,4.29,10.16, 12.15,1908.1.8;매1910.11.15;『속』하229 『각사등록』;만1906.11.1,11.17,12.7,1907.3.17
이완용		수원군수, 수성학교 찬성장	大1907.2.19,7.10
최강		수원지회 회원, 측량학교 찬성장	大1908.9.27
김제구		삼일학교 발기인, 수원국채보상운동 발기인	大1907.3.9,3.26
채성석	보성전문 졸업	삼일학교 교사, 배화학당교사	『삼일』-42~44쪽
맹보순	유림	명륜학교 설립	大1908.11.5,11.22,11.24
조문숙		화양학교 설립	大1908.10.24

한편 광무황제 양위 후 의병전쟁을 진압하려 온 일본군은 공립보통학교를 숙소로 이용하였다. 이는 개학 연기로 이어지는 등 주민들 불만을 고조시켰다.[130] 나아가 학생들 향학열을 반감시키는 등 공교육에 의한 근대교육 부진은 이와 무관하지 않았다. 심지어 일본군은 민가를 점령하는 등 행패를 일삼았다.[131]

이와 동시에 통감부는 발흥하는 사립학교설립운동을 탄압하기 위한 법령 입안에 노력하였다.[132] '시세와 민도에 부합하는' 공립보통학교 확대

---

130) 『대한매일신보』 1907월 7월 30일 잡보「학교도 빌리나」와 시사평론「수원」, 8월 31일 잡보「일본군ᄉ의 학교」, 9월 1일 별보「자ᄂᆞᆫ 범의 코를 찔러」, 9월 15일 잡보「슈원학교ᄭᅵ학」 ; 『大韓每日申報』 1907년 9월 15일 잡보「普校開敎」 ; 『황성신문』 1907년 9월 13일 잡보「水校開學」, 10월 6일 잡보「何必借校」.
131) 『大韓每日申報』 1908년 3월 20일 잡보「借廳入室」.

는 예상과 달리 별다른 성과를 거둘 수 없었다. 「사립학교령」은 발흥하는 근대교육운동을 탄압하려는 의도에서 비롯되었다.[133] 이는 통감부의 궁극적인 의도였다. 재정난으로 많은 사립학교는 통·폐합되는 비운을 맞았다. 더욱이 일본어 교육에 치중된 일어학교 성행은 정상적인 교과 운영을 어렵게 만들었다.[134] 일제 침탈에 의한 식민사회로 전락은 바야흐로 '일본어만능시대'를 예고하고 있었다. 곧 실력배양이나 지적 능력만이 평가받는 교육만능시대는 민족교육 본질을 왜곡·변질시켰다.

이러한 탄압 속에서 삼일학교 학생들은 일상사를 개선·변화시키는 데 앞장섰다. 당시 성행하는 조혼에 대한 비판과 반대는 변화하는 가치관의 한 단면을 잘 보여준다.

> …(상략)… 근일 해교 생도들이 합석결의하기를 우리 학생의 조혼함은 비단 敎規의 위반될 뿐만 아니라 실로 교육상에 대단히 방해가 되는 즉 우리는 졸업하기 전에는 결단코 娶室치 아니하는 것이 가하다고 결심한 후에 이미 결혼한 학도는 자기의 先已娶妻함을 한탄하며 정혼만 하고 아직 成禮치 아니한 학도는 즉시 破約하고 實上做課에만 전념한다더라.[135]

학생들은 불합리한 사회제도에 대한 비판을 가하는 동시에 이를 실천하는 데 앞장섰다. 이들은 단순한 결의나 선언만으로 끝나지 않았다. 대다수는 사회적인 책무로서 이를 인식하는 분위기였다. 화성학교 일어과 출신 朴晟根은 철도부설 통역으로 채용되었다. 그는 근무지인 황주군 秋

---

132) 『만세보』 1906월 8월 29일 잡보 「管轄私立學校」.
133) 『황성신문』 1910년 2월 18일 논설 「地方人民의 困難情況」과 잡보 「私校維持協議」.
134) 『황성신문』 1907년 12월 15일 잡보 「華校懇話會」; 『大韓每日申報』 1910년 4월 11일 논설 「語學界의 趨勢」.
135) 『大韓每日申報』 1907년 7월 18일 잡보 「三校決心」.

禮洞에 日新學校를 설립·교수하였다. 이에 주민들은 그의 헌신적인 활동에 찬사와 아울러 지원을 아끼지 않았다.[136)

춘추로 거행된 연합운동회는 주민들에게 시세변화를 각인시키는 현장이었다. 1907년 삼일학교·화성여학교·공립소학교 등 참여는 초유의 대장관을 이루었다. 활발한 여학생들 기상은 탄성을 자아내기에 충분하였다.[137) 이듬해 4월 20일에는 더욱 확대된 규모로 개최되었다. 운동회 장소인 연무대에는 내외빈과 주민들로 인산인해를 이루었다. 기생과 주상들조차도 음식물을 제공하는 등 학생들 사기를 진작시켰다.[138) 오산에 거주하는 유지들은 명진·일신학교 학생들 차비와 비용 등 일체를 제공하였다. 이는 모범적인 사례로서 널리 칭송되었다.[139) 학생들은 이를 통하여 자신감과 아울러 자아를 성찰하는 계기였다. 경축행사도 학생들에게 민족정신을 일깨우는 현장이었다. 읍내에서 성대하게 개최된 건원절 행사는 이를 반증한다.[140)

수원 권업모범장을 行幸 융희황제는 관내 교육기관에 대한 은사금을 하사하였다. 금액은 공립보통학교 100원과 관내 사립학교 400원 등 상당한 액수였다. 이는 향학열로 고취로 이어지는 등 학생들 사기를 크게 진작시켰다.[141) 측량학교 학도들은 행행에 즈음한 일체 단발을 단행한 후 환영식에 참가하였다. 전교생 단발 실시는 새로운 변화에 부응하는 주요한 계기나 다름없었다.[142) 이들은 청결한 용모와 위생생활의 중요성을 스

---

136) 『황성신문』 1905년 5월 9일 잡보 「年少勤勞」.
137) 『大韓每日申報』 1907년 6월 13일 잡보 「聯合運動의 校況」.
138) 『大韓每日申報』 1908년 4월 22일 잡보 「春期運動」 ; 『황성신문』 1908년 4월 19일 잡보 「華城學校聯合運動」, 4월 21일 잡보 「妓生과 酒商協議」.
139) 『大韓每日申報』 1908년 5월 3일 잡보 「一校盛況」.
140) 『황성신문』 1908년 3월 15일 잡보 「華民三祝」.
141) 『大韓每日申報』 1908년 10월 4일 잡보 「水原行幸順序」.

스로 깨우치고 실천하기에 이르렀다.

외부세계와 교류는 시세변화를 절감하는 중요한 요인 중 하나였다. 학교·계몽단체나 수원상업회의소 설립 당시 외부 인사들은 이에 가담하였다. 이들은 대부분 관료·선교사·교사·자본가 등이었다. 김종한·김한목·서병숙·조원시·부재열·이하영·송세호 등은 대표적인 인물이다. 계몽운동은 이들과 이곳 출신 명망가 등에 의하여 추진되었다. 맹보순의 신·구학 절충에 의한 학교 운영은 세대간 갈등을 부분적이나마 완화시키는 요인이었다. 용인지역에서 활동은 이러한 일면을 잘 보여준다.[143]

화성여학교 학생들의 여학교연합운동회 참가를 위한 '서울나들이'는 새로운 변화를 절감시키는 계기였다. 이는 단순한 체육회 행사로서 끝나지 않았다. 여학생들은 변모하는 실상을 직접 목도하는 가운데 변화에 대비한 자신들 미래를 스스로 모색하기에 이르렀다. 정정당당한 경쟁과 규율은 사회구성원으로서 존재 의미와 책무를 동시에 일깨워 주었다. 특히 연합운동회는 세인들 이목과 관심을 집중시킨 대단한 '사건'이었다. 「운동가」는 학생들 장래에 대한 꿈과 희망을 던져주었다.[144] 여성교육에 대한 관심은 여학부 신설로 이어졌다. 수원공립보통학교나 명륜학교 여학부는 이를 반증한다.[145]

한성부민회 회장 兪吉濬은 일본관광단원 모집을 위하여 이곳을 방문하였다.[146] 이는 수원지역 인사들과 교류하고 있다는 점에서 주목할 부분이다. 나중석의 제2차 일본관광단 참여는 이후 그의 행적과 관련하여 의미하는 바가 크다.[147] 다만 교류 관계나 현지인 반응 등은 다음 기회로 유

---

142) 『大韓每日申報』 1908년 10월 7일 잡보 「斷髮祗迎」.
143) 이용건, 「명륜학교일기」, 『구성면지』, 용인향토문화연구소, 1998, 916쪽.
144) 『만세보』 1907년 5월 26일 잡보 「女學校聯合運動盛況」.
145) 『매일신보』 1911년 4월 26일 잡보 「水原의 女學員募集」.
146) 『大韓每日申報』 1910년 4월 12일 잡보 「兪氏南行」.

보한다. 노동야학회 수원지회 창립도 노동에 대한 인식 변화와 밀접한 연관성을 지닌다. 노동자·농민은 사회구성원으로서 존재 가치를 인정받는 요인 중 하나였다. 인습으로 잔존하던 신분 관념은 이러한 가운데 점차 해소되어 나갔다. 사회운동이 지닌 변혁은 바로 여기에 있다.

6. 맺음말

수원지역은 20세기에 들어오면서 급격한 사회변동을 초래하였다. 개신교 전래, 일본인거류지 형성, 동학과 진보회·일진회 활동, 기호흥학회 수원지회 설립인가, 수원상업회의소 조직, 경부선 개통, 노동야학회 수원지회 등은 변화를 초래하는 요인이었다.

개신교는 전통적인 인간관계를 급속하게 변화시켜 나갔다. 종로교회는 경기·충청지역 선교사업을 추진하는 거점 중 하나였다. 교세 확장을 위한 역점은 근대교육기관 설립·운영으로 귀결되었다. 삼일여학당·삼일학교은 근대교육을 통한 새로운 인식과 가치관을 형성하는 요인이나 다름없었다. 학교 설립발기인 이하영·김제구 등의 활동과 임면수를 비롯한 청장년의 삼일학교 입학은 이를 반증한다. 임면수는 외국어 교육의 중요성을 절감하여 입학을 결행하였다. 이들에게 서구적인 문명사회 건설은 지상 과제이자 궁극적인 이상향이었다. 교세는 이와 맞물려 급속하게 확산될 수 있었다. 1908년경 조직된 수원엡윗청년회는 이러한 분위기 속에서 시작되었다.

경부선 부설에 의한 수원역 개설도 외곽지역을 새로운 상업·행정·관광

---

147) 친일인명사전편찬위원회, 「일본관당단(2)」, 『일제협력단체사전-국내 중앙편-』, 민족문제연구소, 2004, 103~106쪽.

중심지로서 변모시켰다. 철도역사 주변은 개발 거점으로 부각되었다. 이는 인구 집중을 초래하는 주요한 요인이었다. 이러한 가운데 주민들은 활동영역 확대와 더불어 변하는 시대상황을 직접 실감할 수 있었다. 장시를 중심으로 편성된 유통망은 교통·통신 발달에 따라 급격하게 재편되지 않을 수 없었다. 신속한 수송과 대량적인 물화 유통은 자본주의에 대한 인식을 일깨웠다.

일본인 유입에 의한 거류지 형성은 일상사에서 외래 문물을 직접 체험하는 계기였다. 러일전쟁 전후 일본인 유입은 급속하게 이루어졌다. 학교·병원 등을 비롯한 근대적인 시설물은 새로운 '신천지'나 다름없었다. 일본인들은 「민단법」에 의거한 자치규약을 제정하는 한편 '의무교육'을 실시하였다. 자신들 권익옹호와 '문화생활'에 필요한 기반 확충은 『수원신보』 발행으로 이어졌다. 물론 궁극적인 의도는 통감부 시정 홍보와 주민들을 체제 내로 포섭이었다.

서울에서 전개된 민족운동은 이곳 유지신사들을 고무시키는 요인이었다. 지리적인 근접성은 변화하는 현실에 보다 신속한 인식·대응으로 나타났다. 수원상업회의소는 상인들의 상호부조와 상권 옹호를 위한 자구책이었다. 이는 일제의 경제적인 침략에 맞서 초보적이나마 민족경제 수립을 표방하였다. 근대적인 기업 출현은 민권에 바탕을 둔 인간관계를 형성하는 기반이었다. 기호흥학회 수원지회도 전현직 관료와 자산가 등을 중심으로 조직되었다. 이들은 국채보상운동·사립학교설립운동 등을 주도하는 중심인물이었다. 일제강점기 3·1운동과 문화계몽운동 등도 사실상 이들에 의하여 추진되었다.

국채보상을 위한 의연금 모금은 비교적 일찍부터 시작되었다. 이를 주도한 인물은 개신교인·전현직관리·자산가 등이었다. 이들은 「국채보상취지서」를 도내 각 군에 발송하는 등 거국적인 동참을 호소하였다. 신부 부재열은 교회를 중심으로 신도들의 동참과 지원을 유도하는 데 앞장섰다. 용주사 승려 동참은 경쟁적인 의연금 모금으로 이어졌다. 특히 6세 아동 신천동은 세뱃돈을 기꺼이 의연함으로써 전국적인 주목을 받았다. 상인들의 적극적인 참여는 주민들로 하여금 '국채=국망'이라는 인식을 확산시켰다.

근대교육은 사립학교에 의하여 주도되었다. 대표적인 사립학교는 삼일여학교·삼일학교·수성학교·명진학교·수원상업강습소 등이었다. 학교는 시세변화를 일깨우는 현장이자 지역사회여론을 조성하는 생활공간으로서 자리매김하였다. 학부형회·찬성회 등은 재정적인 지원과 아울러 학생들에게 사회적인 책임감을 일깨워 주었다. 교육 내실화는 교과과정 개편 등을 통하여 진전을 거듭하였다. 조혼폐지 주장은 삼일학교 학생들의 사회운동 참여를 의미한다. 고조된 향학열은 야학 운영으로 이어졌다. 근로청소년에 대한 수학기회 확대는 현실인식과 가치관를 크게 변화시켰다. 근대교육 확산은 이와 더불어 촉진되는 계기를 맞았다.

해산군인 참여는 병식체조나 운동회 등을 통한 상무정신 고취로 귀결되었다. 특히 운동회는 오락적인 요소와 아울러 근대교육의 필요성을 일깨우는 현장이었다. 학생들의 질서정연한 대오와 늠름한 기상은 관중들로 하여금 탄성을 자아내기에 충분하였다. 행사 이후 개최된 강연회는 건전한 생활문화 조성은 물론 바람직한 여론을 형성하는 기반이었다. 전 주민들 참여와 지원에 의한 연합운동회 개최는 이러한 사실을 분명하게 보여준다.

화성여학교 학생들의 서울연합운동회 참가는 변화하는 실상을 직접적으로 체험하는 계기였다. 여성에 대한 사회적인 존재로서 인식은 여성교육을 확산시키는 밑거름이었다. 변화에 부응한 새로운 민중문화는 이러한 과정에서 자연스럽게 창출될 수 있었다. 유학자들 근대교육 동참은 이를 반증한다. 사회구성원으로서 자각은 근대교육을 통하여 확산되었다.

이곳 계몽운동은 일제 방해책동과 운영주체 추진력 부재 등으로 크게 발흥하지 못하였다. 1907년 10월 이후 국채보상운동과 1910년 이후 사립학교설립운동 부진은 당시 상황과 관련하여 시사하는 바가 크다. 다만 민족운동 참여와 근대교육을 통한 현실인식 심화는 민족의식·국가의식을 각성시켰다. 모순된 쑤식민체제 타개를 위한 활동 등은 이를 반증한다. 일제에 의한 미증유 억압과 착취는 저항심을 고조시켰다. 치열하게 전개된 3·1운동은 이러한 정신적인 유산에서 말미암았다.

참고문헌

1. 자료

『독립신문』, 『시사총보』, 『경인일보』, 『믹일신문』, 『협성회회보』, 『황성신문』, 『제국신문』, 『대한매일신보(한글판)』, 『大韓每日申報(국한문혼용판)』, 『만세보』, 『경향신문』, 『대한민보』, 『매일신보』.

『대조선독립협회회보』, 『천도교월보』, 『대한자강회월보』, 『기호흥학회월보』, 『대한협회회보』, 『대한자강회월보』, 『서우』, 『서북학회월보』.

『관보』, 『통감부문서』.

국사편찬위원회, 『고종시대사』 4〜6, 탐구당, 1970〜1972.

국사편찬위원회, 『대한제국관원이력서』, 탐구당, 1972.

국사편찬위원회, 『통감부문서』, 1995.

김윤식, 『속음청사』, 국사편찬위원회, 1955.

대구광역시, 『국채보상운동100주년기념자료집』 1〜5, 국채보상운동기념사업회·대구흥사단, 2007.

박은식, 「노동동포의 야학」, 『서북학회월보』 15, 1908.

박헌용, 『續修增補江都誌』, 1932.

신홍식, 『인천내리교회역사(영인본)』, 내리교회, 1978.

이건창, 『明美堂全集(영인)』, 경인문화사, 1977.

이승언, 『한말일제하수원기사색인』, 수원문화원, 1996.

이인섭, 『원한국일진회역사』, 문명사, 1911.

정교, 『대한계년사』, 국사편찬위원회, 1957.

한국독립운동사연구소, 『성재이동휘전서』, 국학자료원, 1998.

홍석창, 『수원지방 교회사 자료집 1893~1930』, 에이멘, 1987.

홍석창, 『제물포지방 교회사 자료집, 1885〜1930』, 에이멘, 1995.

牧山耕藏, 『朝鮮紳士明鑑』, 일본전보통신사, 1910.

酒井政之助, 『發展せる水原』, 일한인쇄주식회사, 1914.

조선공론사, 『朝鮮公論』 2, 1913.
靑山好惠, 『仁川事情』, 조선신보사, 1892.

2. 단행본

경기도교육위원회, 『경기교육사 1883~1959』 상, 1975.
경기도사편찬위원회, 『경기도사(한말)』 6, 2005.
경기도사편찬위원회, 『경기항일독립운동사』, 1995.
경기도사편찬위원회, 『내고장 경기도의 인물』 1~3, 2005.
고일, 『仁川昔今』, 경기문화사, 1955.
국사편찬위원회, 『한국독립운동사』 2, 1968.
김도형, 『대한제국기의 정치사상연구』, 지식산업사, 1994.
김세한, 『삼일학원육십오년사』, 수원동중학교, 1968.
김세한, 『삼일학원팔십년사』, 학교법인 삼일학원, 1984.
김영우, 『한국 개화기의 교육』, 교육과학사, 1996.
김태웅, 『우리 학싱들이 나아가누나』, 서해문집, 2006.
김형목, 『1910년 전후 야학운동의 실태와 기능』, 중앙대박사학위논문, 2001.
김형목, 『대한제국기 야학운동』, 경인문화사, 2005.
남양초등학교백년사편찬위원회, 『남양백년사, 1898~1998』, 남양초등학교, 1998.
박용옥, 『한국근대여성운동사연구』, 한국정신문화연구원, 1984.
박찬승, 『한국근대정치사상사연구』, 역사비평사, 1992.
반병률, 『성재 이동휘 일대기』, 범우사, 1998.
수원상공회의소, 『수원상의사』, 1986.
수원종로교회, 『수원종로교회사, 1899~1950』, 2000.
신용하, 『한국민족독립운동사연구』, 을유문화사, 1985.
영화중학교, 『영화70년사』, 영화70년사편찬위원회, 1963.
유영렬, 『애국계몽운동-정치사회운동』 Ⅰ, 한국독립운동사편찬위원회·독립기념관
        한국독립운동사연구소, 2007.
유자후, 『이준선생전』, 동방문화사, 1957.
유준기, 『한국민족운동과 종교활동』, 국학자료원, 2001.

윤완,『대한제국말기 민립학교의 교육활동연구』, 한결, 2001.
이덕주·조이제,『강화기독교100년사』, 강화기독교100주년기념사업회, 1994.
이송희,『대한제국말기 애국계몽학회연구』, 이화여대 박사학위논문, 1985.
이승원,『학교의 탄생』, 휴머니스트, 2005.
이창식,『수원 사람들은 어떻게 살았을까』, 수원문화원, 2003.
이학래,『한국근대체육사연구』, 지식산업사, 1990.
인천부,『인천부사』, 1933.
인천직할시사편찬위원회,『인천개항 100년사』, 인천직할시, 1983.
전택부,『토박이 신앙산맥』3, 대한기독교출판사, 1992.
조성운,『일제하 수원지역의 민족운동』, 국학자료원, 2003.
화성군사편찬위원회,『화성군지』, 1992.
古川昭(이성옥 역),『구한말 근대학교의 형성』, 경인문화사, 2006.

3. 논문

고택,「군대해산」,『신동아』65, 1970.
김상기,「한말 사립학교의 교육이념과 신교육구국운동」,『청계사학』1, 한국정신문화연구원, 1981.
김영우,「한말의 사립학교에 관한 연구<Ⅰ>·<Ⅱ>」,『교육연구』1·3, 공주사범대학 교육연구소, 1984·1986.
김형목,「한말 시흥농민운동에 관한 연구」,『중앙사론』6, 중앙사학연구회, 1989.
김형목,「한말 경기지역 야학운동의 배경과 실태」,『중앙사론』10, 중앙사학연구회, 1999.
김형목,「기호흥학회 경기도 지회 현황과 성격」,『중앙사론』12·13, 한국중앙사학회, 2000.
김형목,「한말 국문야학의 성행 배경과 성격」,『한국독립운동사연구』20, 한국독립운동사연구소, 2003.
김형목,「대한제국기 인천지역 근대교육운동 주체와 성격」,『인천학연구』3, 인천학연구원, 2004.
김형목,「대한제국기 강화지역의 사립학교설립운동」,『한국독립운동사연구』24, 한국독립운동사연구소, 2005.

김형목, 「한말 정재홍의 현실인식과 의열투쟁」, 『인천학연구』 5, 인천학연구원, 2006.

김형목, 「1898~1905년 야학의 근대교육사상 의의」, 『한국민족운동사연구』 48, 한국민족운동사학회, 2006.

김형목, 「대한제국기 경기도 야학운동의 성격」, 『덕봉오환일교수정년기념 사학논총』, 논총간행위원회, 2006.

김형목, 「'을사늑약' 이전 경기지방 사립학교의 성격」, 『중앙사론』 26, 한국중앙사학회, 2007.

김형목, 「한말 수원지역 계몽운동과 운영주체」, 『한국민족운동사연구』 53, 한국민족운동사학회, 2007.

김형목, 「한말 화성지역 근대교육에서 무엇을 배울 것인가」, 『문화의 뜰』 봄호, 화성문화원, 2008.

김형목, 「정재홍의 계몽활동과 의열투쟁」, 『인천학세미나』 Ⅲ, 인천학연구원, 2008.

박남훈, 「1896~1905년 경기도의 사립학교 현황과 성격」, 『덕봉오환일교수정년기념 사학논총』, 논총간행위원회, 2006.

반병률, 「이동휘의 한말 민족운동」, 『한국사연구』 87, 한국사연구회, 1994.

반병률, 「도산 안창호와 성재 이동휘」, 『도산학보』 9, 도산학회, 2001.

변승웅, 「한말 사립학교의 설립동향과 애국계몽운동」, 『국사관논총』 18, 국사편찬위원회, 1990.

성주현, 「수원지역의 3·1운동과 제암리 학살사건에 대한 재조명」, 『수원문화사연구』 4, 수원문화사연구회, 2001.

성주현, 「근대 식민도시의 형성과 수원」, 『수원학연구』 2, 수원학연구소, 2005.

신용하, 「해제, 계명의숙설립취지서」, 『한국학보』 6, 일지사, 1977.

오영섭, 「강화도에서의 이동휘의 근왕적 민족운동」, 『한국 근현대사를 수놓은 인물들』, 경인문화사, 2007.

오환일, 「한말 강화도 사립학교설립운동의 성격」, 『한국사의 탐구』, 최홍규교수논총간행위원회, 2005.

유영렬, 「대한자강회의 애국계몽운동」, 조항래 편저, 『1900년대의 애국계몽운동연구』, 아세아문화사, 1992.

유영렬, 「대한협회 지회 연구」, 『국사관논총』 67, 국사편찬위원회, 1996.

유준기, 『강화학파의 민족의식과 독립운동」, 『한국민족운동과 종교활동』, 국학자료원, 2001.

유지영, 「合一學校와 故崔尙鉉氏-그의 사업은 교육계의 금자탑」, 『신동아』 11월
　　　호, 동아일보사, 1935.

윤선자, 「개항 이후 남양지역 천주교회와 민족사」, 『교회사학』 3, 수원교회사연구
　　　소, 2006.

이만열, 「이동휘의 생애」, 『역사에 살아 있는 그리스도인』, 한국기독교역사연구소,
　　　2007.

이상근, 「경기지역 국채보상운동에 관한 연구」, 『한국민족운동사연구』 24, 한국민
　　　족운동사연구회, 2000.

이상일, 「강화의 교육문화운동」, 『신편 강화사』 상, 강화군사편찬위원회, 2003.

이제재, 「남양군의 사회와 교육-인물을 중심으로-」, 『화성의 얼』 Ⅲ, 화성문화원, 1998.

이지애, 「개화기 '배움터'의 변화와 '자아찾기'로의 일상성」, 『근대의 첫 경험』, 이
　　　화여대출판부, 2006.

정관, 「기호흥학회의 활동」, 『구한말기 민족계몽운동연구』, 형설출판사, 1995.

정숙교, 「1904~1910년 자강운동의 국민교육론」, 『한국사론』 33, 서울대, 1995.

조동걸, 「한말 계몽주의의 구조와 독립운동상의 위치」, 『한국학논총』 11, 국민대
　　　한국학연구소, 1989.

조현욱, 「한말 이동휘의 교육진흥운동」, 『문명연지』 5-1, 한국문명학회, 2004.

차선혜, 「항일운동의 확산」, 『경기도 항일독립운동사』, 경기도사편찬위원회, 1995.

차선혜, 「구국계몽운동의 전개」, 『경기도사(한말)』 6, 경기도사편찬위원회, 2004.

최영희, 「한말관인의 경력일반」, 『사학연구』 21, 한국사학회, 1969.

최기영, 「한말 애국계몽운동의 연구현황과 과제」, 『한국사론』 25, 국사편찬위원회,
　　　1995.

최취수, 「1910년 전후 강화지역 의병운동의 성격」, 『한국민족운동사연구』 2, 한국
　　　민족운동사연구회, 1988.

한규무, 「이동휘와 기독교 사회주의」, 『일제하 한국기독교와 사회주의』, 한국기독
　　　교사연구소, 1992.

한동민, 「한말·일제강점기 용주사의 변화」, 『수원문화사연구』 5, 수원문화사연구
　　　회, 2002.

게재지명

논　문　명	서 명·잡 지 명	발 행 처	연도
'을사늑약' 이전 경기지방 사립학교의 성격	『중앙사론』 26	한국중앙사학회	2007
한말 경기도 사립학교설립운동의 전개와 성격	『한국독립운동사연구』 32	한국독립운동사연구소	2009
대한제국기 경기도 야학운동의 성격	『덕봉오환일교수정년기념 사학논총』	논총간행위원회	2006
기호흥학회 경기도 지회 현황과 성격	『중앙사론』 12·13합집	중앙사학연구회	1999
대한제국기 강화지역의 사립학교 설립운동	『한국독립운동사연구』 24	한국독립운동사연구소	2004
대한제국기 화성지역 계몽운동의 성격	『동국사학』 45	동국사학회	2008
한말 수원지역 계몽운동과 운영주체	『한국민족운동사연구』 53	한국민족운동사학회	2007

찾아보기

ㅁ

ㅂ